·铁道警察学院铁路公共安全研究译丛·

加拿大
太平洋铁路警察百年史

The Railway Beat
A Century of Canadian Pacific Police Service

[加] 大卫·劳伦斯·琼斯（David Laurence Jones） 著

葛 峥 孙继涛 等译

中国人民公安大学出版社

著作权合同登记号 图字：01-2017-7100

图书在版编目（CIP）数据

加拿大太平洋铁路警察百年史/（加）大卫·劳伦斯·琼斯著；葛峥等译. —北京：中国人民公安大学出版社，2017.10

（铁道警察学院铁路公共安全研究译丛）

书名原文：The Railway Beat：A Century of Canadian Pacific Police Service

ISBN 978-7-5653-3085-8

Ⅰ.①加… Ⅱ.①大…②葛… Ⅲ.①铁路运输-警察-历史-加拿大 Ⅳ.①F537.11

中国版本图书馆 CIP 数据核字（2017）第 250952 号

加拿大太平洋铁路警察百年史

［加］大卫·劳伦斯·琼斯 著

葛 峥 孙继涛 等译

出版发行：中国人民公安大学出版社

地　　址：北京市西城区木樨地南里

邮政编码：100038

经　　销：新华书店

印　　刷：河南瑞之光印刷股份有限公司

版　　次：2017 年 11 月第 1 版

印　　次：2017 年 11 月第 1 次

印　　张：9.125

开　　本：880 毫米×1230 毫米 1/32

字　　数：181 千字

书　　号：ISBN 978-7-5653-3085-8

定　　价：40.00 元

网　　址：www.cppsup.com.cn　www.porclub.com.cn

电子邮箱：zbs@cppsup.com　zbs@cppsu.edu.cn

营销中心电话：010-83903254

读者服务部电话（门市）：010-83903257

警官读者俱乐部电话（网购、邮购）：010-83903253

法律图书分社电话：010-83905745

铁道警察学院铁路公共安全研究译丛
编委会

翻译分工

主　译：葛　峥

副主译：孙继涛

杨　冰：序、致谢

孙继涛：第一章、第二章

魏　婉：第三章、第八章

李　佳：第三章

张凯存：第四章

周晓燕：第五章、第六章

王保飞：第六章、第七章

葛　峥：第九章、第十章

校　对：王胜娜

总　序

铁道警察学院是公安部直属的我国唯一一所从事铁路公安专门人才培养和铁路公共安全专门研究的公安本科院校。近年来，在公安部党委的坚强领导下，我校坚持“错位竞争、差异发展”的发展理念和“相通相近、逐步拓展”的发展路径，注重加强内涵建设和特色学科建设，不断提升办学实力和社会影响力。在了解国外铁路公共安全研究理论的基础上，不断夯实我国的铁路公共安全研究基础，提升铁路公安特色学科方向研究水平，为提高人才培养质量和提升服务铁路公安工作能力提供动力和源泉，是我校组织翻译本译丛的初衷和目的。

本译丛是我校首次组织翻译国外警学著作，也是国内首次组织翻译国外铁路公共安全研究文献。从构思设计、资料搜集、书目确定、译者遴选到合同签订、翻译撰写、进度把控、质量监控、编校出版等，历时近两年。内容涉及铁路公共安全的战略、政策、法律、管理、执法、技术、历史等方面，既有关于英国、加拿大等国铁路警察历史的系统深入介绍，又有关于铁路安全技术和爆炸物检测技术的全面科学探讨，还有关于铁路公安管理、铁路警务执法及英国铁路法的深刻论述，内容广泛，专业性强，翻译难度较大。译丛翻译人员本着认真负责、精益求精的态度，既努力做到忠实原文，又力求表达流畅地道，最终成稿。在此过程中，我校现代交通公共安全研究中心具体承担了本译丛的翻译组织工作，为译丛的顺利出版付出了大量卓有成效的努力。

感谢中国人民公安大学出版社为本译丛的出版所做的不懈努力和辛勤付出！

由于是国内首次系统翻译国外铁路公共安全研究文献，专业性较强，再加上译者水平有限，疏漏之处在所难免，敬请同仁批评指正。

编委会

2017 年 10 月

序

一百年前，加拿大太平洋铁路公司①设立了一个正式的调查机构——太平洋铁路公司调查局，主要职能是保障和维护公司员工与客户的人身、财产安全。当然，这一机构的员工也承担了保护铁路公司运营区域内的公众的人身安全和其他权益的职责。

经过多年的发展，一家运营着横贯北美大陆的铁路线的铁路公司，能够成长为一个包括铁路运输在内的全方位的运输集团，加拿大太平洋警察局的员工也为之作出了巨大贡献。

警局员工的职业水准，保证了太平洋集团在总体上保持与加拿大发展一致的节奏，并帮助公司在美国的经济领域中占有一席之地，提升在全球范围内的影响力。无论是在加拿大国内还是在加拿大之外，只要有太平洋警察局的监管，几乎没有发生任何危害警局声誉的恶性刑事案件。

大卫·劳伦斯·琼斯充分利用现存的警局文件、少数公开的政府文件，以及珍贵的第一手资料，整理出了加拿大太平洋警

① 19世纪80年代初，加拿大太平洋铁路公司成立，即Canadian Pacific Railway（简称CPR）；随后组建了加拿大太平洋铁路警察队伍。之后，随着公司规模日益扩大，逐渐形成加拿大太平洋集团，即Canadian Pacific（简称CP），旗下拥有铁路公司、航空公司、航运公司，以及警察局等。1971年，加拿大太平洋铁路公司重新组建，成立了新的总公司——加拿大太平洋有限公司，即Canadian Pacific Limited。

察局的百年史，充分展现了它的成功经验，以及个别失败的教训。为此，我必须感谢他。

尽管如此，最重要的是，我希望向每一位现在或曾经在加拿大太平洋警察局工作，光荣地为加拿大太平洋集团的利益而奋斗，并以中立的行动和坚定的忠诚服务于监管部门的美国、加拿大两国员工，致以诚挚的谢意。

我可以骄傲地说，加拿大太平洋警察局与当今世界上一流警察机构的工作水平不相上下。在此，我们将这份记载着加拿大铁路警察在巡逻辖区内积累的历史记录贡献出来，希望可以给领先于我们的警察机构提供经验，给有意愿学习我们的警察机构提供帮助。

加拿大太平洋警察局局长 伊凡·麦克莱兰

加拿大阿尔伯塔省卡尔加里市

致 谢

在数码记录设备产生之前，任何恪尽职守的警察局每年都会积累下许多文件柜，柜子里装满了所办理的案件的卷宗，以及大量与日常行政事务和训练有关的重要材料。

在20世纪，加拿大太平洋警察局积攒了不可计数的文件资料，但由于警察总部多次搬迁，以及为了保持必要的办公空间和设备安置空间，警局难免会删除或丢弃很多已经结案的、过于久远的和冗余的文件。虽然这样做是基于现实需要，但也的确会给警局历史的研究造成很大的障碍。

尽管如此，在我为了写作本书而进行的调研工作中，警局还是非常慷慨地允许我查阅任何现存的档案记录，包括很多D.C.邓肯督察在1988年为了出版警局成立75周年纪念册而收集整理的材料。

除此之外，我也非常幸运地得到了现任局长伊凡·麦克莱兰、前任局长基思·莱维特和格里·穆迪的帮助，他们根据自己的任期，审阅了相关内容，并提出了非常宝贵的意见。

其他一些现任的或已经离任的警局成员为我提供了很多有价值的信息、有趣的轶事和有帮助的建议，我也要表示诚挚的谢意，他们是：布鲁斯·贝内特、戴夫·博吉斯、劳里·克里滕登、迈克·柯里、格里·菲什、道格·金洛克、休·莱顿及罗德·曼森。同时，我还要感谢达尔文·皮尔逊帮助我联系太平洋警察局的警官们，并对我提出的各种冗长问题作出答复。达尔文在担任威斯汀酒店的首席保安官之前，曾经长期在D.V.麦凯克恩督察的领导下，在太平洋集团下属的路易斯湖费尔蒙酒店工作。

一如既往地，当需要研究的范围涉及太平洋集团时，公司所收集的资料就非常珍贵，尤其是保存在范霍恩和肖内西街区的行政管理函件、报纸剪辑和内容丰富的影像文件。曾经在太平洋铁路警察局电话服务中心工作过多年的鲍勃·肯内和鲍勃·帕伦特帮助我检索到这些材料，在此一并致以谢意。

为了了解西北区骑警在太平洋铁路建设期间的详细情况，我参考了前西北区骑警成员的两卷本回忆录《西北区骑警：1873—1893》。

太平洋公司调查局的前身——特勤部的有关信息，主要参考自罗伯特·G.卡彭特警官未出版的笔记——《加拿大太平洋铁路公司调查报告：1900—1920》。关于安东尼奥·科尔达斯科作为太平洋铁路公司主要的劳务承包商时期的一些情况，主要引自冈瑟·佩克所著的《重塑自由劳工——1880—1930年间北美大陆西部地区的包工头与移民工人》。

或许太平洋集团历史上最值得详细描述的两起犯罪活动就是比尔·迈纳和他的同伙分别在1904年和1906年实施的两次列车抢劫案。到目前为止，关于这两起案件最为准确的记录是彼得·格劳尔所著的《与同伙一起覆灭——比尔·迈纳在加拿大的1903—1907年》。在太平洋集团档案的基础上，这本书提供了不少新鲜的趣闻。

如果您对现在遍布铁路沿线各个设备上的涂鸦感兴趣的话，可以查阅罗杰·加斯特曼、达林·罗兰和伊恩·萨忒勒所著的《列车涂鸦》，您可以亲眼看到几百例这样色彩丰富的“艺术形式”。

最后，我要感谢在本书写作阶段作出贡献的人们。拉里·史迪威、吉姆·多克里尔、尼克·里奇贝尔和里克·鲁滨逊承担了图片扫描工作，我的妻子埃丽卡·沃特以及我的同事迈克尔·斯潘纳得进行了文字校对。此外，当然还要感谢Fifth House出版公司承担此次出版任务的所有工作人员。

目 录

第一章　红衣警察：前法治时代

19 世纪 80 年代初，一群风险投资家决定合伙组建加拿大太平洋铁路公司。该公司实行统一管理，拥有当时世界上最长的铁路线。

广袤的内陆腹地将这个年轻的国家分隔开来，东部的优秀公民与太平洋沿岸定居点的同胞各居一方。那里既没有统一的权力机构，也没有全面覆盖的执法系统，超过 2000 英里崎岖不平、荒无人烟的旷野是名副其实的“粗犷边疆”。

1867 年《英属北美法案》（British North America Act of 1867）明确规定，加拿大是不列颠帝国下一个半自治、相对独立管辖的自治领。它地处北美大陆一隅，与颇具悖逆和扩张思想的美国毗邻。

加拿大四省联盟[1]后的第二年，哈得逊湾公司被迫放弃五大湖以西的土地所有权。早前，这家公司从英王查理一世那里获得了该区域的特许执照。加拿大联邦政府向这个昔日皮毛贸易帝国的所有者们支付了一张150万美元的支票，然后就由温哥华立法者独自承担起维护这片土地安全的责任，着手把这块粗犷的边疆彻底融入加拿大版图。

边境以南地区深受美国内战的影响，野心勃勃的定居者躁动不安，一直在注视着西部大平原。他们试图建立一个横跨大陆的国家，以实现“昭昭天命”。霍勒斯·格里利（Horace Greeley）就是其中颇具影响力的一个，他时任《纽约论坛报》（*New York Tribune*）编辑，鼓励同胞追逐太阳，还为此创作了一句口号：“向西，年轻人，与祖国一起成长。”

加拿大第一任总理约翰·A. 麦克唐纳（John A. Macdonald）认为，当务之急是要在东部省份和太平洋沿岸之间搭建一条永久的政治经济纽带，加强不列颠哥伦比亚省与加拿大联邦政府的联系，保护国家主权免受南部近邻的觊觎。如果能按计划顺利完工，这条横跨大陆的铁路线将把加拿大国人的梦想变为钢铁铸就的现实。

麦克唐纳政府意在广阔的新疆域推行法治，于1873年提出创建西北骑兵的法案。不出所料，消息传出即受到边境以南的强烈反对，他们把这项加拿大提案视为赤裸裸的军国主义和明

---

[1] 1867年，加拿大安大略省、魁北克省、新斯科舍省、新不伦瑞克省组成加拿大自治领。——译注

目张胆的侵略。该事件引起了美国国会的担忧，华盛顿媒体还暗示会采取报复行动。麦克唐纳灵机一动，用“骑警”替代组织名称中的“骑兵”，使骑警在保证国家西部安宁中扮演的角色更为清楚，减少威胁性，从而平息了这场争议。

此后10年，加拿大坚定地推进国家跨洋铁路项目。英勇的西北骑警成为加拿大西部第一批执法者，甚至可以说，他们是加拿大太平洋铁路公司的第一批警察。10年前，北太平洋铁路公司在修建穿越美国平原的铁路时，曾征调5000名士兵保护沿线安全。新组建的西北骑警行事谨慎，深受加拿大太平洋铁路公司总经理威廉·范霍恩的器重。

铁路项目要想如期完工，必须维持良好的治安。铁路沿线简陋、杂乱的工棚里生活着数千名劳工，酗酒、赌博和嫖娼活动猖獗，骑警塞缪尔·本菲尔德·斯蒂尔（Samuel Benfield Steele）全权负责处理此类案件。他是1873年首批招募的骑警之一，能力突出、令人敬畏，并且很快就向西北骑警和太平洋铁路公司证明了自己的价值。

最初，西北骑警的人数被联邦政府限定为300名士官。不过《骑警法》（*Mounted Police Act*）第36章第5节规定，特殊情况下可以扩充人数，但不得超过500人。1882年明确下令：“4000名最为野蛮的西北印第安人离开3年后重返加拿大，加拿大野牛近乎绝迹，加拿大太平洋铁路建设进程加快，近些年白人定居者和投机者大量涌入。基于这些因素，必须审慎维护公众利益，增强西北骑警的力量，应常年保留500名士官。”

骑警斯蒂尔

塞缪尔·本菲尔德·斯蒂尔完全拥有一副好莱坞骑警的形象：粗犷帅气、无所畏惧，身着红色军官制服，简直近乎完美。

1849 年 1 月 5 日，斯蒂尔出生在加拿大西部（今安大略省）的锡姆科县（Simcoe County）。他的父亲埃尔姆斯·斯蒂尔是拿破仑战争时期的英国老兵，后移居加拿大为家人谋求更好的发展。

早年的塞缪尔已经显露出才华、胆识和冒险精神，他以优异的成绩毕业于安大略省奥里利亚（Orillia）的一所私立学校，随后加入当地的民兵组织。当年他才 14 岁，最后说服征兵军官虚报 2 岁入伍。1871 年他所在的队伍解散，后加入新组建的加拿大正规军，接管红河叛乱后英军撤离留下的边防线。

1873 年西北骑警成立，斯蒂尔是初期的元老之一。次年，他前往加拿大西部参与行动，维持治安，协助打击私酒交易，维护印第安部落间的和平。

在太平洋铁路建设期间，斯蒂尔负责维护大平原沿线和不列颠哥伦比亚省山区沿线的治安，平息塞尔扣克（Selkirk）山区比弗茅斯（Beavermouth）发生的一起自发式罢工事件。当时公司濒临破产，该事件很可能使铁路项目就此作罢。

里尔叛变后，斯蒂尔组建了一支由骑警、牧民和牛仔组成的 90 多人的武装，命名为“斯蒂尔小分队”。他们追寻打击克里部落酋长大熊领导的武装力量，在斯蒂尔山口瓦解了叛军的士气。此地位于萨斯喀彻温省中部，如今是省级公园。这也是迄今加拿大土地上发生的最后一场战斗。

19世纪90年代，淘金者大量涌入克朗代克（Klondike），斯蒂尔被派往育空（Yukon）维护当地治安。在他的指挥下，西北骑警在阿拉斯加和加拿大之间的山口建立警察哨所，确保每一个淘金者携带足够的给养到达矿区，同时不动声色地解除他们的武装。据说通过这一措施，斯蒂尔挽救了许多人的生命。他在带领警队的同时还担任道森市（Dawson City）的治安法官。

1900年，斯蒂尔被加拿大太平洋铁路公司的高层斯特拉斯科纳勋爵（Lord Strathcona）选中，带领一支加拿大兵团赴南非加入布尔战争。由于表现突出，战争结束后他留在德兰士瓦（Transvaal）担任南非警察局局长。1907年，斯蒂尔返回加拿大，指挥加拿大西部军队。

一战期间，斯蒂尔被任命为少将，带领加拿大第二师团25000人出国参战。由于年事已高，无法率部作战，他负责训练当时驻扎在英国的所有加拿大士兵。1918年，英王乔治五世授予他巴斯勋位。

1919年1月30日，塞缪尔·斯蒂尔爵士因大流感死于英格兰，享年70岁。

斯蒂尔督察领导警队，负责维护铁路建设工地的治安，执行《公共工程周边安全保护法》（*Act for the Preservation of Peace in the Vicinity of Public Works*）。这是一项联邦法律，禁止在铁路沿线10英里的范围内赌博和酗酒。由于沿线新建集镇执法人员匮乏，斯蒂尔和他的红衣探险者在西部蛮荒之地既是警察，又是法官和监狱看守。

建立西北骑警的一个主要考虑就是禁止私酒贸易。从苏必利尔湖以北，穿过大平原和山区，酒精是推进铁路建设的最大威胁。酗酒、赌博和嫖娼是轨道尽头大批铁路工人的主要消遣，众多投机者投其所好、尾随而至，想尽办法从中捞钱。筑路工人领到薪水后，花钱大手大脚，很容易成为诡诈的老千、窃贼、妓女、骗子，尤其是随处可见的私酒贩子的目标。

私酒贩子为了把货运到嗜酒如命的买家手中，真可谓挖空心思。成桶的威士忌、朗姆酒、白兰地被藏在煤油桶、油漆桶或其他铁路货物当中；盛放豌豆、玉米和豆子的坛子都被当作隐匿白酒的伪装；数不清的鸡蛋被掏空，貌似大量复活节装饰品，实则被用作储放私酒的微型容器；将《圣经》从中间挖空，为酒商忠实的主顾提供玷污圣洁的功能。茫茫的大草原鲜有隐秘之处，私酒商喜欢把酒瓶藏匿在死亡牲畜的尸体中，甚至把储酒的罐子埋在地下，待出售时再把酒汲上来。

在禁酒行动中，西北骑警遇到的困难错综复杂。加拿大联邦，各省、市、地方当局的司法管辖权经常模糊不清。不过，《和平法案》（*Preservation of Peace Act*）和《西北领地法》（*Northwest Territories Act*）有一条内容一致，经由省督批准，允许私人以个人消费的名义购酒。人们从温尼伯、布兰登1夸脱、半加仑或1加仑地购买，供自己在家享用，或是存放在当地的某家旅馆酒吧，偶尔聚会喝上几口。通常情况下，通过这种途径得来的酒很快就会喝完，之后瓶子里会立刻灌入各式各样的私酒，大都是由极少量的蒸馏酒混合着辣椒、糖浆、烟叶甚至红墨水调配而成。

骑警严密监视威士忌酒商。酒商为了把私酒运到筑路队，暗地里反复耍弄各种把戏。红衣警察整天忙碌，拆开行李，掀起货车篷布，都为了抢先对手一步。无论何时何地发现隐匿的私酒，他们都会当着违法者的面打开瓶子将酒泼在地上。边疆有传言称，地下埋有一张毯子，酒透过毯子流入隐蔽的容器，西北骑警用这种办法私吞了许多私酒。不过，尽管存在这些流言蜚语和毫无根据的恶意中伤，骑警依旧赢得了为人正直、执法公正的盛名。

当西北骑警的艾奇逊·戈斯福德·欧文（Acheson Gosford Irvine）警监被问及打击威士忌交易行动时，他明确表示："若事态得不到有效遏制，恐怕我会收到大量有关抢劫、盗窃的报案。我敢说，整个工程没有发生一起严重的犯罪案件，这在西方国家修建铁路的历史上独一无二。"

起初，铁路警务工作还包括安抚美、加国际边境线附近的印第安人部落。几年前，坐牛①那伙叛变的苏人被客客气气地遣返回美国，骑警詹姆斯·莫罗·沃尔什（James Morrow Walsh）警司还分别向加拿大和美国政府代表提出交涉。斯蒂

① 印第安苏人部落首领，1831—1890年。苏人指北美大平原的印第安民族，包括黑脚人、布鲁勒人等多个分支。——译注

尔曾指挥沃尔什的B组骑兵，把他们安置到卡佩勒（Qu'appelle）一个新建立的要塞，此地现属萨斯喀彻温省，是一片优良的农垦区，铁路计划由此通过。曾经猖獗一时的盗马活动实则大平原印第安人所为，他们以此证明个人的英勇。后来由于加强防范、开放与土著人对话、建立与美国印第安事务官员的友好关系，这类犯罪大大减少。

太平洋铁路公司高层对骑警的表现颇为赞赏，毫不吝啬地表达了这一点。新年伊始，欧文警监收到铁路建设方老板威廉·范霍恩的敬辞：

加拿大太平洋铁路公司

总经理办公室

温尼伯，1883年1月1日

亲爱的欧文：

1882年的建设工作刚刚结束，我不会忘记西北骑警对公司付出的努力。贵方热情、勤勉，积极防止酒精侵扰，维护建设沿线治安，为工程的顺利实施作出巨大的贡献。若非您和您麾下优秀警员的帮助，我们无从完成这些工作。此次工程浩大，雇员数量众多，居然如此井然有序，着实令人叹赞。

我谨代表公司和全体员工，对您和沃尔什少校表达由衷的谢意。

总经理

威廉·范霍恩

对于横跨大陆的铁路项目，这固然是一个好的开始，但也有一些威胁挥之不去。

铁路的到来加速了西部平原印第安人传统生活方式的终结。昔日成群的野牛而今濒临灭绝，伴随着文明的进步，其他猎物也踪迹难觅，印第安人获取衣食变得越发艰难。许多印第安人不断适应新的变化。与此同时，新警察是否具备有效处置叛变的能力，成为维持法律和秩序的关键。颇具影响的克里人酋长派厄波特（Piapot）就曾参与叛变。

太平洋铁路公司穿过土著人传统的狩猎区域，一路迅速推进。可想而知，此举势必会激起克里人的恐慌，遭到派厄波特一伙游猎武士的公开敌对。有一次，这位愤懑不满的酋长带领手下拔除了数英里内铁路线边上所有的测量桩。骑兵受命严惩这些夜间破坏者，铁路调查人员强烈斥责这种破坏行为，直言“如果有必要”，今后一发现印第安人就立即射杀。

随后发生了一件惊心动魄的事情，帮助西北骑警赢得了英勇无畏的美誉。

一日清晨，太平洋铁路公司的建筑队来到铁轨尽头，准备开始工作。他们发现，在夜色的掩护下，派厄波特和他的手下在铁路上扎下营寨，直接挡在前行的道路上。铁路工人受到印第安武士挑衅的目光和死亡的威胁，被迫撤了回去，寻求红衣骑警的帮助。

对峙的消息很快传到威廉·布罗克·怀尔德（William Brock Wilde）下士那里，当时他正协助在梅普尔克里克（现在的萨斯喀彻温省）建立一个新的警察哨所。怀尔德和一名警员飞身跨上乌黑的战马，直奔冲突现场。

两名骑警到达派厄波特的驻地后发现，客气地说，处境相当不利：两个坚毅的执法者遭遇数百名充满敌意的印第安人。印第安武士全副武装、情绪亢奋，尽管怀尔德遭到他们的推搡，仍命令派厄波特立刻拔营离开此地，但是酋长对这位不速之客置之不理。派厄波特的部下一边步步紧逼，一边向空中放枪，嘲弄被围困的警察。

这位勇敢的下士面无惧色，从口袋里掏出一块表，冲派厄波特喊道，他只给这位酋长 15 分钟时间打包走人。

时间一分一秒地流逝，毫无疑问，或多或少会引起我们这两位骑警的担心。全副武装的克里武士骑马来回飞奔，在岿然不动的警察近前开枪。营地里的妇女和儿童走到跟前，有的冷言冷语，有的破口大骂，各种声音混杂在一起。派厄波特双手抱胸，目空一切地站在那里。

“时间到!”最后怀尔德下士平静地说道。

怀尔德翻身下马，把缰绳递给同伴，不慌不忙地走向派厄波特的帐篷，踢倒当中的撑杆。围拢的印第安人群中发出愤怒的吼叫，派厄波特脸色煞白。然而，惊慌失措的酋长当时还没有蠢到与红衣执法当局对抗，后者显然会采取一切措施打赢这场战斗。派厄波特迅速控制住局面，当即命令手下拔营，灰溜溜地率领部众远去。

这段时间斯蒂尔督察也忙得不可开交，督管里贾纳

（Regina）西北骑警指挥部的营房和场地建设工作，所用物资由公司满载的货车每日运抵。除了全面负责铁路修筑沿线的警力调配，斯蒂尔还承担起沿线治安官的诸多工作，经常乘二轮马车在他的临时办公桌前进行宣判。后来他说，仅凭每天从临时办公室前经过的发料列车数量就可以估算出铁路建设的进度。他曾动情地回忆起某天下午，一台机车轰鸣着从他的临时宣判席驶过，太平洋铁路公司的总经理范霍恩操作拉杆，西北骑警的沃尔什警司负责刹车。

另一件让边疆警察头疼不已的事情是经常发生的草原大火。火灾由公司机车烟囱迸出的火星，或是醉酒亢奋的铁路工人下班后的野外活动引起。骑警为了应对眼下肆虐的大火以及印第安人叛变的危险形势，想到雇用一些不太安分的克里族和黑脚族人在铁路线两侧放火，控制燃烧范围。

此时，建设项目烧光了公司董事们的资金，犹如炙烤草原的大火，让人头疼不已，而焦土之上铁路迅速延伸。每次拖欠工钱都有引发罢工的风险。

在梅普尔克里克（Maple Creek）附近，有大约 130 名工人擅自离岗，斯蒂尔带领 27 名骑警从里贾纳前去平定骚乱。他向罢工煽动者保证，西北骑警不会偏袒劳资纠纷的任何一方，但是他和手下人绝对不会容忍任何损害和破坏铁路的行为。一个罢工头领殴打公司领班，随即被带到里贾纳，关在拘留室 7 天，面壁思过。在这段时间，骚乱已经平息，铁路建设恢复如常。

随后不久，铁轨穿过黑脚族部落领地到达梅迪辛哈特

（Medicine Hat）。6年前，联邦政府曾与黑脚族联盟签订《第7号条约》（Treaty 7），承诺尊重印第安人对保留地的神圣权力。如今，条约内容受到挑战，黑脚族对此尤为不满。

在骑警的保护下，铁路承包商和他们的建筑队全力推进，丝毫没有发觉即将聚拢的阴云。在印第安人领地上刚铺好的铁路，一到夜里就遭到破坏。

黑脚族酋长克劳福特（Crowfoot）召集军事会议，他手下许多年轻好战的印第安武士在会上强烈要求武装起义，攻击那些盟誓的破坏者。紧要关头，传教士艾伯格·拉科姆神父（Father Albert Lacombe）身披黑色长袍挺身而出，他在这次历史性冲突事件中的表现让他成为加拿大西部的一个传奇人物。

在当时，拉科姆因其善心而声名远播，在平原印第安人中从事慈善工作50余年，深受他们的拥护。神父从自己破败不堪的卡尔加里（Calgary）圣玛丽教区出发，前往克劳福特的营地，劝说这位部落头领在与铁路公司的交易中审慎判断。拉科姆全权负责，为了安抚克劳福特受损的自尊心，代表联邦当局承诺再额外给黑脚族一大片定居地，以补偿铁路公司修路所将占用的那一小块印第安人保留地。另外，受铁路公司委托，牧师还向黑脚族赠送糖、茶叶、面粉和烟草各200磅。为了促成这笔交易，总经理范霍恩对拉科姆的善意和担保作出回应，送给克劳福特本人一张常年有效、全路范围的乘车证。这位头领深受感动，把这张乘车证装裱好，以此为荣，此后终日戴在脖子上。

19世纪80年代，加拿大、美国各印第安部落之间的公开交战大幅减少，但是小股武装越过美加边境盗马的现象仍十分普遍。边界以北，颇具吸引力的目标当属加拿大太平洋铁路公司筑路队征用的大量马匹。想要抓获那些偷袭者绝非易事，窃贼会迅速逃散、分赃、返回数英里之外的营地。虽然美方士兵和警察很想帮助加拿大追回失窃的财物，确实也曾向铁路归还过许多马匹，但是执法者无权逮捕和惩治这些犯罪者。

有一次，太平洋铁路公司筑路队的几匹马在梅迪辛哈特附近丢失，西北骑警在蒙大拿贸易公司和当地警察的帮助下将其追回。

关于此次事件，欧文警监在1883年10月9日给范霍恩的信中写道："我要说的是马匹丢失后，我们随即展开全力追捕，幸亏及时获取盗马案的情报，得知盗贼是印第安人，他们已经成功逃脱，携带赃物越过边境。我们一路追到美国蒙大拿州南部派岗族①的保留地附近，更加断定是美国印第安人偷了这些马。"

W. G. 康拉德受西部铁路运营商贝克公司（I. G. Baker and Co.）委托，向蒙大拿领地本顿堡（Fort Benton）的詹姆斯·麦克德维特警长报案。12匹失窃的马被追回10匹，铁路公司为每匹马支付了25美元。

麦克德维特说："我完全有理由相信，向派岗族索要这些马匹显然使他们避免与北部定居者爆发战争。"事实确实如此。

同样，西北骑警也会归还加拿大印第安人跑到美国北部盗窃的马匹，而且为了杜绝各印第安武装之间的攀比之风，他们采

① 美洲印第安人的一个部落。——译注

取了更为严厉的处罚。加拿大相关法律很快生效，赃物被交还原主，而盗马贼则会被判处在马尼托巴监狱从事2至5年劳役。

西北骑警在铁路辖区的任务不仅仅是打击私酒和盗马犯罪，他们还是联邦政府的信使，另外在时不时爆发的劳工运动中，保护铁路公司财产不受破坏。

穆斯乔（Moose Jaw）以西，没有统一管理的邮政服务。3名里贾纳警员受加拿大邮政部委托，处理穆斯乔到梅迪辛哈特之间的事务。还有2名梅普尔克里克警员负责从梅迪辛哈特到卡尔加里，卡尔加里警队的2名警员负责至拉根（现在的路易斯湖）的山区。他们全力投入此项工作。

1883年12月，铁路公司削减工人奖金，同时拒绝工人提高工资标准的补偿要求，引发全路火车司机和司炉工的大罢工。西北骑警和省、市两级警察再次临危受命。

根据《自治领议会法》（*Act of the Dominion Parliament*），"任何人以任何手段、方式或途径阻止、妨碍或干扰"铁路的正常运营都属于违法犯罪行为，将被判处2至5年监禁。同时还有一项关于邮政服务的条款，破坏"任何邮件递送，或是任何邮件运输车辆"的人将被判处2至5年劳役。此外，还有些规定针对那些"故意或恶意拆卸铁路道岔、钢轨，或者损毁破坏铁路道轨、铁路桥梁、铁路桥梁护栏等任何设施，或者在铁路道轨、桥梁上放置任何障碍物，试图造成人员受伤、干扰过往车辆、威胁生命安全"的人。以上列举的这些针对铁路公司的犯罪行为虽然措辞不是特别文雅，但内容也算详尽。

大多数时候，参与罢工的这三四千人还算克制，他们组建委员会与铁路公司谈判。据说，美国火车司机兄弟会主席 P. M. 阿瑟（Arthur）曾发声支持成立北部分支，司炉工兄弟联合会的“北方之光驿站 127 号”获得独立工会地位。

一连数日，往返于温尼伯的那趟列车都由约翰·伊根（John Egan）或约翰·尼布洛克（John Niblock）驾驶，其间温尼伯警局局长康斯坦丁（Constantine）和 2 名市局警察多次陪同。布兰登的 4 名特勤警员宣誓保护公司财产，2 人白天守护公司车辆段和货场，2 人夜间守护。有一次，机车开到贮水池边加水，没有安排警察守卫，一伙罢工工人爬进驾驶室把司机和司炉工痛打了一顿。

很多时候，参与罢工的机工可以任意搭乘阿瑟港分局的火车，以便他们去温尼伯谈判。可后来发现罢工工人阻止筑路队其他人上工，随后这项特殊待遇被取消了。有个名叫卡思伯森的机工被指控阻挠拉特波蒂奇（现在安大略省的凯诺拉）调车场场长挽救遭机组人员抛弃在主线上的一辆机车。在阿瑟港东部，一群机工还偷走了一辆人力轨道车。

罢工期间，发生了多起小规模破坏和恐吓案件，这显然给火车司机获取南方邻居的支持造成负面影响。一位《温尼伯时报》的记者曾联系主席阿瑟，询问与太平洋铁路公司伊根之间的谈判事宜，这位工会领袖否认与加拿大罢工者有任何往来，声称此次罢工与兄弟会毫无瓜葛。

“我不想见他们任何人！”阿瑟语气肯定。“我们的机构从未给这些人做过任何事情，因为他们不遵守兄弟会的规定……当初通知削减工资时，他们认为不合理，倘若不是恣意乱为，而是征询我的意见，按兄弟会规定处理，那么罢工的情形会大不相同。”

重要的是，阿瑟说到了当时的社会现状。

“当然，”他总结说，“这些人生活的圈子太小，看不到眼下国内的生意多么难做，多少兄弟会成员还正处于失业。”

在这场纠纷中，西北骑警始终保持中立，主要防范针对铁路的偶发性破坏行为，以及针对铁路雇员的暴力犯罪。

在个别情况下，铁路公司会向法院起诉罢工者。温尼伯的3名暴徒詹姆斯·福斯特（James Foster）、约翰·安德森（John Anderson）和帕特·德莱尼（Pat Delaney）曾受到指控，他们在市中心的酒馆攻击一个名叫索亚的机工。在诉讼期间，市长告诫他们，为了报复铁路公司、满足一己之欲而攻击他人，这样做是错误的。

根据公司调查人员奥基夫收集呈堂的证据，法官判处每人缴纳10美元罚金并承担其他费用，或者处以21日劳役。

罢工结束了，但是骑警的麻烦并未就此了结。他们沿向西推进的铁路线巡逻，后来到了山区，该地区私酿蒸馏酒的数量惊人。《加拿大公共工程周边安全保护法》（Canadian Act for the Preservation of Peace in the Vicinity of Public Works）强令铁路线两侧10英里的范围内不得饮酒。为了清理沿线大量涌现的酒吧，当局果断采取行动，扩大禁酒范围。很快这款法律的适用范围就延伸到铁路线两侧 20 英里，据说这个距离完全可以阻止筑路工人闲逛到某家临时酒馆，挥霍掉口袋里一个星期的工资。

为了让筑路工人拿到工钱，需要 6 名西北骑警组成安保队，将钱款押运到轨道尽头。一路上，为了严防山沟角落隐匿的埋伏，两名骑警守在钱钞前面，两人一左一右看守这堆庞大诱人的货物，两人在后面确保不被偷袭。虽然有些不成器的人意图谋取初来乍到者的财物，但是在西北骑警的看护之下，没有发生一起薪金遗失的事故。

1884 年 7 月 1 日，正值自治日（现在的国庆日），骑警在拉根抓获 5 名妓女，与从事这个行业的人数相比不算多，只是因为她们过于明目张胆。两个月后，公司总经理威廉·范霍恩的助理托马斯·肖内西（Thomas Shaughnessy）向艾登总警司提到，到处都是肮脏的性交易，克里斯托弗·史密斯神父和他的儿子在乘坐从卡尔加里去温尼伯的卧铺车厢里就曾亲眼目睹。

“他们抱怨说，吸烟室有个妓女和一群粗鲁的男人厮混在一起，声音吵闹，脏话连篇，”肖内西说道，“那名妓女还使用男士的厕所，吸烟室的男人们尾随而进。”

在很多地方，一夜之间冒出了大量的“女主人之家”，都是临时搭建的小木屋。在法韦尔（后来改名雷弗尔斯托克），夜间女郎诸如黝黑丰满的福斯特夫人，或者风情妩媚的艾里什·内尔，会尽力抚慰众多远离家人、孤独寂寞的筑路工人。她们会组织气氛融洽的牌局，而男人们则期待着更为亲密的接触。

不过让老千们沮丧的是，一些地方有条不成文的规矩，每场游戏结束后要求丢弃原来那副牌，重新开一副。

尽管铁路工人远离东部政府的尔虞我诈，但是党派政治偶尔也会而且确实产生了不良影响。公司筑路队有许多美国人，1884 年的美国大选过分关心边境以北地区。在基金霍斯山口（Kicking Horse Flats）的帐篷里，某理发师酒后用剃刀凶残地刺伤了一个支持纽约州长格罗弗·克利夫兰的铁路售票员。他青睐民主党候选人、众议院议长詹姆斯·G. 布莱恩，尽管传言布莱恩滥用职权。竞选中双方互相指责、各种抹黑，但最终并没有阻止“好人格罗弗”入主白宫。

一名在店内转椅上等候的铁路司闸员随即开枪，当场打死行凶的理发师。骑警很快将枪手抓捕归案，而他被判无罪，因为这是为了自身和受伤伙伴的安全，属于自卫行为。

酗酒依然处于失控的局面。

在不列颠哥伦比亚省，当地政府考虑居民饮酒会上缴巨额的税收，并不赞成国家限酒令。有一次，某骑警在铁路禁酒区域缴获 16 瓶啤酒，联邦治安法官乔治·霍普·约翰斯顿（George Hope Johnston）对持有者判处罚金，并且没收了啤酒。被罚一方可能是酒鬼，大喊不公，声称约翰斯顿窃取了自己的财物。省法官 J. M. 斯普罗特居然信以为真，派本部警察闯入联邦监狱抢回啤酒，并逮捕了那名热情高涨的骑警。而后，约翰斯顿法官指控省警察打人。

在马尼托巴省，省督曾签署一项公告，宣布本省法律适用于辖区之外远至拉特波蒂奇（Rat Portage），引发当地的抓捕和反抓捕风暴。

当然，这些争论对于遏制铁路工人滥用酒精毫无意义。公司主管伊根在1884年11月10日写给范霍恩的信中指出了这一点。

他写道："周六晚上，两个家住拉特波蒂奇的线路工在基韦廷喝得酩酊大醉，回家途中倒在铁轨上，随身还带着一瓶威士忌，火车沿弯道驶过来，两人当场毙命。"

在如此广袤的土地上推行摇摆不定的法规，多半是徒劳无功，西北骑警的劳伦斯·威廉·赫彻（Lawrence William Herchmer）警司明白这一点。这项略显草率的禁酒令和荒唐的许可证制度根本无法执行，国人大都对此心知肚明，而且骑警们也会时不时享受一次畅饮。

"执行禁酒令是最招人烦、最难执行的差事，"赫彻在1884年给上司的报告中写道，"在这件事上，我们的劣势最为明显。我们还普遍年轻，不可能去苛求年轻人执行这些法律，除非有相当一部分年长稳重的人做他们的榜样。"

1885年，西北骑警在比弗（后来改名为比弗茅斯）新建一座西部哨所，该哨所地处塞尔扣克山区的比弗河口。大量不良的酒色诱惑会让工人陷在不列颠哥伦比亚省的唐纳德，迫使铁路公司加速向比弗推进工程。可由于要在芒廷克里克（Mountain Creek）、塞普赖斯克里克（Suprise Creek）和斯托尼克里克（Stoney Creek）搭建三座巨大的木制栈桥，西进工程的进度受到延误，给了从事非法娱乐的商贩足够的时间在新建警察哨所的河对岸开设场所。

更大的麻烦即将来临。

3月26日，路易斯·里尔（Louis Riel）和加布里埃尔·杜蒙（Gabriel Dumont）带领数百名平原印第安人和边疆梅蒂斯人①，在萨斯喀彻温地区的达克莱克（Duck Lake）正面遭遇并击溃了一支由骑警和临时招募的民兵组建的武装力量。不出众人所料，第二次西北叛变爆发了。

当时，塞缪尔·斯蒂尔督察受命前往东部协助平定叛乱。比弗附近有1200多名太平洋铁路公司的工人举行罢工，用塞缪尔的话说："他们散漫的性格随时会酿成大祸。"雪上加霜的是，这位平时精力充沛的警官还染上了"高山热"。在过去的几个月中，铁路筑路队有多人死于此病。于是当一伙武装分子威胁要全线停工的时候，斯蒂尔随即指定副指挥比利·弗里（Billy Fury）警长负责带队。

太平洋铁路公司又一次陷入财政危机，开始拖欠工资。克尔警员此前被派往铁路尽头抓捕一个名叫贝汉的包工头，此人酗酒滋事，到处惹麻烦。结果克尔被一群罢工工人打倒在地，只得无功而返。关于此事，斯蒂尔强调说，为了警队的荣誉和威望，此次羞辱不能善罢甘休。"我们要不惜一切代价将此人抓捕归案。"他在病中说。"否则这些家伙就不会知道跟我们玩不起。"

---

① 梅蒂斯人是印第安人和白人通婚的后代。——译注

于是，弗里警长带领 3 名警员前去抓捕那个不知悔改的暴徒。他们立即遭到一群愤怒的武装分子围攻，被痛打一顿，再次败回哨所。

“亮出枪，谁妨碍你们抓人就打谁。”斯蒂尔吼道，此时他挣扎着从床上起来。旁边站着联邦法官乔治·霍普·约翰斯顿，他透过窗户看着弗里和他的同伴上桥，消失在比弗对面的酒馆、舞厅和妓院当中，不久他们押着犯人再次出现，“全力拼杀，一个红衣女子紧随其后……尖叫声和咒骂声汇成一片”。

斯蒂尔抓起一杆步枪，让约翰斯顿跟自己一起走出屋外，挡在罢工者跟前。

“瞧瞧这个杂种，差不多快死在床上了。”人群里有人喊。“你这个混蛋。”红衣女子兴奋地应和道。

“好好听着，放下枪，谁不老实我先打死他。”斯蒂尔说。人群安静下来，约翰斯顿趁机宣读了《取缔闹事法》（Riot Act）。“西北正发生叛乱，我手下没多少人，你们敢在这个时候闹事，”斯蒂尔训诫道，“所谓特殊时期采取特殊手段，我警告你们，如果发现超过 12 个人聚在一起，或者有任何大规模集会，我就开枪杀人！马上解散，规矩点！”

第二天，斯蒂尔抓了几个煽动者，每人罚 100 美元。直到铁路公司补上工人的欠薪，罢工才算结束，其间没有再发生枪战或恫吓事件。

斯蒂尔督察去东部组建“斯蒂尔小分队”，挑选了 25 名善战的西北骑警、牧民和牛仔，不久将投入平定印第安人和梅蒂斯人叛乱的战斗。在这段时间里，约翰斯顿加入警队，维持筑路工地的治安。前骑警詹姆斯·沃克（James Walker）警司在卡尔加里附近经营一家农场，受命组织乡团。另一个平彻克里克的农场主约翰·斯图尔特（John Stewart）少校成立了落基山骑兵队，在北部边境线一带巡逻。

西北叛乱给太平洋铁路公司带来了福音，可以说挽救了整个跨洋铁路项目。在这之前的数月当中，总理约翰·A. 麦克唐纳原本不同意向加拿大议会申请继续对铁路进行财政援助，因为以前的投入过于频繁。范霍恩提出从东部运送军队到前线，为政府节省了额外的费用。同时，英国亲眼目睹了火车运营具备的战略和军事价值。里尔和杜蒙挽救了这一切!

1885 年 11 月 7 日，最后一节铁轨在不列颠哥伦比亚省的克雷盖拉希铺设。塞缪尔·斯蒂尔重返警队，站在人群边上。董事唐纳德·史密斯砸进最后一颗钉。第二年，危险的局势结束了，铁路通车直抵太平洋。范霍恩邀请为国家作出贡献的各民兵组织指挥官，以及有意一同前往的加拿大参议员和众议员搭乘全线列车，所有费用由公司负担。

第二章　铁路巡警和劳工代理：特别勤务时代

1886年，横贯大陆的列车开通不久，加拿大太平洋铁路公司招录了第一批铁路警察。当时既没有统一的指挥，也没有全路的组织机构，各区负责人有权根据需要自行安排人员宣誓入警。

早在1849年，巴尔的摩与俄亥俄铁路公司（Baltimore & Ohio Railroad）就已经采用这种基层警务模式，铁路站务员和行李员“配发两顶帽子”，配合地方当局工作。当然，公司增设内部警察一是为了预防盗窃和其他犯罪行为，但更主要的则是为了抓捕罢工头领，防止他们攻击其他铁路工人、扰乱运营。那一年，罢工者和铁路巡警在美国西维吉尼亚州普雷斯顿县境内的金伍德隧道（Kingwood Tunnel），以及马里兰州坎伯兰和西维吉尼亚州惠灵地区的铁路社区爆发多起枪战。铁路警察负责“抓捕暴乱参与者，生死毋论”，薪资每天 1.5 美元。

美国内战爆发前，也曾聘请私人调查铁路货物和旅客行李的丢失案件，该项损失每年高达数百万美元。这些事务不久也成为公司铁路警察的工作内容。

1865 年，宾夕法尼亚州为了打击战后席卷美国东部地区、日益猖獗的破坏铁路犯罪，率先授予铁路部门可在全州行使的警察权力。新组建的警察队伍虽然仍要第一时间处理罢工事件，但从表面上看，他们的主要工作是“阻止破坏和盗窃行为，维持脱轨等事故现场治安，巡线搜寻擅入者和道轨路障”。

早先有些美国铁路公司不愿花钱聘请巡警，而尝试任用一些“看守”。他们免费为铁路公司工作，作为回报，公司特许他们捡拾和出售场内货车散落下来的谷物。总体来看，这个做法糟糕透顶，由于看守过分热衷于自己的谷物生意，往往并不满足于散落的粮食，盗窃活动反而更为猖獗。

铁路公司想的另一个办法是向看守定期支付工资，在每个大型调车场安排一名看守为负责人，并由他向场长及其副手报告情况。然而雇佣的人往往年纪偏大，只是“看守”，此外什么也干不了，所以他们的工资相对较低，很难制止犯罪。另外，车场员工自己参与有组织货车盗窃的情况也屡见不鲜，看守们由于担心被解雇，通常对此也是睁一只眼闭一只眼。

车场看守和专职铁路巡警（他们也要向当地运营主管汇报情况）之间的工作没有任何配合和联系。铁路车场和运行列车上的偷盗案件持续增加。

太平洋铁路公司运营初期，在重要枢纽工作的警探每月领50美元工资，在人口稠密区域巡逻的警员每天挣1.25美元，在条件艰苦的苏必利尔湖区域可以挣到2.5美元。警察还被派往蒙特利尔市魁北克城门火车站（后来更名为瓦伊格火车站[①]）和渥太华的岗位。公司也会雇人执行特勤任务，如戍卫铁路运薪车，押运贵重货物或沿途护送搭乘列车的重要人物。

随着铁路网的快速扩张，加拿大太平洋铁路公司开始全力建设据称是"世界最复杂的交通系统"。

范霍恩从最初就设想一种集中管理模式，用来处理公司在多个不同领域涉足的所有产业。就在铁路横贯全国的同时，电报线沿公司铁路线一路延伸，为通讯提供了前所未有的发展前景——不仅提高了铁路核心业务的办事效率，还建立起面向公众的商业电报服务。同时，电报使东西海岸执法部门的联系更为紧密。19世纪80年代，公司创办酒店、海运和卡车货运业务，在随后的一个世纪不断壮大，所积累的大量财富和资产都需要警察保护。最终，公司旗下拥有10家小型的加拿大区域航空公司，业务遍及全国乃至全球，它对安保的需求更为迫切。

运营初期，由于联邦和省属的管辖权发生冲突，法律执行过程中有些情况不甚明晰。尤其是1888年颁布的《自治铁路法》（*Dominion Railway Act*），导致了当年太平洋铁路公司和马尼

① 该建筑修建于1898年，位于魁北克省蒙特利尔市，集火车站和酒店于一体，以该市第一任市长瓦伊格的名字命名。——译注

托巴省之间的一场闹剧。

太平洋铁路公司原有的许可证包括一项独家经营条款，允许创办者收回他们最初的投资，为该国营企业提供坚实的财政基础。原文如下：

“自今日算起此后20年中，自治领议会不得授权在加拿大太平洋铁路公司以南修建任何铁路，除非新线为西南走向或沿西南向西；在北纬49度区域，15米内不得授权修建任何铁路。在本条款有效期内，西北地区所有新成立的省都必须遵守。”

马尼托巴省虽然最初对此独家经营条款并无异议，可没过多久，就有省内立法者要求拥有在本省范围内批准其他铁路许可证的权力，有些许可证确实与太平洋铁路公司的协议冲突。省政府早先曾做过多次尝试，都遭到联邦司法部的阻止。1882年，马尼托巴的经济形势急转直下，关于省内弊病的诸多怨言涌到太平洋铁路公司门前。

5年后，马尼托巴省省长、保守党人约翰·诺基（John Norquay）决定重启新铁路法案，该案获得省议会的一致通过。提案呼吁，修建一条铁路由温尼伯到美国边陲城市西兰内（West Lynne），继而延伸至明尼苏达州的彭比纳（Pembina），在那里与美国北方太平洋铁路公司汇合。该线将与太平洋铁路公司控制下的彭比纳铁路，以及圣保罗—明尼阿波利斯—马尼托巴铁路公司（St. Paul, Minneapolis &Manitoba Railway）形成竞争之势。

联邦政府随即否决了该法案，但是当地商人不顾裁决，执意推进他们提出的红河谷铁路项目。联邦当局向马省多名高层铁路官员下达正式判决文件，期间太平洋铁路公司数次试图使用强制令阻止该项目，但都收效甚微。

新线北起温尼伯，南至美国边界，在马尼托巴省省会正西处与太平洋铁路公司的铁轨交汇。一场大的冲突不可避免。1888年10月，红河谷铁路项目铺建至太平洋铁路公司的主线两侧。

10月20日，冲突一触即发。马尼托巴省警察厅厅长克拉克在温尼伯贸易局和优秀市民中挑选出53人，组织他们宣誓入警，保护工人在太平洋铁路公司的线路之上架设一段“菱形交叉道岔”，确保该省际铁路顺利穿过。

他们到达既定交汇处发现，太平洋铁路公司的3辆机车和5节车厢挡在施工地点。4节车厢满载公司车务段工人，他们手持尖镐和其他武器。最后一节是公司西部地区总负责人威廉·怀特的专用车厢。怀特由范霍恩亲自任命，有权采取一切措施制止损害公司利益的行为。怀特身边还有两位治安法官，他们依据议会当年通过的《自治铁路法》，事先组织公司所有员工宣誓加入马省警察，保护铁路财产。

克拉克厅长在省内阁所有成员、温尼伯警察局局长麦克雷和其他5名警员的陪同下，立即向加拿大太平洋铁路公司的全体人员宣布，他们的马省警察任命无效。当时，治安法官立即再次组织他们宣誓加入“特别警察”。形势紧急，当地民兵也出动了。傍晚时分，马省一方撤回温尼伯，太平洋铁路公司则留下约300人原地驻守。

太平洋铁路公司再次申请强制令，但是这次请求被法院驳回。

300名温尼伯市民临时宣誓加入特别警察，他们冲到太平洋铁路沿线附近，撬开一段铁轨，在两侧各铺设了一段120英尺长的菱形交叉道岔。20名警察留下保护他们的战果。

怀特迅速行动，召集人员，于次日进行反击。《温尼伯自由报》曾报道称："说得好听一点，没有哪个特别警察打算靠勇敢和尽职出人头地。"所以不出意料，菱形交叉道岔当时就被拆走运回太平洋铁路公司的车场，被当作战利品展示。怀特命令手下在太平洋铁路两侧修建栅栏，这被当地人戏称为"怀特堡垒"。

数周当中摩擦不断，各方都紧张不安。时不时会发生殴斗；双方都请渥太华出面帮自己说话。10月底，该案被提交至加拿大最高法院。最后的判决对马尼托巴省有利，允许该省铁路越过太平洋铁路公司线路。所谓的"怀特堡垒"之战到此结束。

此后不久，太平洋铁路公司在冲突地点附近修建了一座车站，并命名为怀特堡垒，明显是寻开心罢了。

太平洋铁路公司的各项业务不断扩张，为犯罪活动提供了更多的可乘之机。它的商业动脉又细又长，与大多数其他公司相比更容易受犯罪活动的影响。由于没有统一的协作机制，随机聘用的看守、巡警和调查人员对于减少公司损失鲜有成效。

太平洋铁路公司旗下的自治领快运公司（Dominion Express

Company）总经理 W. S. 斯托特曾告诫公司员工：“在安大略省东部地区的铁路沿线，团伙砸抢保险柜的活动尤为猖獗。你们务必格外谨慎，看管好押运的钱钞和贵重物品，务必准时交货。”

为了遏制急剧增多的盗窃行为，也为了给旗下多个部门的警卫工作注入更多活力，保护新世纪不断扩大和增加的公司资产，太平洋铁路公司成立了“特别勤务局”（Special Service Department）。

乔治·埃德森·伯恩斯（George Edson Burns）是一个土生土长的安大略省伦敦市人，曾学习法律，后进入太平洋铁路公司审计部门工作。他被提拔为这个新部门的负责人。伯恩斯局长直接对大卫·麦克尼科尔（David McNicholl）负责，大卫在蒙特利尔，是铁路公司的副总裁和总经理。

1900 年初，特别勤务局分设两个机构——蒙特利尔总部和温尼伯办事处。在蒙特利尔，约瑟夫·格廷（Joseph Guertin）、艾萨克·麦凯（Isaac MacKay）、勒德格·克里维尔（Ludger Crevier）、威廉·克罗（William Crowe）、罗伯特·卡彭特 5 名督察负责自本市以东至新不伦瑞克省圣约翰市的一切事务。他们直接对伯恩斯局长负责。一年后，查尔斯·贝利（Charles Baillie）督察加入。在温尼伯，局长助理 A. C. 兰西、利瓦伊·赫西（Levi Hussey）督察和威廉·麦克劳德（William Macleod）督察负责从莱克海德到太平洋沿岸的整片区域。还有个统一着装的分队，由蒙特利尔的詹姆斯·麦戈文

(James McGovern) 警长指挥，也由伯恩斯领导。麦戈文曾在蒙特利尔的霍赫拉加从事铁路警察工作多年，当年公司所有的车务段都在那里，他对太平洋铁路公司的业务非常熟悉。以前，看守、巡警、探员和调查员要分别向当地的铁路官员报告，现在统一被纳入这个新部门。

特勤局的大多数雇员都没有受过正规的执法训练，总的来说，挑选他们是出于对其个人能力、品质和责任心的肯定。

罗伯特·卡彭特就是一个这样的例子。他曾是公司乌特蒙车场 (Outremont) 的过磅员，在进入新成立的警察局前还做过检车员。1900 年，卡彭特与特勤局初次打交道，他上报了一起发生在霍赫拉加的煤炭偷窃案。当时一群男人、女人和小孩正在车场东侧的屋内实施盗窃。随后在警局的面谈中，伯恩斯才知道这个车检员的父亲塞拉斯·H. 卡彭特与他是私交，塞拉斯曾任蒙特利尔警察局探长，是加拿大特勤局 (Canadian Secret Service Agency) 的创办人之一。该局在加拿大开创了先河，为联邦政府处理魁北克省所有的刑事调查工作，并承担平克顿侦探事务所[①] (Pinkerton Detective Agency) 在加拿大东部的所有事务。

平克顿与私家侦探之眼

平克顿全国侦探事务所是北美第一家大规模、全方位的保

① 世界知名安保公司，由芝加哥副警长艾伦·平克顿创办于 1852 年。——译注

安服务公司。19世纪后半期，它不仅引领整个私人法律服务行业，还首创多项策略和技术，被后来的美国联邦调查局和中央情报局采用，一直沿用至今。

1850年，这家著名的事务所由苏格兰移民艾伦·平克顿创办，擅长抓捕火车劫匪。平克顿早期的大主顾有乔治·麦克莱伦，他是伊利诺伊中央铁路公司副总裁，后在美国内战中任波托马克联邦军指挥官。

美国内战期间，麦克莱伦聘请平克顿保护亚伯拉罕·林肯的人身安全，同时收集南军后方的军事情报，事实上建立了美国第一家特工机构。由此，平克顿从一个不起眼的侦探一跃成为美国顶级情报人员。当年新总统就职前，乘坐的火车曾停靠巴尔的摩，平克顿成功阻止了一起暗杀林肯的行动，使他成为全国最出色的“幽灵”。

战后，平克顿事务所远赴美国边远地区抓捕杰西·詹姆斯、扬格兄弟、道尔顿团伙、布奇·卡西迪团伙等知名匪徒，声名鹊起。火车超越马车成为贵重货物的运输工具，也成为歹徒主要的攻击目标。平克顿的侦探与邮政公司、美国富国银行的职员通力合作，逐渐成为头号保安及调查公司，几乎与美洲所有的铁路公司都有业务往来。

平克顿的公司徽标由一只眼睛和格言“我们从不睡觉”组成。它看护着公司在芝加哥的三层总部大楼，也在公司信笺上方和广泛的宣传活动中注视着我们，由此形成公众对“私家侦探之眼”的印象，形成了廉价小说对侦探的描述。

19世纪70年代，平克顿拥有世界最大的犯罪数据库和嫌犯照片档案。

世纪之交，事务所的大量业务来自矿业公司和工厂主，他们聘请私人保安公司清除工人中的工会分子，渗入他们的组织。因劳资纠纷发生暴力冲突，采取高压手段镇压罢工，造成多人死亡，由此产生恶劣的影响，往往引发公众对私人侦探业务的不满。

尽管遇到一些挫折，但是在20世纪的大多数时期，平克顿事务所在私人保安服务行业仍保持着领先地位。数年来，多名平克顿事务所职员与加拿大太平洋警察密切配合，特别是共同侦破了不列颠哥伦比亚省有名的比尔·迈纳火车大劫案。

1999年，平克顿被纳入美国塞科利达公司。这家赫赫有名的侦探事务所曾经夸耀它的雇员比美国军人还多，如今却和它最大的竞争对手威廉·伯恩斯侦探事务所一起并入塞科利达（the Securitas）。这家新公司是世界保安服务行业的领跑者。

特勤局的办公室设在公司原来的终点站蒙特利尔，它被称作达尔豪西广场火车站（Dalhousie Square Station）或者魁北克城门兵营火车站（Quebec Gate Barracks Station），警察在那里可以尽早获悉铁路上出现的状况。次年，警局搬至公司总部的西侧大楼，新建的蒙特利尔温莎火车站（Windsor Station），占用一楼的两个房间。

特勤局的一项日常工作是负责护送那些数量众多的华工。华工穿梭于加拿大各地，前往欧洲、古巴、墨西哥和美国从事高强度的劳动。倘若运送途中走失一名工人，铁路将会受到联邦政府的重罚，所以运送专列必须严密看护。通常，护送华工的差事会指派给一两名铁路警察，由他与十几名保安一起完成。太平洋铁路公司还在温莎火车站地下专门划定一块安全区域接纳中途的华工，提供吃饭、睡觉和体检的房间。

有一次，公司卡彭特督察接到命令，护送两车中国人前往温哥华乘船回国。同行的还有 11 名普通保安，其中一人是公司驻伦敦的电报部门经理。所有人都把这趟差事当作温哥华度假之旅，或是一个提高业务技能的机会。为了协助铁路警察掌握华工的情况，公司承担此次西行途中保安的路费和伙食开销。

这趟行程，卡彭特见到麦克劳德才算松了一口气。火车到达温哥华后，两位警官见面，指挥华工列队前往码头，这时他们发现实际人数比名单上多出一个人。他们随即展开讯问，总算弄清了原委。原来，当火车在弗雷泽山谷（Fraser Valley）停靠的时候，敬业过头的保安发现有个人正站在车厢旁边。谁也不明白他在说什么，于是这个倒霉的家伙就被误认成运送的华工，硬给推上了火车。据卡彭特讲，当铁路警察试图把他移交给温哥华码头的时候，这个无辜的倒霉鬼大喊大闹。

通常特勤局处理的是车站或列车上的盗窃案件，也有不少行李和货物的丢失案件，偶尔还有故意破坏案件。

有一次，特勤局受命调查一起发生在铁路道轨上的案件，案发地点位于魁北克省和佛蒙特州中间，国际边境线正南。该路段的工人驾驶轨道车撞上堆放在道轨上的金属板，多人伤势严重。

特勤局大致调查后签发逮捕令，批捕一个家住佛蒙特州里奇福德（Richford）的年轻人，有人曾看见他在道轨上放置路障。嫌犯一定是听到了指控的消息，在铁路警察赶到他家前已经逃往边境对面魁北克省的外婆家。

公司调查员卡彭特和克里维尔发现他的藏身之地后，雇了一辆马车前往嫌犯外婆家将其抓获，随后把他带到14英里之外的魁北克省斯威特斯堡（Sweetsburg），那里距地方法官和监狱最近。他们到达时已经是深夜，于是两名警察在附近找了家旅馆，当晚轮流看管他们的犯人。

早上，他们见到嫌犯家人委派的代表律师，惊讶万分。调查员为了节省时间，避免麻烦，接受了律师的建议，允许嫌犯搭乘早班火车前往里奇福德。他们已经做好准备，火车一进站就由当地警察立即实施逮捕。

随后此人被判有罪，受到象征性的处罚，但是此案远远没有了结。判决不久，铁路收到一个索赔要求，理由是那个年轻人在他外婆家遭到绑架，后被拉到斯威特斯堡，未经地方法官审讯就被匆匆带离边境。尽管调查员做事的初衷是好的，而且最后证明对此人的有罪指控成立，但是公司还得为此赔付400美元。这堂法律课让卡彭特和克里维尔刻骨铭心。

当然，铁路内部的欺诈现象也很常见，特勤局也要处理这类案件。

1900年，公司一个精明的审计员曝出一起合谋侵吞铁路客运收入的案件。公司会定期派审计员突击登上列车，从售票员手中接管所有的车票和现金，当面查看是否与全车乘客人数相符。据说有超过25名售票员涉嫌合谋作案，其中1人曾找过该审计员，请求他在登车抽查前给售票员打个招呼。这名审计员转而找上司商量，上司建议他先暂且同意，等获得充足的证据再正式控告这帮狡猾的乘务员。

最后，虽然只有5名公司售票员获罪判刑，但是此次调查的程度之深、范围之广足以向广大员工宣告，公司对内部盗窃和欺诈视而不见的日子结束了。

制约与平衡的新时代已经来临，公司所有的业务活动都要求更高的透明度，更多冲突一触即发。

当铁路警察还在适应新部门的统一调度时，一个新的麻烦出现了。1901年6月1日，铁路线路工人纠集罢工。

在不列颠哥伦比亚省和马尼托巴省，铁路警察可以依靠当地警力平息任何骚乱。但是在广阔的西北地区，即现在的阿尔伯塔省和萨斯喀彻省，情况就大不相同了。为了获得此地的相对安宁，特勤局向公司的老朋友西北骑警寻求帮助。

罢工初期，加尔莱克（Gull Lake）曾出现过一次危机。当时那里还没人居住，只有一个孤零零的接线员、一个水箱和一所铁路员工的工舍。有一伙铁路游民威胁要砸烂这个地方，当时梅普尔克里克派出1名铁路调查员和2名骑警把他们从40英里外带进城，让他们在当地酒吧发泄心头之愤。

在卡尔加里以东约125英里的蒂利，一伙铁路工人给卡尔加里发电报，威胁说如果与铁路养路工再达不成协议就毁掉火车，为首的是一个脾气暴躁的领班，曾做过皇家爱尔兰警察。协议达成前，太平洋铁路公司调查员卡彭特和特勤警员鲍勃·巴克前往处理此事。他们不得不拔出手枪，把这个抗议的爱尔兰人拖走，当时西北骑警G.E.桑德斯中校也在场。提起诉讼的是公司律师理查德·贝德福德·贝内特，当时他是参议员詹姆斯·拉菲德（James Lougheed）的合伙人，詹姆斯后来成为加拿大总理。辩方由帕迪·诺兰代理，他那时在卡尔加里的法律界声名狼藉。

开庭前诺兰向贝内特建议，倘若对方肯撤销对他当事人的指控，他也不会因铁路警察曾在蒂利亮出武器而提起诉讼。而贝内特对此不予理睬，坚持起诉那个桀骜不驯的领班。对方并没有提起反诉。

卡尔加里还发生过另外一件事。33名意大利工人曾被派到不列颠哥伦比亚省灰熊镇应对罢工，有一次他们一窝蜂地涌上公司一趟东进的火车，强行前往卡尔加里，要到那里的酒馆和妓院消遣。特勤局安排火车直接驶过卡尔加里城区，一直开到骑警驻地附近，桑德斯警司在那里给他们两种选择：要么受罚，要么老老实实地回灰熊镇。此后，他们再也没惹过麻烦。

铁路警察为了表达对红衫战友的谢意，准备了一桶啤酒，打算在当晚骑警表演的音乐会上喝掉。

公司日常运营面临的最初威胁消除之后，特勤局开始承担起劳工局监工的新角色。除了要阻止蓄意破坏行为、保护公司员工不受恐吓，伯恩斯的部门还要去物色可靠、听话的季节工。

早在骚乱之前，铁路就已经是一个劳动力高度密集的行业，尤其是在温暖的季节，会安排许多轨道建设和路基维护工程。它要求工人接受野外工作，为了拿到现金甘愿忍受盘剥，不受工会主义的侵染。在 20 世纪最初的 10 年，加拿大政府通过排华法案收紧移民政策，此后几乎都是意大利劳工填补了季节性的用工荒。

“雇用意大利工人是我们唯一的选择，干 6 个月挣的钱够他们生活 1 年”，伯恩斯在谈到公司当时的招聘政策时说，“如果我们雇用意大利人，就不用担心他们会跳槽或给我们带来麻烦。”

多年来，公司一直通过蒙特利尔的劳务中介安东尼奥·科尔达斯科（Antonio Cordasco）招聘大量轨道工，在夏季进行常规维护和扩建工程。入冬之后，这些季节工要么返回他们意大利或美国东部的家乡，要么找个食宿便宜的地方落脚，等到来年春天再回来干活。1901 年秋天，太平洋铁路公司为了感谢科尔达斯科帮助平息轨道工人的罢工，指定他为意大利劳工的唯一代理。

科尔达斯科在克雷格大街有一间办公室，距离太平洋铁路公司总部不远，他在那里还经营橄榄油、意大利红酒等其他商品的进口生意。作为太平洋铁路公司的劳务代理，他每招收 1 名工人，就获得1美元的报酬。受此驱动，科尔达斯科在1901至1904年间为公司签订了12000余名工人。除了太平洋铁路公司，他的重要客户还有自治领煤矿公司（Dominion Coal Company）、加拿大北方铁路公司（Canadian Northern Railway）和一位加拿大指定劳务承包商H.J.比默，他介绍人从事蒙特利尔市污水管道等市政项目工作。

包工头制度在当时北美的重工业中颇为流行，新兴的劳工老板就是其中一部分。典型的包工头通常管理一个群裔，不仅为企业提供外籍劳工，还往往负责用工期间工人的伙食，带他们到工作地点，提供歇工后的食宿。他总能想办法向工人和雇主两头要钱。

科尔达斯科知道怎么玩转美国东部“小意大利”地区的劳动力市场。冬季，他向每名工人收取1美元的登记费，领班3美元，承诺开春的时候根据名单上求职者的住所为他们在铁路上找份挣钱的活儿。太平洋铁路公司还帮助科尔达斯科成为旗下太平洋航运公司等几家企业的经纪人，扩大他的影响力。

在包工头制度下，虽然大多数受雇的意大利劳工由太平洋铁路公司直接发放薪水，但是如果名字没有出现在科尔达斯科的登记表上，压根就不可能被雇用。有的时候，这个劳工老板会亲自领取工钱，扣除工人的食宿开销后，把余下的钱付给他们。举个例子，科尔达斯科手下的2名工人在给公司的信中写道：“我们用十字叉代替下面的签名，因为我们既不会读也不会写，我们二人授权科尔达斯科先生代为支取去年10月份的工钱。”

1901 年 9 月 1 日，铁路公司刚处理完养路工人的罢工事件，当月月底就迎来了康沃尔公爵和公爵夫人的皇室之行。公爵夫妇殿下在加拿大期间的安全由自治领警察负责（自治领警察于 1869 年由加拿大政府组建），由副总警监珀西·舍伍德局长统一指挥。舍伍德身边有 2 名探员，还有太平洋铁路公司特勤局人员、多伦多警察和蒙特利尔警察。

皇室一行安排 4 辆专列，按照出发顺序先后运送侍从、马匹和车辆。太平洋铁路公司的伯恩斯局长和麦戈文警长搭乘第一列火车查看安保和后勤事宜。与他们同行的是自治领警察督察鲁弗斯·钱伯林，他将在 1913 年出任太平洋铁路公司调查局第一任局长。

第二列火车乘坐的是加拿大总督夫妇，即明托伯爵和伯爵夫人阁下①，还有总理威尔弗里德·劳里埃爵士及其同僚、朋友。

第三列才是皇家专列，专供皇室使用，据说全列配备了最豪华的车厢。该专列由 10 节车厢组成，长 730 英尺，重约 600 吨。每节车厢由封闭式过道连接并安装有专线电话（end to end），这是铁路第一次提供电话服务。整列火车使用电气照明，配备电铃，车厢外表通体红褐色。

坐席车厢“康沃尔”位于列车尾部，带有一个观景平台，皇室夫妇可以欣赏沿途的风景。卧铺车厢“约克”与它相连，为

① 1898 年 11 月 12 日—1904 年 12 月 10 日任加拿大总督。

皇室殿下配备卧室、盥洗室，以及随从的住处。

加拿大太平洋铁路公司的皇家旅途指南中写道：“该列火车专为此目的而设计建造，建造初期立意长远，充分考虑到舒适性和安全性的需求。相信它代表了加拿大铁路装备的最高水平。”

正如人们预想的那样，此次任务事关重大，由于事先进行了周密策划，部署多支警力，行程按计划进行得非常顺利，没有出现任何意外。

那年冬天，铁路警察负责调查的最大案子发生在不列颠哥伦比亚省的米歇尔巴，一场神秘的大火让太平洋铁路公司和克罗斯内斯特山口煤炭公司（Crows nest Pass Coal Company）损失惨重。特勤局人员最远到达布尔河（Bull River）和斯蒂尔堡（Fort Steele），走访了几十名矿工和伐木工。他们收集到了充分的证据，证明纵火者是煤矿公司的一个合同商，他本想清理出城东的一块空地。手下人在烧垃圾的时候，火势失去控制，烧到了城里面。

新世纪以来，北美的劳资纠纷不断增加。大量组织松散的“兄弟会”社团为其成员争取谈判砝码，提供互帮互助。美国劳工联合会（American Federation of Labor）就是规模最大、最为保守的一个。它号召工人根据各自的行业组织起来，而不是按照工业流水线。然而，在工人运动中也有许多激进分子，他们反对美国劳工联合会的领导，坚持寻求某种从业者的谈判，为工人争取权利。铁路工人兄弟联合会（United Brotherhood of

Railway Employees）就是其中一家，它试图联合所有的铁路工人。

1903年初，加拿大太平洋铁路公司的工人试图在温哥华建立铁路工人兄弟联合会分会。2月，公司决定不惜一切代价阻止工会运动。特勤局派卧底进入工会做秘书，指认并开除了兄弟会的几个关键人物。解聘事件引发了冲突，公司希望借此瓦解联合会，于是对外宣布，近日的劳资纠纷完全是由贪心工人不合理的涨薪要求引起的。

总的来说，新成立的工会得到了温哥华火车站、办公室、码头和车场铁路职工的广泛支持。办公室文员、行李搬运工、列车乘务组与太平洋铁路公司旗下不列颠哥伦比亚省海岸船务公司（British Columbia Coast Steamships）的兄弟姐妹肩并肩站在了一起。当地许多其他工会的会员，包括码头工人和装卸工，出于同情举行抗议，甚至罢工。

考虑到西部的安全需要，特勤局在随后的几个月中又雇用了一批警员。特勤局同时负责阻止罢工、代理劳工等其他工作。

1月24日上午，公司艾萨克·麦凯督察带领两车厢人马离开蒙特利尔，横跨大陆前往太平洋一端，与威廉·麦克劳德督察和罗伯特·布洛克警员汇合。公司在温哥华的码头和车场建在一起，铁路站场距离海岸近在咫尺，仅由一座桥梁连接彼此。这使码头区域的治安工作变得尤为简单。

每天夜里，温哥华车站的特勤局办公室至少会有一个人值班，以随时待命。应对罢工的候补工人住在“约塞米蒂号”木制汽船上，船停靠在码头的最东侧，他们在那里很少会遭遇愤怒的抗议工人。餐车静静地停靠在车场的一个角落，离车站不远，为后备工人提供饮食。

当时有一批从大西洋海岸招募来的海员，他们进城不久就陆续失踪，甚至都还没有出来工作。调查人员后来发现，海岸船务公司一个参与罢工的司炉工威廉斯在这群人下车的时候散发恐吓字条。这个胆大包天的威廉斯以恐吓罪受到指控并遭逮捕，定罪后判处罚金 50 美元或 3 个月徒刑。铁路职工兄弟联合会很可能出了这笔钱。

罢工持续了 3 个月。铁路警方凭借实力优势多次阻止罢工双方发生摩擦。罢工结束时，警员扩充到 65 人。但是更坏的情况还是出现了。

1903 年 4 月 13 日，一群罢工者和码头工人袭击公司码头东部，引发了一场激烈的殴斗。他们宣称要摧毁“约塞米蒂号”。铁路警察成功地控制住暴力局面，并且驱散了大多数参与者，但是双方都有一小撮“愣头青”在车场迟迟不肯离去。

当天晚上，著名的社会主义者、当地工会的组织者弗兰克·罗杰斯和两名码头工人来到海边的工人纠察队。此时，码头大混战结束还不到 1 个小时。正好两名雇佣的后备工人在特勤警员的护送下返回这里，他们要寻找一顶遗失的帽子和雨伞。双方彼此谩骂，随后开火。虽然没法确定谁先开的枪，但是工人纠察和温哥华媒体一致谴责铁路方为保护公司财产“雇凶”

射击。

随着烟雾的消散，罗杰斯跪倒在地上，他的腹部中弹。同伴赶忙悄悄把他带到附近沃特街上的西部大酒店，待状况稳定后叫救护车把他送到坎比街上的老城区医院。罗杰斯才 30 多岁，正值年富力强，可是两天之后他还是因伤去世。

为抓捕杀害罗杰斯的凶手，警方曾悬赏 500 美元。随后 2 名铁路警员受到指控，其中 1 人很快被释放。法官判定证据充分，另一个叫詹姆斯·麦格雷戈的家伙被送上法庭，太平洋铁路公司聘请了一位顶级律师为他辩护。詹姆斯来自蒙特利尔，罢工期间担任公司的“文职人员”。

预审阶段，有个关键证人叫威廉·F. 阿姆斯特朗，那个生死之夜他与罗杰斯待在一起。阿姆斯特朗证实，事发后不久，麦格雷戈曾承认从火车站站台的工棚里射出了致命的一枪。但是在法庭上，阿姆斯特朗更改了部分证词，让人怀疑他之前说过的所有内容。法医报告鉴定，罗杰斯被“某个或某些不确定的人谋杀”，此案悬而未决。

罢工结束后，铁路职工兄弟联合会日渐式微。其他几个声援罢工的工会，像码头工人组织在冲突后也遭到解散。铁路赢得了胜利，但是由于特勤部门曾全力破坏工会运动，使得它声名狼藉。与之类似，私人警察和侦探事务所因为破坏罢工，受到边境以南舆论的抨击。此时东部正在酝酿一场更大的麻烦。

1904 年 1 月 23 日，2000 多名意大利劳工举行“大游行”，他们穿过蒙特利尔市的各条街道，纪念货运代理、太平洋铁路公司劳工部部长安东尼奥·科尔达斯科，宣布那一天是“工人之王日”，次月还举办了一场盛大的宴会庆祝新王晋升。但是，当2名意大利工头把一顶仿制的王冠戴在他头顶的时候，科尔达斯科却因不正当商业行为备受公众抨击。

加拿大专门成立了一个皇家调查委员会，调查蒙特利尔市意大利劳工的移民问题，还有职业介绍机构涉嫌的欺诈行为。在法庭上，太平洋铁路公司警察局局长伯恩斯承认，他曾给予科尔达斯科独家代理意大利劳工的特权，同时也有意撇清他自己、铁路公司与“新王”之间的关系。

“我从来没有把科尔达斯科当作公司的雇员，”伯恩斯强调，“我们只是付钱让他做劳动中介，那完全是他自己的生意；他想从别人那里收多少钱就收多少。”

显然，他向雇员和雇主两头收钱。每季招一名工人，伯恩斯会付给他5美元，而工人为了进入科尔达斯科的中介所不得不掏3美元的中介费。科尔达斯科服务双方，收些费用原本无可厚非，只是数额过大，远非常人所能容忍。

科尔达斯科对意大利外来劳工的欺压得到铁路公司的默许，公司温哥华地区的负责人理查德·马普尔曾出席过他的庆祝宴会，大多数工头和在场的其他人对此心知肚明。公司每隔3年都会从他那里雇用几千名工人，以此巩固科尔达斯科的地位，同时公司还允许他承包工人上班期间的伙食和所需物资。

法庭上的证词让更多事情真相大白。科尔达斯科在蒙特利尔廉价购入给养，然后高价卖给安大略省北部偏远站点的工人。

另外还发现，太平洋铁路公司曾拒绝当地意大利移民救助会（Italian Immigrant Aid Society）提出的整改和允许其他中介竞争的请求。

伯恩斯在落款1903年3月16日给救助会的信中写道："我已经与相关部门研究过雇佣劳工问题，特在此告知贵方。原意大利移民劳工的雇佣办法已经沿用多年，本公司无意更改此案。目前我方现有制度完全可以满足一切需要，因此我很遗憾无法应贵救助会的要求安置多余人手。"

10天之后，救助会给伯恩斯的上司、公司总经理大卫·麦克尼科尔写了一封回信，信中挖苦说，铁路特勤局局长要么跟这位备受争议的劳工代理沆瀣一气，要么根本对情况一无所知。

投诉信中写道："我们料想您并不知晓有些人可能获准与贵公司有业务往来，在为贵铁路招聘意大利劳工时收取每人3美元的中介费，而那些无法支付此笔费用的人将被拒之门外。我们呼吁停止向穷人滥收这笔3美元甚至更高的费用，他们的孩子或许正在挨饿。"

那年春天，大量意大利外来劳工在蒙特利尔游荡，引起舆论哗然，正是蒙特利尔市政府促成了皇家调查委员会。科尔达斯科疯狂地利用现行制度获取利益，高估了铁路对劳工的需求，不断激起民众对其本人和铁路公司的仇恨。

最后，科尔达斯科的行为被认定为不道德，并不算违法。社会工作者和劳工领袖表达了对包工头制度的憎恶，而受利益集团剥削最为严重的公司反应却不强烈。当这一制度被公之于众的时候，它被视为冷酷、剥削，遭人抛弃，最后寿终正寝。

太平洋铁路公司取消了科尔达斯科意大利外来劳工独家代理人的资格，彻底拒绝他与公司有任何业务往来。皇家调查委员会的证词引发了负面的宣传效应，公司总裁托马斯·肖内西对此大发雷霆，于1904年9月解散了整个特勤部门。伯恩斯受到肖内西的严厉处罚，可是仍被聘为蒙特利尔的货物索赔部经理。整件事情最糟糕的后果是，铁路公司重回临时安保时代。虽然留用了大多数的一线警察，但是警察部门没有统一指挥，恢复到以前松散的状态。

第三章　要案寻踪：追捕绅士大盗

“太平洋特快列车”（Pacific Express）满载旅客，从不列颠哥伦比亚省米申市（Mission）破旧的站台里缓缓驶出，开向西海岸。在加拿大太平洋铁路公司的这趟横贯大陆的列车上，资深司机纳撒尼尔·J. 司各特（Nathaniel J. Scott）站在440型机车驾驶室里，手扶油门杆，站在一旁的是消防员哈里·克里尔曼（Harry Creelman）。这两位铁路老手或许正聊着当晚的大雨，或许正在揣测着这趟前往温哥华的例行旅程。突然，一道低沉而果决的命令打断了他们的遐思，惊得他们脊背发凉。

“举起手来！”一个黑影低声喝道。3个蒙面人爬过煤水车，钻进驾驶室。“在锡尔弗代尔站（Silverdale）交叉口停车，”那黑影显然操着南方口音，“这可不是开玩笑，要想毫发无伤，就按我说的做！”

这一刻是1904年9月10日星期六晚上10点，加拿大太平洋铁路公司首次碰上了臭名昭著的比尔·迈纳（Bill Miner）及其团伙。

一路上，没有人吱声，直到火车停在了锡尔弗代尔站。团伙头目用头巾蒙着鼻子和嘴巴，宽大的帽子压得很低。他挥着手枪，命令那两名铁路员工跳下机车。另一个蒙面人则端着来福枪将两人挟持起来。

强盗头目和同伙押着两个不幸的人走下铁轨，来到邮车和行李车前，然后四下散开，监视着周遭的动静。蹲守在黑暗角落里的3个身影——邮政专员威廉·索伯恩（William Thorburn）、W.F.罗佛（W.F.Lough）和多米尼恩快递公司（Dominion Express）的邮差赫伯特·米歇尔（Herbert Mitchell）顿时感觉大事不妙，而车尾的火车司闸员威廉·阿伯特（William Abbott）也发现情况有些不对劲。

“我从车厢里探头张望，发现一个蒙面人，手里拿着枪，枪管足足有水管那么粗，他正好也看到了我。”阿伯特后来回忆说。“他命令我把头缩回去，不然就让我脑袋开花，所以我马上又躲了回去。”

当时，车厢内一片混乱。

售票员约翰·沃德（John Ward）意识到发生了抢劫，他迅速跑过各节车厢，向乘客发出预警。公司的机工H.B.沃肯（H.B.Walken）和铁路建筑主管艾利克斯·威尔逊（Alex

Wilson）恰巧也在车上，准备下班回家。于是，他们冷静地向所有人介绍了当前情况，并尽力安抚大家。事发时，出面稳定大局的是德高望重的W. 诺尔曼 · 博尔（W. Norman Bole）法官。

博尔法官当时正在参加威廉 · 霍尔德 · 麦尔金（William Harold Malkin）公司①的巡游，他后来去了温哥华，担任市长一职。

“哪一位带了武器？”法官意识到情况严重，这样向乘客发问。见没人回应，他继续说道：“看来我是这里唯一想要保卫这列火车免受侵袭的人。你们谁有胆量愿意和我一起，抵御强盗的进犯？”据说，当时所有的男人都站到了法官的身边。

罗伯特 · 威尔逊（Robert Wilson）是加拿大太平洋铁路公司的一名职员，事发当晚也在火车上。他向《维多利亚殖民者》（Victoria Colonist）报社的记者描述了当时疯狂的恐慌状态，他说，乘客们争相藏起了所有值钱的东西。

“说到那些奇奇怪怪的藏物之处，在几分钟之内，我就见识到了许多超乎平生所想的隐蔽之处。”威尔逊说。“抢劫的消息一传开，乘客们就慌乱不迭地藏起钱、手表和其他贵重物品。大多数的女乘客把金银珠宝藏到内衣里，而男乘客则将钞票卷起来塞进鞋子里、帽边的锻带里以及其他貌似不可能藏东西的地方。”

博尔法官有条不紊地指挥着大家，颇有大将风范。

---

① 该公司是一家名为“Jam King”的食品经销商。——译注

“所有能挪动的东西都堆在了车厢两端的门后，这样门就很难打开，”威尔逊说。所有贵重的物品都被藏到各种各样奇怪的角落里，车厢中间的灯全都熄灭了，车内一片漆黑，如同车外的夜色。“普尔曼”卧铺车里昏暗无光，而车厢通道上却灯火通明，呈现出一种诡异的气氛。一个意志坚定的人正蹲伏在黑暗中，随时准备给第一个闯入光亮之处的强盗以致命一击，这使得火车上的气氛越发怪异。

但强盗们的注意力却转移到了其他那些值钱的东西上。

强盗们分离了部分货物车厢与乘客车厢后，回到列车的前部，登上火车头，强迫司机司各特开动载满包裹、邮件和快递的车厢向前行驶。约 1 英里之后，强盗头目下令停车。强盗们让司各特打开快递车厢的门，不想门却被邮差米歇尔猛地推开了。

“举起手来，否则我就炸掉你的脑袋！”一个强盗举着一个炸药包，冲这个多米尼恩快递公司的邮差大喊。米歇尔担心强盗会炸掉整趟列车，于是立即乖乖交出了配发给他的 0.38 英寸口径的史密斯—威森左轮手枪。强盗肋下夹着一把步枪，窜到保险箱旁，从里面卷走了 914.37 美元的现金以及价值大约 6000 美元的金粉，这些金粉产自不列颠哥伦比亚省阿什克罗夫特市的瑞博金矿（Cariboo Gold Mines at Ashcroft，B.C.）。

据说，强盗从一个挂号邮包中偷走了 6 万美元到 8 万美元的不记名债券。虽然这个猜想持续了几十年，但并没有得到加拿大太平洋铁路公司或其他机构的证实。

那天晚上，强盗得到现金和金子后，逼迫火车司机把火车往西开到沃诺克的城市界碑附近，“停，就是这儿，就停在这座教堂前面。”抵达预定地点后，强盗头目又跟司各特聊了一会儿，甚至将这位铁路员工之前被抢走的金表和现金完璧归赵。

“好吧，年轻人。”蒙面人以友好的口吻说道，这种友好的态度让他成了许多人眼中的英雄。“把这些钱放回口袋吧，我不想要任何人辛苦工作赚来的钱。”那个强盗言谈间满是绅士气派。

火车停在沃诺克站时，强盗们从车上跳了下来，然后又从路基上跳到弗雷泽河上一只等待接应的小船上。“把你们的火车开走吧！”强盗头目对列车员们大声喊道。

“晚安，伙计们。打扰了！”他又补充了一句，然后消失在漆黑的夜幕中。

加拿大太平洋铁路公司遭遇第一起列车抢劫案的消息不胫而走，没过多久就人尽皆知。

车站值班员随后向铁路公司驻温哥华警司比斯利（H. E. Beasley）电告此事。恰巧，当时比斯利正与铁路公司督察威廉·麦克劳德（William Macleod）和警察局局长巴恩斯（Burns）一同开会。那是特勤部撤销之前，伯恩斯最后一次前往西海岸。温哥华警察局局长塞缪尔·诺斯（Samuel North）、不列颠哥伦比亚省警察柯林·坎贝尔（Colin Campbell）以及联邦邮政局局长助理哈里森（F. E. Harrison）和多米尼恩快递公司的代表当即召开了紧急会议。凌晨两点，比斯利、麦克劳德、坎贝尔、诺斯和一名温哥华省的记者一同乘坐太平洋铁路特别列车到达犯罪现场。

铁路公司的消防员克里尔曼（Creeman）陪同警察和铁路官员勘查了抢劫案现场，却并未发现新的证据，地面上只留下了几组列车乘务员的脚印。

在接下来的几天内，来自平克顿一家著名事务所的私家侦探同该省的警官一起进行案件线索追踪。根据司各特、克里尔曼和其他人对歹徒外貌和言行举止的描述，调查人员确信，他们要找的不是别人，正是比尔·迈纳和他的同伙——这帮著名的“绅士大盗”。平克顿警司詹姆士·戴伊（James E. Dye）以及5位侦查员很快加入到由西雅图希尔侦探事务所的几名侦探组成的追逃队伍中。

“我当时想休息一下。”数年后，戴伊告诉《温哥华太阳报》记者：“在我走近哈蒙德的铁道旁时，发现了一份半生不熟的食物，一口旧的油锅，里面有切碎的蔬菜，还有浇上去的牛奶，看上去乱糟糟的。”

这位来自平克顿的侦探推断，这顿饭应该是为胃溃疡患者准备的。他突然想起来，迈纳患有胃溃疡。他把那个臭名昭著的火车抢劫犯的照片发到西雅图。果然不出所料，嫌犯照片传过去后，铁路公司的列车员们指认比尔就是强盗头目。

老奸巨猾的比尔·迈纳

尽管无数诗词、歌舞、书籍、电影都以比尔·迈纳为主题，但在古老西部的强盗团伙中，迈纳仍然是最具神秘色彩的人物。

在那个时代，他极受欢迎。但和当时的恶人，如杰斯·詹姆斯（Jesse James）和小比利（Billy the Kid）相比，却很少有人记得他。多年来，迈纳是被神化的绅士大盗，犹如北美洲的“罗宾汉”和“灰狐狸”。他的墓碑上刻着：“西部最著名的土匪。”平克顿私家侦探称他为“美国西部的头号主犯”。

可以确定的是，有关他生活的记录很少。被囚禁于加利福尼亚的圣昆廷（San Quentin）期间，他声称自己是在1847年出生。但被遣送到不列颠哥伦比亚省新威斯敏斯特的监狱时，他又改口说生于1842年。然而，他的名字却是毫无争议，而且曾被各类研究人员引用，如威廉·A. 麦克唐纳（William A. Macdonald）或者伊斯拉·艾伦·迈纳（Ezra Allen Miner）。有人说他是个同性恋，但并无任何确凿的证据。

无论事实如何，他被后人称为“老手比尔·迈纳”。迈纳在犯罪生涯之初，只不过是一个年轻帅气的小偷。之后，他获得了“站台劫匪”、“列车强盗”和“逃亡艺术家”的称号，渐渐声名远播。1904年和1906年，他在加拿大太平洋铁路的火车上先后实施了两次抢劫，从此名声大震。

虽然太平洋铁路公司一再声称遭遇抢劫，但这在加拿大既不是第一次，也绝非最后一次。

迈纳现在可是个“老手”，亦被奉为民间英雄。在不列颠哥伦比亚省的大部分地区，他的名字和充满魅力的脸庞出现在许多餐厅、沙龙、酒吧和旅馆的布告栏上。

一家时尚的牛排餐厅甚至把“比尔·迈纳饼”印在了菜单上。乔治·爱德华（George Edwards）是迈纳的众多化名之一。在他定居加拿大时，不列颠哥伦比亚省普林斯顿湾附近的宝德山被更名为“迈纳山”。在不列颠哥伦比亚省的阿姆斯特朗市（Armstrong），甚至有一个小剧场打着促进文化发展的旗号而自诩为“比尔·迈纳协会”。

无论是真是假，这对高喊“举起手来”的那个人来说，都没什么不好。

火车抢劫案使得《温哥华省报》销量大增。该报对此抢劫案的评论是：“抢劫案之所以能够得逞，是因为这些劫匪十分专业、精明并且胆略过人。”

理查德·马普勒（Richard Marpole）是加拿大太平洋铁路公司太平洋分部的总负责人。迫于上级压力，他不得不在处理日常事务的同时参与搜捕行动。在接受省报采访时，他向人们保证，铁路部门和政府将会不遗余力地将罪犯捉拿归案，目前，已有 40 多名执法人员前往乡村搜寻线索，查找罪犯的行踪。

加拿大铁路公司和多米尼恩快递公司联合悬赏 5000 美元，奖励给那些“抓捕和指证”抢劫快递和邮政车厢嫌犯的人，“提供可靠线索”的民众会再得到 1000 美元的奖励。除此之外，不列颠哥伦比亚省政府还将额外奖励 1500 美元。

平克顿侦探事务所已经认定，嫌犯就是他们正在追捕的比尔·迈纳。当地的许多报纸也都刊登了罪犯信息。但是，犯罪团伙却仍然能够躲避抓捕。毫无疑问，人们普遍认为，这 3 名嫌犯已在边境消失得无影无踪，并躲在美国西部的某个小镇里。

而事实上，在接下来的几年里，迈纳只是回到他曾待过的不列颠哥伦比亚省的普林斯顿。在那里，他化名“乔治·爱德华”，成了当地一名受人尊敬和喜爱的人物。

爱德华曾一度被当地人视为足智多谋、平易近人、慷慨大方，他的魅力很快就为自己赢得了许多朋友。他是个驭马牧牛的好手，当地的农场主和居民经常找他帮忙。他还是个技艺娴熟的鞋匠，并且为有需要的孩子们做了许多双鞋。他有一个带着几个孩子生活的寡妇邻居，他经常给她的孩子们带来礼物。有时候，这个寡妇会收到匿名信，信封里装着钱，寄信人除了好人乔治·爱德华，不会有别人。一次，地方长老会的会长没能准时参加星期天的礼拜仪式，爱德华便被派去为大家做了一场精彩的布道。

爱德华能力超群，已经融入不列颠哥伦比亚省尼哥拉峡谷的日常生活中。他若无其事地生活着，仿佛没有什么不同寻常的事情发生过一样。一天，在不列颠哥伦比亚省奇利瓦克（Chilliwack）的小镇上，发生了一件令人大跌眼镜的事情。爱德华化名“密苏里·比尔”（Missouri Bill），和加拿大太平洋铁路公司特勤部的两名便衣侦探一起打扑克，他们是丹尼·普佛德（Denny Pulford）和威廉·霍奇思（William Hodges）。

起初，尽管两名侦探对眼前洗牌的这个油滑的老绅士起了疑心，但爱德华随和的性格和从容的态度最终让他俩打消了怀疑。

两年来，这个温文尔雅、有社区服务意识的爱德华，用从抢劫米申市得来的赃物，过着平淡而快乐的生活。但到 1906 年，他隐藏的天性再次暴露，火车劫匪比尔·迈纳重现江湖。

5 月 8 日，星期二，这是一个月色迷人的夜晚。迈纳和两个同伙搭乘加拿大太平洋铁路公司开往西部的 97 次列车，此列车属于帝国有限公司。在不列颠哥伦比亚省的杜克斯（Ducks），大约在坎卢普斯（Kamloops）以东 17 英里的地方，重现了一个熟悉的画面：在枪口下，司机约瑟夫·卡林（Joseph Callin）和消防员赫伯特·拉德科立夫（Herbert Radcliffe）被迫停下列车，把邮政车厢和乘客车厢分离，然后全速行驶到劫匪备好马匹的地方，强盗们准备骑马逃走。

从强盗的要求中，铁路员工了解到，强盗期望在从不列颠哥伦比亚省的哈德利镍板矿开往温哥华的列车上，找到价值 3 万到 4 万美元的金条。然而他们所找到的只有挂号邮件中少得可怜的 15.5 美元。更奇怪的是，迈纳拿走了一些治疗肝脏的药物。

这次盗窃似乎微不足道，却引发了一场搜捕。太平洋铁路公司的侦查人员，与省属官员、西北骑警，以及平克顿和泰尔两家事务所的人员，共同进行了追踪调查。

抢劫案发生的第二天，铁路公司的高级侦探威廉·马克罗斯（William McLaws）和 R. E. 布里克（R. E. Bullick）前往坎卢普斯协助调查。马克罗斯来自铁路公司温尼伯警务办公室，被任命为该案件的负责人。他和西雅图泰尔事务所的布朗警司尽可能寻找目击者，逐一询问，并着手整理劫匪的相关情况。

起初是一些相互矛盾的信息，令人们对罪犯的身份感到困惑。

“马克罗斯很难从铁路员工那里获取信息，因为他们不愿意吐露实情。”铁路公司副总裁威廉·怀特（William Whyte）告诉大卫·麦克尼科尔（David Menicholl）：“一切证据都指明这是当地人干的，或者至少是一些当地人和强盗合伙干的。强盗跳下马，沿着铁路线蹒跚走了至少五公里……他们没有抢劫的企图，很可能是那些不诚实的员工有意给公司制造麻烦。”他推测道：“歹徒现在应该藏匿于坎贝尔的南部山地草甸地区和茂密的山林里，那里行走不便。自上周五以来，无论是民防团还是警探，都没有任何消息。”

加拿大太平洋铁路公司的警司帕特里克（Kilpatrick）和车务段长埃尔森（Elson）都在雷夫尔斯托克镇（Revelstoke）的郊外工作，他们为省警方的追捕工作提供了积极协助，包括安排运输、传递信息和提供物资。帕特里克甚至开着私家车到坎卢普斯，亲自参与搜寻工作。不久，总警司马普尔（Marpole）的10号车也加入到了搜捕当中。

到星期六，也就是案发后的第四天，一群从卡尔加里、班夫以及其他地方赶来的骑警抵达现场，由鲍恩·佩里（Bowen Perry）警督任指挥。其中有中士约翰·威尔逊（John

J. Wilson）和珀西·托马斯（Percy Thomas），士官詹姆斯·斯图尔特（James Steward）、卡尔·詹姆斯·彼得斯（C. R. Peters）和约翰·勃朗宁（John Browning）。皇家骑警、省警察和雇来的印第安人划分区域，分头搜寻。

骑警们的马受了伤，当地一位叫约翰·罗珀·虎尔（John Roper Hull）的人提供了马匹，骑警们则连续两天在灌木丛中仔细搜索。他们白天在瓢泼大雨中搜捕罪犯，晚上则可以在当地农场安顿下来。

5 月 14 日，星期一，天刚蒙蒙亮，骑警携带步枪、手枪和补给品，继续搜索。中午，约翰和托马斯中士，斯图尔特、勃朗宁和彼得斯稍事休息，吃了快餐。这时，不列颠哥伦比亚省的治安官威廉·弗尼（William Fernie）上气不接下气地骑马赶来。

“午饭后，我们正要套上马鞍，省警员弗尼骑马赶过来，说往回大概两三英里处，他遇见 3 个男人并聊了几句。他认为那就是我们要找的人。”勃朗宁多年后回忆道。“我们立刻出发，来到他之前发现他们的地方，但他不知道那 3 个男人朝哪个方向走了。”

于是，骑警展开追踪。不久，斯图尔特看到一堆篝火处有烟冒出来。他向其他人挥手示意，让大家来到他那里，以便能看清那 3 个人。威尔逊首先上前打招呼，说正在寻找最近抢劫了铁路公司列车的 3 个罪犯。高个子的那个人说他们没有见过任何可疑的人。

“嘿，哥们，”威尔逊说，“你的模样把你暴露了。快招了吧！”

此刻，篝火旁边的一个人拔出枪，一边扣动扳机，一边冲向灌木丛，大喊着：“当心，哥们儿！咱们玩完了。”一名警官设法绊倒了逃跑的持枪者。很快，3 名嫌疑人被缴下武器，缉拿归案。

骑警在对 3 人搜身检查时，发现其中一人右前臂上有枚独特的纹身——一名芭蕾舞者。

“我们不只是抓住了坎卢普斯的列车劫匪，”舒步森中士说，“我们还抓住了比尔·迈纳——这名悬赏 2 万美元通缉的臭名昭著的美国大盗。”

歹徒们被绑住手脚，塞进马车，带到附近的一个农场。农场经理格拉夫（Graves）先生告诉骑警，他们犯了个大错。他说：“怎么回事？这位老先生可是乔治·爱德华，他是本地的农场主，深受邻居们的敬重。”

后来，又发生过类似的情况。囚犯被移送至坎卢普斯时，谁都不相信这个 3 人团伙的头目就是那个具有传奇色彩的美国火车大盗。最终虽然迈纳坚称自己是爱德华，但他承认曾在杜克斯抢劫列车，企图抢走用于安置旧金山地震灾民的 10 万多美元的救济金。唉！不巧的是，这笔救济金已经提前一天被另一趟列车运走了。

3 名嫌疑人接受了审讯，被判有罪。

在审讯中，勃朗宁说：“在取证过程中，快递车厢信使作为案件的目击者进行举证。他说那个个子最高、戴着黑色护目镜的强盗，曾打开一箱保肝丸，取了一盒放在口袋里。警察从迈纳手中夺下的0.38英寸口径的左轮手枪，被确定是在前年的米申市铁路枢纽站抢劫案中用于劫持快递员的武器。”

迈纳的一名同伙被指认是路易斯·柯红（Lewis Colquhoun），安大略人。几年前，迈纳在亚利桑那州的菲尼克斯结识了他。在抢劫火车之前，柯红曾受雇于大北方铁路公司，后在加拿大太平洋铁路公司从事电报线路工作。他也在派特·伯恩斯——加拿大著名的牛肉和肉类包装大亨的手下做一份简单的工作。

最矮小的火车强盗膝盖中了一枪，他是被称为“小矮人”的托马斯·邓恩（Thomas Dunn），他在亲朋间更常用的称号是“小比利”。他来自威斯康星（Wisconsin），是一个牧马人、捕猎人和包装工。

迈纳和邓恩被判处终身监禁。柯红被判25年，并于1911年死于肺结核。去世时，他仍在新威斯敏斯特监狱服役。柯红的尸体被运回其生前位于安大略省的科林伍德家里埋葬。邓恩于1918年获得假释。但9年后，他溺死于湖中，他的船只在乌斯塔湖一个偏远的河口湾处倾覆，那里离坎卢普斯不远——就是在那儿，“小比利”被捕的地方。

1907年8月9日，迈纳和他的3个狱友曾以出人意料的方式逃出不列颠哥伦比亚省的牢房。囚犯们设法挖开了新威斯敏斯特监狱后院栅栏下面的砖头。直至今日，这起越狱事件依然颇具争议。这个“著名犯人”再次逍遥法外，他曾告诉法官“没有一个监狱的高墙可以困住我”。

从某些方面来看，这些都不足为据。有些人认为，栅栏下面的洞太小，没人能从里面爬出来；而另一些人称，当天值班的警卫故意留了门，好让他们逃走。推测最多的则是，迈纳出逃早已被“安排好”，或者至少是得到加拿大太平洋铁路公司的帮助。据说，太平洋铁路公司已对破获 1904 年团伙抢劫案不抱任何希望。然而，这些谣言从未被证实。

9 天以来，35 名武装人员，包括监狱看守、省警方特巡及特勤警员都全身心地投入到搜寻逃犯的过程中。

约翰·威尔逊骑警对《温哥华新闻广告员》（*Vancouver News Advertiser*）杂志社的记者抱怨说，警方追捕缺乏热情，特别是警官只有 500 美元的微薄报酬，但就连这点报酬都被拖延。

“提供的奖励太少，不足以抓到他，因为他在不列颠哥伦比亚省有太多的朋友，”骑警提出。“比尔是你见过最温和的家伙。当然，他不抢劫火车的时候，总是愿意给别人花钱，并且与妇女和儿童交朋友。他的原则是不抢劫靠工资糊口的员工，但却认为企业不值得同情。因此，他并不后悔让企业遭受重创。”

尽管迈纳能够躲避拘捕，也能逃到美国，但我们可以推测，他永远无法安分守已地生活。1911 年 2 月 18 日，他在劫持一列开往乔治州的火车后被捕，并被判处 20 年有期徒刑。在该州的米利奇维尔监狱（Milledgeville prison）服刑。一如既往地，老比尔越狱两次，但每次都被抓住，并送回监狱。他于 1913 年 9 月 2 日去世，终年 64 岁。

随着比尔淡出人们的视野，对于不列颠哥伦比亚省加拿大太平洋铁路公司的员工来说——他们主要负责省内崎岖的山路地带，似乎一切应该回归正常了。然而事实并非如此。

1909 年 6 月 21 日，一个难忘的夜晚，戏剧性的抢劫案再次发生在加拿大太平洋铁路公司的列车上。当时，火车司机迈特 · 克劳福德（Matt Crawford）正站在列车风门处。

“我在雷夫尔斯托克站登上 97 次列车，”多年后，他对《温哥华省报》（*Vancouver Province*）记者谈起事发时的情形，“列车开往西海岸，但是我的行程安排让我没法把耽误的时间补上。我们在西莫斯站台上穿过水路，并且又一次抵达诺驰山站。枪手一定是从这里爬上列车的。我们放慢速度经过舒斯瓦普，准备再次提速。这时，我听到一个粗暴的声音。”

起初，克劳福德以为这是消防员哈利 · 卡彭特（Harry Carpenter）的声音。但当他转过身来，却看到一个穿着超大号礼服大衣的蒙面人正用两把左轮手枪指着他的头。

“你过来！”强盗说道，并举着一把枪朝消防员走去。他把自己隐藏在火车头的阴影里。那个强盗对着司机克劳福德喊道：“你！ 继续开！”

乘务人员努力让自己镇静下来。

“他逼近我，我告诉他，没有必要拿枪对着我们，”克劳福德说，“我们不会做任何伤害他的事情。”

他放低手枪，手指放在扳机上，发誓般说道：“我将拥有整个列车！”

当火车驶到舒斯瓦普站以西大约5英里的地方时，轨道旁的红灯不断闪烁，于是克劳福德放慢引擎。一阵谩骂声随之而来，司机告诉强盗，无论境遇如何，他都不能忽视任何一个信号灯。

“很好，如果这是你的责任，就这么做吧！但把你的臭嘴闭上！”强盗回答道。此时，这个强盗又把弹药装入枪管来威胁他。

售票员萨姆·艾略特（Sam Elliot）和火车制动员艾斯顿（Ashton）从火车上跳了出去，看看到底发生了什么事，然而，他们不得不趴在火车甲板上，因为火车在蹒跚地行驶。在杜克斯车站的东面，火车头钻进了山洞，全体列车员都看到了轨道边的篝火。

“停！”强盗喊道，挥动手枪，情绪十分激动，从车上扔了一块煤到路基上。

克劳福德和卡彭特被迫从火车头爬了下来，接着就被两个蒙面强盗团团围住。其中一个强盗表情阴郁，手里拿着三捆炸药。这些人都挤进了火车头后面第一节快递车厢里。

荷枪实弹的强盗强行控制列车，直接打开车门，听里面没什么声音，就用工具砸开一个小洞去看车厢内是否是空的。相同的情景也发生在第二节车厢里。

“当时的情景真糟糕！”克劳福德回忆道。

强盗开始对第三节车厢下手，这是一个邮递物品和快递包裹共用车厢。强盗头目大吼着命令打开车门，叫嚣着要炸毁车厢。

“朝前走，完成你的爆炸任务吧！”躲在挂号邮件车厢里的那个邮递员冷冷地回复道，“你去第5号车厢找什么？”

据报道，不久，不列颠哥伦比亚省的航运船载着温哥华银行的一船银子，打算转移到97次列车上，但事情却发生了变故。事与愿违，强盗没能找到银子，他们沮丧地发现他们失去了令人垂涎三尺的6000磅银子，这些银子铸块每片约90磅重。他们怎么也想不到，自从1904—1906年发生了比尔·迈纳火车抢劫案后，运通快递公司就已经安排全副武装的人员去保护每一批重要的货物。

因为确信强盗找不到什么有价值的东西，车上工作人员最终打开了邮件快递车厢的旁门，蒙面强盗从那里爬进去，但并未找到想要的上锁的箱子。他们没有再试图去碰那些邮件或抢劫游客。穿着礼服大衣的男人及其同伙两手空空，一无所获，消失在茫茫夜色中。

黎明时，一组全副武装的持枪队伍离开坎卢普斯，乘坐加拿大太平洋铁路特别列车前往劫持现场。不列颠哥伦比亚省级巡警比尔·夫瑞涅，捕获迈纳的英雄人物之一，以及一些印度追踪人员和骑警都在列车上。24小时之内，加拿大太平洋铁路公司的代理人、私家侦探和蒂艾尔也加入到追捕中来。

起初，调查人员还猜测老比尔可能会参与此次抢劫。尽管被判终身监禁，但迈纳从西威斯敏斯特监狱逃跑后，仍旧逍遥法外。但列车员辨认绅士大盗的照片后，都断然摇头。

日子一天天过去，直到细节开始慢慢浮现。经过对当地人的走访调查，警察确定盗匪是坐船跨过萨斯瓦湖的。接下来，4匹从先锋家禽农场偷来的驯马，在坎卢普斯附近游荡时被人们找到。

比尔·迈纳涉及该案的传言一直甚嚣尘上，但是3年前，加拿大太平洋铁路公司售票员山姆·艾略特曾在列车上被迈纳劫持，在审讯中近距离仔细辨认后，却坚定认为劫匪并非迈纳本人。

几乎过了一个星期，驻扎在不列颠哥伦比亚省什克罗夫特站的政府代理W.J.克里斯蒂让他寻找乘坐小船沿北汤普森河往下游去的3个男人。伊萨克·戴克是前加拿大太平洋铁路公司的一名雇员，曾任省特警，被省警察厅派去看护河道。

戴克刚走下路堤来到河边没多久，果然有两个男人划着游艇转弯，进入他的视野。后来得知，第三个人不久之前已经上岸。

戴克端着把老旧的温彻斯特步枪，示意那两个男人上岸。

等船停上河滩，其中把大衣搭在胳膊上的男人突然跳了出来，未发一言，就用左轮手枪从大衣下朝巡警开了枪。与此同时，戴克从胯侧开枪，子弹射穿了刺客的头部。

船上的第二个男人抄起一把猎枪，跳上岸，射中了受伤倒地的戴克，然后冷静地走向死去的同伴，销毁了他所有的身份证明，把死者的枪塞进自己的腰带，爬上岸去，消失在铁道线上。戴克临去世之前，在生死边缘挣扎了好几个小时。

不久后，火车司机克劳福德辨认出死者就是那个身穿礼服大衣、拦截97次列车的强盗。

暴力袭击和两起死亡事件震惊了整个乡镇，铁路警察和私家侦探挤满现场，他们都带着猎犬和匆忙配备的小型武器。侦查员仍想判定出那个躺在停尸间、穿着礼服大衣男人的身份。越来越多来自西雅图、塔科玛（Tacoma）和波特兰（Portland）的警察参与到追捕中，这个时候找到了案件的突破点。根据已死强盗的照片判断，一名老练的南太平洋警察最终揭开了这个谜题。

“是戴夫·哈尼（Dave Harney）。”他确定无疑。

“你确定？”警察局局长乔·伯尔（Joe Burr）质疑道。乔·伯尔是一名驾驶员教练，并长期被聘为省级警官。

“绝对的，”这位美国警长回应道，“我太了解他了，他一定和他哥哥在一起，他们一向形影不离。”

“和他在一起的那个男人，”伯尔说，“是我们要找的凶手，他大概四十岁，矮胖，宽肩，没有胡子。”

大家达成了共识：

“听起来像比尔·哈尼。”美国警长说。

臭名远扬的哈尼家族！在过去的20年里，他们几度进出美国监狱。现在看起来，他们想要的不止是一份铁路工作，冷酷狡猾的兄弟俩在首次劫掠加拿大太平洋铁路公司时就增加了赌注！

威廉·哈尼（William Harney）受到美国官方通缉。

平克顿和蒂尔机构也正在追捕他。不列颠哥伦比亚省警方开出 2500 美元悬赏金对他进行追捕，加拿大太平洋铁路公司又追加 1500 美元作为奖励。虽然没有找到哈尼，但追捕他的热度不减。

一个星期过后，一封新的电报到达维多利亚警察总部，称在某地发现了哈尼。报告来自遥远的澳大利亚悉尼。但这样的事情时有发生：情报是假的，这都是物质奖励闹的。

每个州、省和联邦监狱现在都有对哈尼的描述和照片。两国或两州、省边境的每一个警察部门和执法机构的墙上，都张贴着哈尼“通缉令”的告示。不列颠哥伦比亚政府和加拿大太平洋铁路公司为捕获威廉·哈尼的悬赏金共计 4000 美元。据说，太平洋铁路公司已经预留了几千美元来帮助教育抚养伊萨克·戴克的儿子阿奇（Archie）。父亲殉职时他才 12 岁。铁路公司还打算在阿奇从学校毕业后给他提供一份工作，但在第一次世界大战期间，阿奇随加拿大军队在法国作战时遇难。

特警伊萨克·戴克被害 10 年后，不列颠哥伦比亚省的警察仍在追查哈尼的行踪。然而，比尔·哈尼这个名字却再也没有人看到或听到过，至少没有任何执法人员看到或听到过。

加拿大太平洋铁路公司福特·威廉货运物流部，员工逾千人，棘手的事情一个接着一个。工人们一直要求提高工资待遇（他们完全可以被称为该国当时最激进的铁路工人），而他们却突然在 1909 年 8 月 9 日的清晨失业了。

“野猫罢工”被称为当时最激烈的劳资纠纷。几天之内，铁路局召集 30 多名特警协助当地警方控制抗议活动。但枪战不可避免地发生了。在这期间，加拿大太平洋铁路公司特警监督员鲍尔（Ball）的腹部和一只眼睛中弹，不得不摘除眼球。铁路警察 J. 卡彭特（J. Carpenter）腿中数枪，一颗子弹甚至击碎了他的膝盖。另一名警官 J. 霍尔沃斯（J. Hallworth）也身受重伤，随后不治而亡。威廉堡（Fort William City）的泰勒（Taylor）警官臀部中枪。

豪勇警官

虽然工作时间不长，但维克多·麦克拉格伦（Victor Mclaglen）（1886 年至 1950 年）无疑是加拿大太平洋铁路警察中最潇洒的一个形象。在此之前，他曾做过山姆斯蒂尔（Sam Steel）施工营地的巡逻员。

1906 年，麦克拉格伦加入加拿大太平洋铁路警队，那时他还是一名普通警员。此时，铁路特别勤务部门已被解散，治安和警务移交给了地方高级铁路部门。后来，这个靠摔跤和重量级拳击谋生的年轻士兵——麦克拉格伦——被加拿大太平洋铁路公司安排在安大略省的欧文桑德（Owen Sound）码头工作。

出于某种原因，他于 1907 年 4 月 18 日离职，此后再未从事警务工作。

28 年后，在 1935 年，维克多·麦克拉格伦因出演影片《告密者》中的主角，获得了最佳动作片男演员奖。从不情愿做一名加拿大太平洋铁路警察，到如今成为功成名就、备受尊敬的演员，其道路漫长而曲折。

麦克拉格伦出生在肯特郡的唐布里希威尔斯镇（Tunbridge Wells）。他的父亲是圣公会的牧师，从英国举家迁来，在南非担任克莱尔蒙特（Claremont）①主教一职，那时维克多还是个孩子。

南非战争期间，麦克拉格伦尚未成年，却在温莎城堡担任救生员。他能提早转业是由父亲担保。这名年轻的冒险家来到加拿大，在拳击台上释放着他好斗的天性。他参加马戏团巡演活动，参演狂野的西部剧和杂耍。有时甚至愿意付上25美元给那些愿意和他打上3个回合的人。

第一次世界大战爆发后，麦克拉格伦加入爱尔兰燧发枪团。他的军旅生涯几乎都是在中东度过的，而他最终赢得了宪兵司令军衔，或者说是巴格达市的英国军事警察的职位。

20世纪20年代早期，他进军英国电影业，很快又转战好莱坞。在好莱坞，他出演了几个凶狠又善良的角色。1920年到1958年间，他参演了120多部电影。影片《豪勇蛮力》（The Magnificent Brute）②突出展现了他的形体魅力。

他曾结婚三次，于1959年11月7日去世，享年72岁。

---

① 克莱尔蒙特是美国新罕布什尔州沙利文县西部的一个城市，位于康涅狄格河东岸，面对佛蒙特州。——译注

② 影片《豪勇蛮力》拍摄于1936年，曾获第9届奥斯卡最佳艺术指导提名。——译注

在安大略小城镇的加拿大居民清晰地记得麦克拉格伦的健壮体态。“那个人是我见过的最完美的肌肉男。”欧文桑德镇（Owen Sound）的警长卡森（Carson）回忆说。在这个地方，年方20岁的维克多·麦克拉格伦获得了铁路警察徽章。

8月13日，皇家加拿大骑警步枪分队（系加拿大民兵，与约翰·A. 麦克唐纳（John A. Macdonald）的骑警不能相混）乘火车到达城镇，负责重整秩序。次日罢工结束。16名首恶由于涉枪犯罪，分别被判刑30天到9个月不等。

1912年年底，在阿尔伯塔省科克伦市（Cochrane Alberta），加拿大太平洋铁路公司的一个名叫罗伊·布莱尔（Roy Blair）的列车员，在开往西部的旅客列车上发现几个流窜搭车者藏身于一节冷藏车厢内。当布莱尔命令他们从车上下来时，其中一人掏出手枪，当场射杀了布莱尔。杀人的帮凶是个叫克劳福德的人，他随后被捕，但持枪歹徒还是逃跑了。

直到3年后，阿尔弗雷德·卡蒂（Alfred Cuddy），卡尔加里市警察局局长，收到一封来自华盛顿州立监狱和沃拉沃拉监狱长的电报，内容是一个在押的“矮子”里昂供认了他在科克伦杀人的事实。

太平洋铁路公司调查员卡彭特和皇家西北骑警（名称已在1904年正式变更）理查德森探长受命前往美国，成功地将疑犯带回加拿大接受审判。

在卡尔加里进行审判时，卡彭特将疑犯的同伙带上法庭，与布莱尔被杀当晚同在火车上的列车员、副司闸员一起作证。

里昂被判处绞刑，但后来被改判为终身监禁，在阿尔伯特王子监狱（Prince Albert Penitentiary）服刑。

1912 年 12 月 2 日，发生了一件虽微不足道却不可忽略的事件，它标志着加拿大太平洋铁路公司一个时代的终结。一个蒙面人登上帝国有限公司的游览车厢。那趟火车正离开温哥华，要开始横贯大陆的旅行。这一次乘客成为了作案目标。列车驶出车站后，在货车后方观景台上欣赏美景的旅客一共丢失了 309 美元、2 块手表和 1 枚戒指。加拿大太平洋铁路公司悬赏 500 美元捉拿嫌犯，但没有人愿意挺身而出来揭此告示。

第四章　皇家警察：专业化发展

截至 1912 年，货场和列车上的货物屡遭盗窃，加上加拿大太平洋铁路公司财物管理不善导致公司资产不断流失，使得铁路公司每年的损失达 100 万美元之多。民众的投诉量激增，平稳的生意往来遭到破坏。处理这些问题占用了铁路工作人员大量的宝贵时间，盗窃行为甚至侵扰到了他们的日常生活，因为大多数铁路职工都居住在铁路附近。尽管铁路公司承诺全额赔偿旅客丢失的物品，但是，即使货运索赔部门的铁路职工忙得焦头烂额，也不可能完全弥补给受害者造成的不便，补偿他们生意上的所有损失。

由于铁路公司职工的玩忽职守，有组织犯罪集团在货场和列车上频繁作案。19 世纪的招工政策非常宽松，铁路公司没有什么有效的办法可以剔除可用雇工群体中的不良人员，尤其是在招聘季节工和零散工的时候。那些在生活线上挣扎的贫困工人和临时工居住在全国各地的偏僻社区，他们往往容易屈服于自己的贪欲，成为那些活跃在边境铁路沿线各种骗子的犯罪目标。

铁路职工或是对犯罪行为视若无睹，或是热衷于工作之外更赚钱的副业。

1912 年 9 月 3 日晚上，在埃尔博河大桥[①]（Elbow River Bridge）西面的卡尔加里铁路站场，太平洋铁路公司警员罗伯特·麦金托什（Robert G MacIntosh）被发现倒在血泊中。当时，他已经不省人事，气若游丝，手里仍紧攥着一把左轮手枪。太平洋铁路公司的麦基德（MacKid）医生赶到现场，发现子弹射穿了麦金托什的右臂和躯体，滞留在他身体左侧。尽管麦基德医生拼尽全力抢救这位年仅 30 岁的受害者，但还是没能挽救他的生命。

《卡尔加里新闻邮报》（*Calgary News-Telegrapher*）评论称："这起凶杀案与不久前发生在莫利地区（Morley）的案件很相似，当时太平洋铁路公司的司闸员罗伊·布莱尔（Roy Blair）被嫌疑犯迪克·莱昂斯（Dick Lyons）枪杀，而凶手仍然在逃。"

警方对市内的涉嫌人员进行了排查，随后逮捕了 3 名疑犯，

---

① 卡尔加里位于加拿大阿尔伯塔省南部，位于鲍河和埃尔博河的交汇处。——译注

拘留几天后，又因证据不足而释放了他们。

调查显示，虽然警员麦金托什的任职期只有3个月，但在同事眼中他是一个“高效谨慎”的人。事发当日，他把枪落在了家里。到办公室后，他向同事借了一把枪，然后前往铁路货场巡逻。前一天晚上，那里有一列装运威士忌的列车遭到了抢劫。经卡尔加里警察调查发现，这把枪的扳机弹簧早已损坏，枪已毫无用处，也许这也正是麦金托什在货场遭遇不幸的关键原因。

在麦金托什遇害前，他曾收到一张妻子和3个孩子的合照，他怀着无比自豪的心情给同事传看了这张照片。当时麦金托什甚至还计划往家里寄一张自己身着制服的照片。

在接下来的数周时间里，无人为此受到指控。人们普遍认为，麦金托什的遇害是那些常在铁路站场游荡进行小偷小摸的流浪汉和窃贼所为。

然而，这些被剥夺选举权的人其实并不是唯一的威胁。

货运管理员，尤其是码头工人和装卸工人，对于在运输过程中或是装卸时“意外”损坏的货运物品形成了一种共识，认为自己拥有“特权”，也就是他们可以随意拿走自认为是合法的意外之财。而对于积极处理案件的铁路警察，他们则抱以强烈的怨恨。

有些不老实的工人独自作案，或是与外面的犯罪分子内外勾结谋取利益。有时，私人侦探成功破获了案件却招致工人的抵抗。如果发生逮捕事件，陪审团通常要求对罪犯进行审判。

让人感到沮丧的是，在执法过程中尽管有大量检控这些犯罪分子的证据，但陪审团还是倾向于将他们无罪释放。

太平洋铁路公司西部铁路线的副主管乔治·伯里（George Bury）认识到，公司随意雇用的特警人员和私家侦探连普通的诈骗和偷盗案件都无法处理。这就意味着针对铁路重大安全问题的集中指挥，以及更重要的总体战略部署已迫在眉睫。

1912年年末几个月，西部地区的报纸上陆续刊登了几则简报，称伯里所在的加拿大太平洋铁路公司组建了“一支西部地区皇家警队”，他们以“文明、持重、廉洁”，并且“具有道义之勇和武力之勇”为首要宗旨。

铁路警察雇用特勤人员应对出现的犯罪活动，滥用特勤局特工对付不断增多的工人运动，并且他们多次使用暴力，早已使得自己名誉扫地。总之，民众对私人保安部队的印象奇差。而太平洋铁路公司对警队进行了精心的宣传和介绍，向民众保证这个新的专业组织“将统一西部铁路线警察队伍的标准，这样，沿线市镇的长官就不再质疑铁路公司指派的官员只会滥竽充数而没有真才实学”。

与之前的队伍相比，新的铁路警察将更加专业，更擅长处理日常事务，也更注重预防犯罪和打击犯罪。

为确保新队伍能达到宣传的标准，应聘者必须满足以下三点具体要求：

一是应聘者必须具有在皇家部队或骑警队服役的经历。

二是应聘者应当展示一枚服役奖章来证明自己的资质。太平洋铁路公司认为，“勋章绶带意味着此人曾在学校接受教育，严格的课程纪律教会他如何稳定自己的情绪，也让他深知公众就像严苛的老师。”在数年时间里，铁路公司要求警察在身穿警服的时候必须佩戴部队勋章。这支看起来正规精良的队伍从心理上对犯罪分子起到了震慑作用，也缓解了民众对于一战即将来临的紧张情绪。

三是应聘者必须从军队或警察队伍的职位正常退役，不能有任何的问题和污点。

除了组建新队伍，同时还有一个消息是，这个组织的总部将设在温尼伯，并直接向加拿大太平洋铁路公司副主管伯里述职。毫无疑问，这支警察队伍将要负责侦查和打击犯罪，不仅要保护易受侵害的铁路公司财产免遭抢夺，还要承担维护社会治安的责任。在人口密集的地区，这些更友善、更温和的新警察除了手头上的工作，还要负责告知旅客列车到站和离站的时间，甚至要对旅客做到“有问必答”。

铁路警察一直被认为是铁路公司的保镖，而要让公众改变认识的关键在于把帅气威武的着装作为他们特有的标志。伯里亲自挑选组建的铁路警察队伍，以其全新的风貌在旅客中迅速蹿红，引得加拿大和美国的其他铁路公司纷纷前来咨询。加拿大总督康诺特公爵[1]（Duke of Connaught）到加拿大西部访问

---

① 即阿瑟亲王，全名阿瑟·威廉·帕特里克·阿尔伯特（Arthur William Patrick Albert，1850年5月1日—1942年1月16日），英国维多利亚女王和阿尔伯特亲王（Consort Albert）的第三子，曾担任过多种军职和加拿大总督（1911—1916年）。于1874年被授予康诺特和斯特拉森公爵和苏萨克斯伯爵（Earl of Sussex）。——译注

时对伯里组建的铁路公司警察队伍大为赞赏，其间他还表彰了几位来自英国部队的警员。

1913年1月，作为当时最受欢迎的一流行业期刊，《加拿大铁路与海洋世界》（*Canadian Railway and Marine World*）刊登文章指出，新警察队伍所需的150个名额已招录80人。该文章还兴奋地指出，这支新队伍“必将快速成为皇家卫队的一部分”。

对铁路警务工作进行重大改革是一个积极的信号。新警队展示出了全新的面貌和显著的军事化作风，加之帝国在事实上对这支新警队的强大控制力和影响，无疑证实了加拿大和英国都将继续推进相关的改革。早在加拿大西部新警队组建的消息在铁路系统和执法界沸腾之前，改革的信号早已传遍整个铁路系统。

在加拿大太平洋铁路公司董事长托马斯·肖内西（Thomas Shaughnessy）决定进行重大改革之时，《加拿大铁路与海洋世界》向读者所展示的乔治·伯里组建的皇家警队则多了一层浪漫的色彩。总之，不管初期公众的反应影响如何，太平洋铁路公司已经准备好更进一步。

加拿大太平洋铁路公司

董事长办公室

蒙特利尔，1913年1月15日

经研究决定，公司成立调查局并由鲁弗斯·钱伯林先生出任调查局局长一职，其办公室将设在蒙特利尔温莎火车站

（*Windsor Street Station*）。

自此决定生效之日起，除官员及雇员的人事关系及必须通过审计部门的事项以外，其他所有问询或调查事项都要接受调查局局长的监管，并由其向公司董事长汇报。

钱伯林先生在公司系统内的各项部门工作配备工作助理，以确保其高效工作。

托马斯·肖内西

（董事长签章）

在 1913 年 1 月 15 日蒙特利尔的新闻报道中，有一篇相当扼要的简报向国内外的读者宣称：“调查局已经确定，由鲁弗斯·钱伯林（Rufus Chamberlin）出任局长，其办公室设在蒙特利尔温莎火车站。”加拿大太平洋铁路公司董事长并没有对该警务组织的结构进行详细阐述，而是指出：“钱伯林先生在不同的工作内容上都将配有工作助理，以期帮助他高效工作。”

这就意味着，近 1 个世纪以来，首个同时为加拿大太平洋铁路公司和公众服务的机构诞生了。

新调查局的组织结构与已解散的特勤队相似，局长的驻地设在蒙特利尔，与所在集团总部的驻地相距不远。同时，驻扎在蒙特利尔和温尼伯的两个助理局长则主要分别负责东线和西线。为了帮助钱伯林启动新部门工作，梅杰·威廉·麦克劳德（Major William Macleod）被指派担任钱伯林在温尼伯的代表，而 A. 赫克托·卡迪厄（A. Hector Cadieux）则出任钱伯林在蒙特利尔的助理局长。

鲁弗斯·加德纳·钱伯林：第一任警察局局长

加拿大太平洋铁路公司于1913年成立调查局时，关于出任铁路警察局局长的人选，董事长托马斯·肖内西脑海中首先想到的就是鲁弗斯·加德纳·钱伯林。

钱伯林当时任职温哥华市警察局局长。由于在铁路工作上与其建立了许多密切联系，肖内西对他非常了解。

这位加拿大太平洋铁路公司的第一任警察局局长，1863年8月4日出生于魁北克省切尔西。21岁时，钱伯林在渥太华的自治领警察局就已经身居要职。

自治领警察部队成立于1869年，目的是为国会山①提供基础安保服务。除了进行一些基础侦查和特勤服务工作，这支新警力还要为国会大厦进行火灾防护，有时甚至要为首都的各个政府机关提供邮政服务。

作为这支高度引人注目、全方位服务的警队一员，钱伯林先生脚下铮亮的靴跟到他头顶耸立的钢盔尖，无不显示他是一位令人印象深刻的人物。

1903年，他从自治领警察部队的特勤部门被提拔为一名警督，随后在警队参与的所有重大案件中发挥了主要作用。4年

---

① 加拿大国会山一般是指位于渥太华的一座小山丘和国会大厦前广场的总称，因国会大厦坐落在此而得名。国会山广场及其四周耸立着许许多多的人物雕像，每尊栩栩如生的雕像都是一段不平凡的历史。国会山最高点上坐落着维多利亚女王纪念碑，于1901年落成。也有骑在战马上英姿飒爽、踌躇满志的女王伊丽莎白，加拿大四位联邦之父麦克康纳、乔治勃朗、托马斯·麦克吉、乔治·卡缔艾以及加拿大各任总理。还有各种充满艺术感或者是充满国家责任感的纪念碑。——译注

后，钱伯林沉稳的能力、优秀的服务经历，以及在执法部门和商业团体沟通工作中表现出的专业协调能力，为他赢得了很高的职位，直至成为温哥华警察局局长。上任后不久，他就在平息不幸的反亚裔暴力事件中起到了重要作用。

自治领警队在1920年被获得国家全境执法权的加拿大皇家骑警全面取代。

鲁弗斯·钱伯林是一位非常出色的枪手，无论手枪还是步枪，他都使用得炉火纯青。他曾代表自治领警队在全国比赛中战胜其他队伍，那些赢得的冠军奖杯就是他高超枪法的最好证明。

这位警察局长非常赞成也很热衷于参与各项体育活动。在温哥华，他鼓励下属尽可能地参加运动比赛。当时，有两位警员参加了警察业余体育协会（Police Amateur Athletic Association）举办的比赛，并从来自蒙特利尔、多伦多、渥太华、汉密尔顿和温尼伯等市的竞争对手手中夺得了总冠军，他们成为了钱伯林倡导的健身文化的代表。

除了工作，钱伯林也是一名热心的渥太华银七曲棍球队①（Ottawa Silver Seven hokey team）球迷。

作为加拿大太平洋铁路公司的全新系统性综合警力队伍的领导，钱伯林鼓励每位警员都要保持锻炼身体，锻炼自己的武

① 后改称渥太华参议员队。该队成立于1992年，属于加拿大渥太华的国家冰球联盟队伍，隶属于东大区东北分区。渥太华参议员队在1918年至1934年曾以同样的队名在国家冰球联盟中参赛。

器使用技能。在他10年的铁路职业生涯中，他开发了一种可以指引调查局未来几十年发展的运作模式。

1919年是钱伯林职业生涯的一个亮点。那年他被联邦政府任命为自治领总警监（Commissioner of Police for Dominion）。同年，以及1923年，他两次陪同爱德华王子、威尔士亲王参加他们在加拿大的皇家之旅。钱伯林成为了美洲大陆最有能力和最受人尊敬的执法人员之一。

1923年12月23日，钱伯林在位于蒙特利尔的皇家维多利亚医院突然辞世。他当时因为感染肺炎接受了一次小手术并正在恢复，而后却不幸逝世。

与钱伯林局长结下深厚友谊的威尔士亲王向钱伯林太太致唁电并表示了深切的同情。

新任命的警察队伍大约有400人，他们负责的区域包括超过12000多英里长的铁路线，囊括了几乎所有的火车站、货场，以及横跨加拿大和美国的其他设施。尤其是公司轮船业务和港口设施是需要他们重点关注的，此外还包括辖区内的众多公司和旅馆。

调查局的工作内容繁重。

这个部门的警务人员迅速投入到“世界最大运输系统”复杂的环球运转活动中。加拿大太平洋铁路公司运营着一个永不停歇的庞大商业帝国。为了生存，调查局就必须善用有限的资源，把机智、外交和节俭变成实实在在的重大利益。该局不仅可以根据需要有针对性地关注特定领域，还需时刻保持灵活性。警务人员除了要了解太平洋铁路公司的运作方式，还要熟知公司成千上万顾客的业务经营方式。他们既要展示出强硬的风格，又不至于让公众疏离。他们应营造出让人感觉安全舒适的氛围，而不是对顾客产生一种震慑感。

旅客很快就对身着制服的铁路警察习以为常，在大型中心站更是如此。随着人们与太平洋铁路公司雇员交流的增加，公众对铁路警察的印象发生了重大改变。两方之前的对立关系转变为合作关系，并且在很多情况下，变成了真诚的理解和友谊。

铁路警察除了在进行特别调查或执行秘密任务时，工作期间必须身穿全套制服。

1851 年的《铁路法》对加拿大境内的铁路法规做了阐述。1861 年的修订法则涉及铁路警察的任职问题，使他们有权在列车及公司所属领域对罪犯实施逮捕。该法案在 19 世纪 80 年代以及 20 世纪初进行了数次修订，铁路警察的司法管辖权也随之得以扩大，其所辖区域包括加拿大太平洋铁路公司两侧四分之一英里内的领土，以及同等范围内的公司所有码头、港口、渡口、货栈和公司的房屋及土地。

在辖区内，警务人员实行轮班制，警长被指派负责监督工作，并向地区督察汇报部门活动。警察在蒙特利尔和温哥华地区的码头实行 8 小时轮班制，期间至少有 1 名警长值班。

铁路公司每个地区的警务活动由 1 名总警督进行督察，总体上与新不伦瑞克省[1]（New Brunswick）保持一致，调查局的督察也会派驻至此。督察直接向警察局局长及其助理报告工作，同时与当地警督以及该领域内的高级铁路警官紧密合作。地区督察除了监管麾下警员和警长的工作，必要的时候他们还可以推荐人员晋升，或是延迟违抗命令和具有不正当行为人员的升职。

东区和西区各派一名督察专职负责按时、有序地配发制服、手枪及其他必要装备。这些地区的行政长官还要处理职位申请、工作参考资料以及部门要求的健康检查报告等文书工作。

犯罪治理的综合性工作由指派的便衣调查员负责，他们不仅要探查有组织犯罪的活动迹象，还要建立防控体系来杜绝猖獗的盗窃、诈骗和虚报工资账目等活动。

最初有 12 名调查员被指派到蒙特利尔及其周边地区，到温尼伯的人数为六七人，而其他多数地区的人数为二三人，多则 5 人。当然，这些人数逐年变化，随着铁路公司的经济状况和国家的总体政治需要，人数也会有所增减。

太平洋铁路公司的一项重要工作是保护从东方至北美东部沿岸的贵重丝绸的运输。1913 年，铁路公司仅用 17 天，通过“亚洲皇后号”（*Express of Asia*）轮船将生丝从日本横滨运往纽约，其中还通过了数条横跨大陆的铁路线，此举震惊世界。武装警卫人员全程护航，调查局也在各个转运站点提供安全保

---

① 新不伦瑞克省居加拿大 3 大沿海省份之首，也是加拿大绿色的沿海省。该省的西部与美国的缅因州接壤，西北部则和魁北克省毗邻。——译注

障，期间可以进行人员的更替以及燃料和用水的补给。

通常情况下，当铁路地区的商业活动遭受强盗袭击时，铁路警察会率先进行处置。

1914 年 5 月 22 日上午，位于阿尔伯塔省埃克肖（Exshaw）的加拿大水泥公司出纳员在一次抢劫中被 3 个人杀害。出纳员约翰·威尔逊（John Wilson）在铁路公司火车站附近遭到 3 人袭击，同行者还有公司职员詹姆斯·戈登（James Gordon）。当时他身上带着一个装有超过 2300 美元的帆布包。正当威尔逊试图掏出口袋里的自动手枪时，他的胸部被一枪击中，口腔和脑部也受到枪击。戈登则侥幸逃生，只是裤子留下了一个弹孔。

铁路公司督察 R. G. 卡彭特（R. G. Carpenter）和他的警长乔治·史密斯（George Smith）与皇家西北骑警队的警察人员迅速赶往现场——一列 1912 福特改装的轨道车。当他们赶到现场时，由加拿大水泥公司职员和当地一家旅店的老板临时组建的民防团已经乘坐小船渡过卡那那斯基斯河（Kananaskis），他们在枪战中射伤了一名盗贼。这个盗贼随后被证实是一个名叫马克斯·马尼利克（Max Manelik）的俄国人，而其他两名盗贼则逃之夭夭。

警察与骑警队的帕迪·瑞安（Paddy Ryan）警长，以及来自坎莫尔[①]（Canmore）的 3 名省警察局的警员一起参与埃克肖现场的搜查工作。卡彭特督察的父亲赛拉斯·卡彭特（Silas

---

① 加拿大阿尔伯塔省的一个镇，位于弓河山谷，距卡尔加里 110 千米，南面是卡那那斯基斯，班夫国家公园就坐落在其西面。——译注

Carpenter）也在场，后来他出任自治领警察局（位于班夫）局长。警员们迅速展开搜索，覆盖到了附近的每一座桥梁。来自调查局卡尔加里办公室的詹姆斯·默里（James Murray）警长负责搜查向东行驶经过科克伦小镇[①]（Cochrane）的列车。此举很快奏效。第二个疑犯瑟金·康尼克（Sergey Konick）在案发第二天晚上就被默里抓获，被盗现金也如数追回。

骑警队的警员从车头开始搜查一列东进的火车，同时铁路公司默里警长则从火车尾部进行搜查。默里很快发现了康尼克，看见他从铺位上跳下来，往列车尾部走去。默里趴在上铺，待康尼克靠近时，立刻将其扑倒在地。

一个多星期后，第三个抢劫犯在卡尔加里的一个地下室落网。该逃犯悄悄逃到卡尔加里，找到熟人要来了食物和现金。对他而言不幸的是，他所谓的朋友立即联系了警察局局长卡迪（Cuddy），随后卡迪迅速找到卡彭特警长。两名警察被指派负责监视废弃的商店，里面藏匿的亡命之徒是一个名叫索科洛夫（Sokoloff）的俄国人。

这个地下室是大楼下面的一个大井，没有下水道。卡迪局长让人找来消防水龙带，然后往洞里注水，直到水位到达地板托梁。

卡彭特随后回忆道："当水位开始上升时，索科洛夫爬到商店地板下面托梁夹层的平面。当水位到达平面时，他决定放弃

---

① 位处加拿大安大略省著名的 11 号公路旁，主要以旅游、木材及铁路等行业维生。——译注

抵抗。”

“我们在地板上砍了个洞，从洞口能听见他大喊着投降。当时他处在托梁夹层之间，胳膊挤压着身体，腹部上放着一把鲁格尔手枪和一排弹药。他脸色苍白，汗如雨下，毫无斗志。”

同年，调查局接手了两起重大惨案。

1914 年 5 月 29 日晚，这注定是一些人的宿命之夜——加拿大太平洋铁路公司的豪华巨轮“爱尔兰皇后号”① (Empress of Ireland) 在圣劳伦斯河 (St. Lawrence River) 沉没，超过 1000 人丧生在冰冷的河水中。这艘巨轮行至魁北克海边小镇里穆斯基 (Rimouski, Quebec) 南海岸时，撞上了一艘挪威籍“斯托尔斯塔德号” (Storstad) 运煤船。这艘让公司引以为傲的巨轮在短短 14 分钟内就从水平面上消失了。船难发生以后，加拿大太平洋铁路警察被派至港口码头，对打捞上船的旅客尸体和财物进行安置。调查局与市警察和省属警察一起合作展开救灾行动。

不到 1 个月后的 7 月 19 日，阿尔伯塔镇的希尔克雷斯特 (Hillcrest) 煤矿发生了严重的爆炸事故。卡尔加里方面派遣 4 名熟知急救技能的警员前往救灾。然而，当他们到达希尔克雷斯特时已无人生还。189 人在这起瓦斯气体和煤尘引起的爆炸事故中丧生，其中一半的死者都是正在作业的矿工。

---

① 为了满足移民迁徙的需要，加拿大太平洋航运公司于 1905 年从苏格兰法尔菲尔德造船公司订购了排水量为 1.4 万吨的“爱尔兰皇后号”。它曾经是满载了新移民对加拿大新生活向往的“梦想之船”。联邦政府推算，目前大约有 100 万加拿大人(约合加拿大总人口的 1/35)的祖先是乘坐“爱尔兰皇后号”来到加拿大的。——译注

但更大的挑战已迫在眉睫。正当调查局深入太平洋铁路公司内部体制之时，局势的动乱预示着世界大战的来临。

1914 年 8 月 4 日，英国对德国宣战，加拿大太平洋铁路公司对英国的战事给予了支持。数万里的电报线日夜作响，传递着这样的信息：铁路线上的所有车辆需要不断地向海外运送部队人员和物资。

战火燃起之时，调查局要求所有警员随时戒备破坏活动，留意任何与敌人相关的信息。由于加拿大与英国的关系紧密，宗主国的宣战自然而然将海外领地卷入了这场史诗般的较量中。

曾在阿尔伯塔省胡萨尔（Hussar）居住的一些德国军官通过加拿大太平洋铁路公司穿过萨斯喀彻温省（Saskatchewan）的北波特尔（North Portal）边境逃往美国。他们乘坐英国军舰远行至直布罗陀，在去往意大利的途中被押解下船。这些军官一直被关押至战争结束。

超过 11000 名加拿大太平洋铁路公司职员入伍，几乎覆盖了这个运输巨头的每个服务部门。其中有 76 名调查局警员，他们当中多数是英布战争①（South African or Boer War）的退役老兵。

英国海军上将征用大西洋和太平洋上的舰队作为装甲巡洋舰和运兵船。52 艘加拿大太平洋公司的轮船将 100 多万名士兵

---

① 又称布尔战争或南非战争，是指 1899 年 10 月 11 日至 1902 年 5 月 31 日，英国和荷兰移民后裔布尔人为争夺对金伯利钻石矿和金矿的垄断权以及争夺南非地区霸权而进行的一场战争，共持续了 2 年零 7 个月，最后以布尔人的失败而告终，双方都付出了惨重的代价。——译注

运送至欧洲、地中海、印度、中国、埃及、加利波利（Gallipoli）和美索不达米亚等多个战区。同时运送的还包括超过400万吨的货物、军需品和物资。27艘舰船幸存了下来，并回到加拿大太平洋铁路公司继续服役。12艘舰船在主要航线巡逻时成为恶魔U型潜艇①（ravenous U-boats）的打击目标，不幸沉没。作为公司最老的轮船之一的“印度皇后号”（Express of India）则被印度瓜廖尔大君②（India's Maharajah of Gwalior）改装成了医务船。

战争开始的最初几个月，英国及其盟军明显无法制造足够的弹药来满足战争巨大的弹药需求。事实上，当时加拿大并没有军火工业，而以国防部大臣萨姆·休斯（Sam Hughes）为首的联邦政府下达命令，要求加拿大太平洋铁路公司迎接挑战，在位于蒙特利尔的一个大工业中心安格斯作业车间（Angus Shops）制造弹药。

作为加拿大的领军公司和工业巨头，太平洋铁路公司在加拿大海外铁路建设集团公司的组建方面扮演了重要角色。尽管死亡一直笼罩着参战人员，但仍有一群经验丰富的工程师和管理人员帮助欧洲地区重建因战争受损的铁路设施。

在大后方，太平洋铁路公司对军队和补给车队实行绝对优

---

① U型潜艇特指在第一次世界大战和第二次世界大战时，纳粹德国使用的潜艇。因这些潜艇的型号都用德文Untersee-boot（英文为Undersea boat）（潜艇）的首字母加数字组成而得名。——译注

② 瓜廖尔（Gwalior）位于印度中央邦，曾为英属印度帝国瓜廖尔土邦的首都。——译注

先原则。考虑到完全有可能会发生破坏活动，而且桥梁极易遭到破坏，铁路公司征召2000名特别哨兵入伍，守卫沿线的战略据点，并由调查局负责管理所有应征人员。

一起特别事故促使这项安全措施全面实施。

战争初期，一名德皇威廉① (Kaiser Wilhelm) 特工，名叫弗朗兹·冯·帕彭 (Franz von Papen) 的间谍头目，试图炸毁横跨圣克洛伊河 (St. Croix River) 连接美国缅因州和加拿大新不伦瑞克省的万斯伯勒大桥 (Vanceboro)。帕彭得知运载大量物资和满载部队的列车必将通过这座大桥，于是他计划炸毁桥梁。

为达目的，他征募下属沃纳·霍恩 (Werner Horn) 中尉来执行任务。

1914年12月30日，霍恩怀揣着破坏计划来到了缅因州的古雅小镇万斯伯勒。他在行李箱中盛装了27千克炸药。霍恩两次试图置放炸药，但为了躲避军用列车，他不得不悬空在桥梁边缘。尽管霍恩经过努力成功引爆了炸弹，但对桥梁造成的影响甚微。他携带的硝酸甘油在恶劣的严寒天气环境下变成了惰性物质。倒霉的霍恩被懊悔冲昏了头，对自己的罪行供认不讳，其他的涉案者也因此锒铛入狱。

---

① 德皇威廉指的是威廉二世（德语：Wilhelm Ⅱ von Deutschland），原名弗里德里希·威廉·维克多·阿尔伯特·冯·霍亨索伦（Friedrich Wilhelm Viktor Albert von Hohenzollern）（1859年1月27日—1941年6月3日），末代德意志皇帝和普鲁士国王以及霍亨索伦家族首领，也是世界大战、闪电战计划的创始人。1941年病逝于荷兰多伦。——译注

第二年夏天，平克顿私家侦探公司的侦探侦破了一起针对不列颠哥伦比亚省太平洋铁路公司基础设施实施破坏的阴谋计划。头号嫌疑犯是一个名为 J.H. 范库伯根（J.H. van Koolbergen）的荷兰人。警方从旧金山跟踪他到了不列颠哥伦比亚省维多利亚岛，对他进行了严密的监视。

平克顿方面向太平洋铁路公司调查局通报了该可疑人员的情况。公司的调查员发现了一些关于范库伯根有意思的情况：这位可疑的德国特工曾在蒙特利尔居住，娶了一位法国籍的加拿大太太。战前经济景气那几年，他搬到了卡尔加里。在他离开小镇不知踪影前，他还涉嫌几起房地产诈骗案。太平洋铁路公司和卡尔加里警方商讨了应对方案，决定以重大欺诈罪对范库伯根发出通缉令，并进行逮捕，以期让他停止破坏活动。范库伯根在卡尔加里取保候审期间向警察供认了大量的详细情况，包括他与设在旧金山的庞大德国间谍组织的联系，特别是他和驻旧金山德国领事冯·布林肯（von Brincken）中尉见面交谈的内容。

范库伯根回忆起他与布林肯见面的场景："尽管我不知道他要干什么，我还是去跟他见面了。他为人和善，自称是德国部队的一名军官，目前效力于德意志帝国领事弗朗兹·博普（Franz Bopp）领导下的秘密组织。"

"我到领事馆先与弗朗兹·博普见了面，又在另一个房间见到了布林肯。"范库伯根继续供认道："他问我是否愿意在加拿大为他做点事情。我回答他'当然，只要有利可图，即便是炸桥我也愿意。’他说‘就你了！只要你肯干，绝对会发大财。’”

显然，德国人非常期待范库伯根能够炸毁铁路公司其中一座雄伟的大桥，甚至更理想的情况是，可以炸毁长达8000米的干诺隧道（Connaught Tunnel），这条隧道位于铁路公司贯穿大陆的主干线上，其横贯在雄伟的塞尔扣克山①（Selkirk Mountains）主峰下方的距离长达1000多米。

范库伯根的供罪意味着他的间谍活动以失败告终，同时也使得加拿大政府敦促美国当局将博普和布林肯二人逮捕入狱。

另外一个挫败破坏行动的重要因素是，加拿大太平洋铁路公司警方使用汽艇对温哥华码头进行巡逻，而同时在码头工作的一些加拿大联邦海关人员则利用游艇执行任务。

1917年，布尔什维克十月革命加剧了正在持续的世界冲突。大量居住在加拿大和美国的俄国人希望回到祖国，一些人加入了反布尔什维克的白军，而另一些人则壮大了最终取得胜利的红军。

加拿大太平洋铁路公司调查局对在轮船上执勤的警察发布命令，要求他们搜查所有离开加拿大的行李是否携带有各式武器。在此过程中，调查人员在一艘开往海参崴（Vladivostok）的公司轮船上发现了5大箱印刷材料和一台未组装的印刷机。当他们向加拿大当局汇报这些藏匿的宣传共产主义的大量资料时，当局指示他们允许这些物资上船以规避潜在的麻烦。在横

① 塞尔扣克山是落基山脉支脉。

跨太平洋的航行过程中，船上的这些物资最终消失得无影无踪。

大量的军事物资从美国和加拿大运往俄国，用以支持白军。内外交困的俄国政府通过军舰数次发运黄金，以此来支付物资费用。这些黄金分装在重达200磅的箱子里，晚上在加拿大太平洋铁路公司码头卸货以后就直接装运到钢制的闷罐车厢里。

黄金转移一旦完成，“丝绸列车”就在自治领邮递公司人员和铁路公司调查局保安的护送下，开往一个秘密地点。整个过程中完全不会提及黄金，所有的货运也都顺利完成。

一战期间，加拿大太平洋铁路公司偶尔会被要求运送中国劳工到欧洲修缮被毁坏的基础设施。在海外还曾爆发过一场暴乱，当时“亚洲皇后号”上的警员都无法控制局面。大量蒙古人在去往法国的途中，要经过加拿大警察的通关检查，而当时这些警察正与轮船船员赌博。争论演变成暴乱，尽管有1名加拿大太平洋铁路公司调查员和4名警员手持来福枪和军刺，但他们已难以恢复群众秩序。

1918年战争末期，铁路公司对离职人员放宽了政策，恢复了他们的工作岗位。超过7000名离职员工恢复原职，同时公司还为另外11000人提供了工作岗位。

大量的乘客和货物在运送过程中获得了保护。调查局的人员回到原来的岗位继续巡查列车和货场。制服警员则仍被安排到公司车站、餐馆和旅店，以不同的形式为旅客提供安全保障和帮助。

第五章　忠于皇室：建立高层友谊

战争结束后，生活回归正常状态，面对本国支离破碎的经济状况，加拿大人满怀忧虑。战争年代，生活成本上升超过了75%，但是工人的工资却没有跟上生活成本的涨幅。军人自海外退役归来，却发现国内军事工业纷纷倒闭，全球经济萎靡，失业率上升。

1918年10月，爱德华·温特沃斯·贝蒂（Edward Wentworth Beatty）接任了托马斯·肖内西爵士（Sir Thomas Shaughnessy）加拿大太平洋铁路公司董事长职位。为了重建欧洲经济，整车整车的物资被运往海外，铁路公司的业务随之激增。但是，工资、物价、运费仍未恢复稳定。

铁路公司的前三任董事长乔治·史蒂芬（George

Stephen）、威廉·范霍恩（William Van Horne）和 托马斯·肖内西（Thomas Shaughnessy）是公司的创建者和开拓者。 肖内西（Shaughnessy）的继任者贝蒂年轻而且干劲十足，经过艰难的适应期，他成功地保持了前任的建树。

战后，许多劳工领导认为资本主义是注定要失败的，一批激进分子更是将俄国的无产阶级政权视为加拿大的未来，他们痛斥加拿大政府派兵镇压其所谓正义的革命。

一战期间，士兵们在欧洲战场奋战，保家卫国；如今他们退役回家，希望为家人提供体面的生活，也期待更为优越的工作环境和工作保障，对于这样的要求，他们希望国家认真对待。 同样付出牺牲的还有加拿大的广大民众，战时，他们曾积极响应生产线和供应线的号召，为国家贡献绵薄力量。 但是，当前的社会却无法提供更优质的资源，社会变革迫在眉睫。

全国的罢工数量激增，温尼伯贸易与劳动委员会（Winnipeg Trades and Labour Council）号召各地的工人将罢工运动联合起来，提高工人在谈判中的地位。 市议会助长了这一不满浪潮，并在《温尼伯劳动新闻》中威胁道：“如有必要，可以号召一个贯穿自治领的总罢工。”

1919 年春天，239 名工人代表参加了卡尔加里大会，工人运动取得了巨大的进展。 参会代表投票表决，以绝对优势通过了在加拿大成立一个巨大的贸易联盟的议案，并将之命名为“大联盟”（One Big Union，OBU）。

卡尔加里公约议定，如果资本家没有满足 6 小时工作制和其他诉求，那么将在6月1日举行一场总罢工。但是还未到约定的最后期限，卡尔加里——这个全国第三大城市的工人就提前举行罢工游行。5月15日，在温尼伯，电工、木匠、水管工、书记员、厨师、守门人和成百上千的工人离开了工作岗位，不到两个小时，多数工人都加入了这一游行队伍。

《温尼伯论坛报》发表声明，称“罢工委员会统治着整个城市”。就在声明发表的前一天，它的两个竞争对手——《自由日报》（*Free Press*）和《每日电讯》（*Telegraph*）——因排版工和印刷工参加罢工游行而无法正常出版，罢工运动愈演愈烈。

然而，并非所有人都支持工人的罢工策略，有组织的反对者聚集在缅因街的商业大楼，形成了一个名为“千人公民委员会”的组织，试图恢复并维持城市的基本服务功能。来自中产阶级的商人、技术员以及退役士兵驾驶着消防车，顶替供水系统和邮政部门的工作人员，市区的警察也被迫回到工作岗位。

总理罗伯特（Robert）在渥太华承诺维持治安稳定，他派遣自海外归来的西北皇家骑警的一支小分队进入温尼伯，同时，号召成立4个民兵小分队来协助维持治安。更为可怕的是，为恢复治安稳定，加拿大太平洋铁路公司的军用列车满载20挺刘易斯机关枪，驶向温尼伯。

温尼伯市的多数警察拒绝签署停止罢工的协议，因此市政府解雇了125名在职警察，温尼伯的警察仅剩15名。为充实警察队伍，政府招募了700名自欧洲战场退役的军人进入警察队伍。为守卫公司的财产，太平洋集团调查局全力支持地方警察积极配合布兰登（Brandon）、梅蒂逊哈特（Medicine Hat）和肯诺拉（Kenora）的警察制止盗窃行为。

骑警中的一支小分队与集聚在市中心的一群暴徒发生冲突，他们挥舞警棍驱逐暴徒，迎头痛击他们，同时，暴徒用石块反击，骑警也浑身是伤，甚至有些骑警被暴徒从马上拽下来，惨遭殴打。一周后的凌晨，50 名骑警和约 500 名特警突袭了罢工首领的家，将他们从床上拖走，关押在本市鲁伯特街的监狱。

当局试图阻止罢工游行，但是到了 6 月 21 日，情况持续升温，终于在温尼伯的市政广场出现了暴乱。这一天也被叫作“血色星期六”。

中午，劳工部部长罗伯森（Robertson）和反罢工领导在太平洋铁路公司的亚历山大皇家酒店商讨应急方案，铁路警察护送罢工代表团进入酒店参与会谈。无数的罢工人员和成千上万名情绪高亢的退役士兵高喊着口号冲向亚历山大皇家酒店。

执法人员和市民在波蒂奇和缅因街（Main）发生冲突，街上一片混乱，锡罐、石块和泥土漫天飞舞，一名骑警受伤退下，另一名警员立即顶上接替他的岗位，无人骑乘的马也陷入恐慌，场面更加混乱。一群暴徒围攻了一辆有轨电车，打破车窗玻璃，撕毁车上的窗帘。

当时围攻的街车遭到焚烧，骑警拿起手枪朝天射击，鸣枪示警，试图以此控制混乱的场面。这时有人大喊：“上帝，他们要开枪杀人了。”街上四处都是伤员，一个叫麦克·索科尔·维斯基（Mike Sokolwiski）的人心脏中弹，倒在地上；罢工群众拿起武器，与手持枪械和警棍的警察对峙，军用救护车和红十字会的工作人员也加入战团，抢救伤员。

罢工运动进入白热化阶段，市长格雷（Gray）在警卫的保护下站在市政厅的台阶上宣读《取缔暴动法》（Riot Act）。

卫兵手持机关枪和刺刀驾车而来，驱散人群，维持治安稳定。暴乱结束后，91 人进了监狱，30 多人被送进医院，其中包括 6 名骑警和另外 2 名被人推下屋顶受伤的警官。示威者史蒂夫·谢雷巴洛维兹（Steve Schezerbanowes）因腿部枪伤引发感染死亡，他也是“血色星期六”第二个死亡的人员。

随后的一系列庭审成为政治的助兴节目，重头戏是当局试图将罢工者渲染成企图颠覆加拿大政权、建立苏维埃政权的暴乱分子，但是，罢工领导的目的是与资本家进行商谈，维护工人的合法权益，不存在任何阴谋动机。

约翰·奎因（John Queen）是一位著名的罢工领袖、议员和社会活动家，曾 7 次连任温尼伯市市长，并当选为马尼托巴省（Manitoba）议会议员。“大联盟”逐步解体为规模较小的工会组织，以贸易往来为主要职能。

短短几个月内，工人运动不再占据各大报纸头版头条，随之而来的是 1919 年的另一起重大事件：帝国最尊贵的单身汉，众人心中的白马王子——威尔士亲王将出访加拿大。铁路公司承担了大部分的运营任务，以公司的自营线路为主，为皇室成员设计了大部分的旅游往返路线，官方旅游记者、史学家道格拉斯·牛顿（W. Douglas Newton）对这一事件做了以下报道：

火车就是一座装有轮子的可移动的现代化酒店，车上配有电话系统、电力设施和独立的集中供暖设备，并为乘客提供洗衣服务，如有需要，服务员可以随时为乘客熨烫衣裤。车上有日报，或者说是公告栏，每天两次更新新闻，无论火车行至多么偏远的地区，乘客都可以了解到外界的信息。火车还专门为摄影师设置了暗室，为医生设置了诊所，电报专家包括车厢内的记者都在不知疲倦地处理各类信息。车上还有餐厅和厨房，一流的厨师在厨房狭小的空间内创造了奇迹，他们为上百位乘客提供一日三餐，伦敦的任何一家酒店都无法超越这个规格，即便是在英国，也没有一家酒店可以提供如此充足的食物。另外，火车的货运系统堪称完美。首先，它在车站装载货物，随后将物品转运至政府的邮政部门（旧时英国殖民地等的政府大厦）或相应的酒店进行中转和再分类，经由汽车和货车运至目的地，这一过程在火车上完成得如同呼吸般自然。

加拿大太平洋铁路公司为威尔士亲王量身定制了美丽而奢华的移动行宫——基拉尼号（*Killarney*）。基拉尼号长 82 英尺，生活设施一应俱全，配有椴木装饰的卧室和餐厅，还有现代化的浴室、宽敞的会客厅，会客厅中摆放着舒适的沙发和留声机。在这里，威尔士亲王可以享受高规格的住宿和轻松的环境。此外，火车的后方平台由黄铜围栏构建，显得更为奢华，亲王已经在此多次即兴举行宴会。

威尔士亲王的随从、铁路公司乘务员和服务员、记者和摄影师配有专门的车厢，其中有节车厢名为瑞纽恩（*Renown*）。瑞纽恩本是亲王登陆魁北克市（Quebec City）时所乘战舰的名称，在亲王访问加拿大期间，因铁路公司出色完成任务，他们所乘坐的车厢被赐名瑞纽恩，就如记者牛顿所报道的："加拿大太平洋铁路公司警察工作效率特别高，他们随车执行公务，如果列车夜间停车，他们还要检查轨道。"

钱柏林局长亲自和几位来自调查局和自治领江防的警员和督察一路陪同，保卫这趟列车的安全。

安保工作充满了挑战。爱德华（封地威尔士，名爱德华）亲王声誉极佳，颇受民众拥护，在重要场合和列车例行停站加水或更换车头的时候，人群就会蜂拥而至，聚集在列车后排车厢位置，人人都试图寻找机会与亲王握手或交谈。威尔士亲王上火车后，安保工作还相对容易，但是如果亲王离开火车，安保问题就显得较为复杂。

为使旅行更具地域特色、符合亲王的喜好，太平洋铁路公司在亲王的行程中增加了以钓鱼和野营闻名的度假胜地——安大略省尼皮贡（Nipigon，Ontario），亲王乘划艇出行，38 名印第安向导不离左右。他在帐篷里露营，在河里洗澡，吃饭的时候和大众一起排队用餐。

在道路不通的情况下，负责此区域安保的警员的主要工作就是巡逻线路，驾驶汽艇护送亲王渡过尼皮贡河到达公司事先安排的旅馆。在亲王的全国旅行结束前，他们还陪同亲王沿着温哥华—维多利亚线路，骑行翡翠湖，游览优鹤谷塔卡考瀑布，最后乘坐太平洋铁路公司的爱丽丝公主号（Prince Alice）返程。其间他们还不止一次乘坐不列颠哥伦比亚航运服务公司所属的蒸汽游船游览内陆湖泊。

在亲王一行离开了“世界上最伟大的交通系统”之后，自治领的警方负责皇室一行人的安保工作，这时保护亲王安全的任务变得更加困难。幸运的是一切顺利。记者牛顿这样写到，爱德华亲王清晨驱车赶往“皇室山”参加午宴，在这段时间，爱德华亲王与普通民众亲切交谈。牛顿还做过这样的记录:

当亲王乘坐的火车驶近山顶时，两名来自蒙特利尔的年轻女子大胆地跳上踏板，手持签名簿向亲王索要签名。亲王马上拿出钢笔，重新坐回车厢尾部的座椅，在行进的列车上给两位女士签名。年轻女士紧紧握着签名簿，如获至宝。其中一位异常兴奋，当她回头再次看向亲王时，冲动地吻了亲王，旋即羞怯地跳下车，迅速消失在列车外面。

火车停靠在规定的站点，停靠间隙，威尔士亲王与曾在加拿大部队服役的士兵交谈，有些士兵在一战期间还曾受到过亲王的慰问。作为大英帝国皇室的代表，爱德华亲王很高兴接见忠于帝国的加拿大士兵。他们有的曾在布尔战争中为帝国尽忠，有的为镇压西北的叛乱贡献力量，有的作为骑警参加了西进运动。爱德华亲王的行程经过精心策划，安排了很多他喜欢的活动，如与多伦多和温哥华大都会的社交名媛共舞，到阿尔伯塔南部崎岖的牧场骑马等。在访问加拿大期间，亲王深受爱戴。另外，需要特别说明的是，4 年后亲王再一次回归西部生活，在那次非正式的短暂行程中，亲王还购买了位于卡尔加里南部的一个牧场。

在最初的3个月旅行和随后的几次访问中，威尔士亲王甚至能叫出几位警员的名字，并且多次赞扬了他们的专业水准和军事化作风。亲王一行访问了魁北克西部的主要城市、安大略和不列颠哥伦比亚的部分地区。此次游览线路漫长，行程安排紧凑，但是亲王几乎每天举行即兴宴会，他偏爱这种非正式的社交方式。列车停站时，亲王会随和地与周围的旅客交谈。在一些必要的场合，如视察站台和品茶时段，钱柏林局长一直伴随亲王左右，旅程结束后，他们成为了知己。

在此过程中，太平洋铁路公司调查局结识了高层朋友，建立了高层友谊。

最后，对加拿大来讲，本次皇家之旅转移了国民的注意力，给加拿大带来了一丝愉悦。但是，随着亲王踏上皇家海军舰艇瑞纽恩号（HMS Renown）返程后，人们又回到了入不敷出的现实生活中来。东部地区几乎没有新工厂取代已倒闭的兵工厂和军事企业，西部地区的粮食产量低于平均水平，多数工人处于失业状态，到1920年年初，失业率已达到17%。

世事艰难，骗子和赌棍横行，他们在火车上、车站和旅店里欺骗公司旅客，调查局就此提起大量诉讼。多数警察与公司员工建立了良好的工作关系，还有一些警察在与猖獗的欺诈和小规模的内部犯罪企图作斗争。多数案件中，乘客数量和车票销售额之间的差异显示存在犯罪行为，公司的码头、货物集散地和货场以及其他商品处理场所都存在盗窃行为，而公司员工及其雇员对此类盗窃行为视若无睹。

很多人认为，在列车上行窃比较容易。1920年8月2日晚，铁路公司西行的63号列车驶离阿尔伯塔的莱斯布里奇，向大不列颠哥伦比亚省的克罗斯内斯特山（Crowsnest，B.C）出发。位于一等座、二等座车厢的乔治·阿科夫（George Akoff）、欧斯比·欧罗夫（Ausby Auloff）和汤姆·巴索夫（Tom Basoff）并没有引起旅客的注意。

起初，旅途一切顺利，但当火车从克罗斯内斯特山东部一个名为科尔曼（Coleman）的站点出发后，这种平静状态被打破了。列车员山姆·琼斯刚收齐自科尔曼上车旅客的车票，正往行李车厢走去，阿科夫就挥舞着自动手枪从盥洗室走了出来，琼斯以为他喝醉了，要求他放下枪回到自己的座位上去，然后马上意识到问题的严重性，因为全副武装的巴索夫出现在车厢的另一端，欧罗夫也随后进入车厢，喝令乘客不得反抗。

列车长琼斯拉动信号绳向列车司机示警，一颗子弹擦着他头皮飞了过去，嵌入木质厢体。巴索夫将列车长琼斯、列车制动员希基和行李收发员斯特普尔斯赶到列车的后方平台，欧罗夫趁机抢走了乘客的钱和贵重物品，甚至贪婪地抢走了列车长的金怀表，正是这一行为导致了他被捕后被判5年以上有期徒刑。据估算，此次抢劫财物总额接近600美元。由于列车司机不明白为什么拉警示绳，于是在森蒂纳尔（Sentinel）临时停靠，3个俄国强盗趁机跳下火车，背着两个包和一箱抢劫来的财物沿着铁轨逃跑了。

尽管这3个劫犯在这一地区很出名，但一连3天都没有人发现他们的踪迹，铁路公司的调查员与骑警、阿尔伯塔省属警察组成一个调查组，搜索灌木丛，全面搜查附近的伐木厂。

科尔曼往东7英里是阿尔伯塔省的贝尔维尤（Bellevue），那里的一个粮食经销商在居所附近的咖啡馆发现了逃犯的踪迹，并报了案。皇家骑警下士厄谢尔和阿尔伯塔警察贝利率先行动，贝利和厄谢尔分别从前、后门进入咖啡馆，随后双方疯狂交火。交战过程中，阿科夫身中7弹，伤口分别位于颈部、肩膀和胸口，两名警察也受伤倒地，嫌犯巴索夫是个身材高大的伐木工，他夺过厄谢尔的枪，打死了躺在地上的两名警察。嫌犯阿科夫跌跌撞撞地逃向门口，死在过道上。

随后巴索夫双手执枪，流着血一瘸一拐地离开咖啡馆，消失在森林里，厄谢尔的枪被扔在街上，子弹已经用尽。调查组倾尽全力，仍然无法找到巴索夫的藏身之处，有人怀疑他逃入了不远处无边无际的瓦砾堆中，那片瓦砾堆是16年前巨大的山体滑坡造成的，滑坡掩埋了弗兰克镇和很长一段的铁轨。

调查组沿着大滑坡展开搜索，一路上满是如房屋般巨大的石块，调查进行得举步维艰，因此不得不将搜索线路调整到铁路沿线。

抢劫案发生后的第二天，巴索夫走出了瓦砾堆，到一家农舍前乞讨。农妇不知道他是谁，觉得他可怜就给了他一些吃食，随后衣衫单薄、没戴帽子的巴索夫便一瘸一拐地离开了。执法人员接到报案后马上行动，展开了为期两天的地毯式搜索，但是毫无所获。

案发后的第九天，铁路公司的机车工程师汤姆·哈蒙德（Tom Hammond）正在检查伯米斯（Burmis）到平彻（Pincher）的牵引机头，看到铁轨附近躺着一个人，一动不动。铁路公司警员格罗夫（J. S. Glover）描述了接下来的几天在平彻的铁轨及周边地区搜索的情况：

四周一片漆黑，我听到旅馆南边的空地上有人，弯腰细看后发现是一个男人。我走过去想看看究竟是谁，用手电筒照他的脸，根据警员的描述我确定那个人就是汤姆·巴索夫。于是我拿起枪，命令他举手投降，但他拒绝这样做，我踢他的右肘，之后他才举手投降。

警察在巴索夫的衬衣口袋里发现了点 45 口径的柯尔特式自动左轮手枪，被捕后的巴索夫交代了大量的犯罪事实，他告诉加拿大太平洋铁路公司的调查员，抢劫案发生不久欧罗夫就带着钱去了西部，但是否认在贝尔维尤所犯的谋杀罪，可那无济于事。巴索夫受到审判，因谋杀罪在阿尔伯塔省的麦克劳德（MacLeod, Alberta）被绞死。

抓捕欧罗夫的行动逐渐放缓，随着时间的推移，人们几乎将他遗忘。5 年后，欧罗夫想把抢来的手表（编号为 22554511）卖掉时，他就没那么幸运了。蒙大拿州大瀑布城的经销商核查了手表的来源。经审讯欧罗夫被判 7 年有期徒刑。

经济的不景气滋生了大量不良行为，有时入不敷出的压力容易使人们突破底线而犯罪。铁路沿线的小镇出现了很多盗窃团伙，团伙中的很多成员都是本地人。他们专门针对货车下手，特别是那些远离人群、缺少后援，并且位置偏远、仅有一个执法人员的车厢。可他们并不满足于此。

1922年4月8日凌晨，一名铁路公司的警察在萨斯喀彻温省的穆斯乔（Moose Jaw）铁路货场的枪战中被杀，“今日12:25，加拿大太平洋铁路特警蒂尔尼（A. J. Tierney）被枪杀。蒂尔尼在货车车厢巡逻时发现3名可疑男子，其中一名男子正在盗窃车厢内的财物。”《穆斯乔晚报》（*Moose Jaw Evening Times*）报道，在追踪窃贼的过程中，蒂尔尼正穿过路灯照亮的区域接近被盗车厢时，黑暗处突然传来两声枪响，子弹射穿了蒂尔尼的心脏，蒂尔尼中枪倒地。警察就此案展开调查，仅发现了窃贼在逃跑过程中遗落的葡萄干和罐装水果。两名嫌疑人接受了简短的审讯，但因证据不足无法定罪，此案无人被起诉犯有谋杀罪。

接下来的1个月火车盗窃案件数量较大，铁路公司警察埃文斯（P. Evans）在安大略省的史密斯福尔斯（Smiths Falls）的货场实施严密监控。5月28日晚8点，埃文斯藏在一节密封条遭到破坏的车厢底部，没过多久，一个人爬过围栏，窝着身子朝货车车厢走去。

埃文斯藏在车厢底部，试图看得清楚些，那个人打破了侧门上的密封条，推开门摸索着寻找货物箱，当他弯腰把贼赃放到地上时，看到了埃文斯瞪着双眼，窃贼被吓得不轻。来不及多想，窃贼迅速拿出手枪连发五六枪，一枪穿过埃文斯的裤腿，第二枪正中左大腿，埃文斯疼得大喊起来。当窃贼穿过院子逃跑时，埃文斯连发数枪，但无一击中。之后尽管警方就此案件立即展开调查，但并未找到凶手，埃文斯完全康复了。

加拿大太平洋集团公司（Canadian Pacific）和加拿大国家铁路公司（Canadian National Railways）在二战间隙的竞争异常激烈，以英联邦为后盾的加拿大国家铁路公司于 1918 年吞并了几家已经破产的，由加拿大政府控股和经营的铁路公司。两家横贯大陆的铁路公司都开辟了横穿北美大草原的线路，为了获得更多的业务，它们彼此之间寸步不让。

凭借广泛的代理网络和全球轮船航运业务，加拿大太平洋集团公司的贸易横跨亚洲和欧洲，其客户包括商务旅客、政府官员、传教士、学生和游客。作为大英帝国交通网络中重要的一环，太平洋集团将自己升级为“皇家高速公路”。中国南海仅有的一段“全红线”①，连接了宗主国及其属地，这意味着如果旅客想穿越加拿大到达远东地区，他们肯定是离不开世界地图上所有红色大英帝国的版图。

1924 年，英国在伦敦郊区温布利举行大英帝国博览会，作为展会的杰出参会方，加拿大太平洋集团展示了多项服务职能。作为现代世界博览会的先驱，这场宏伟的博览会显示了帝国对海外、小型殖民地以及属地的统治。

洛德·斯特拉思科纳（Lord Strathcona）创办了世界上最

---

① 全红线(all-red route)是指英联邦范围内的航线，因英国官方出版的地图上，英国及其属地均涂红色，故名。——译注

大的贸易展，他也是加拿大太平洋铁路公司的创始人、著名的英帝国主义者，在他的极力推动下，才有了公司横跨加拿大的洲际铁路线。展会占地 89 公顷，包括一条长约 24 千米的大街，这条大街是德亚德·吉卜林（Rudyard Kipling）为展会的盛大庆典而命名的。在帝国大道人工湖前的十字路口，加拿大太平洋铁路公司展馆与加拿大政府大楼并肩巍然耸立。

铁路公司的两层展馆由公司负责展会工作的总监 E. R. 布鲁斯（E. R. Bruce）监督建造，入口处两边等比例的铜制北美野牛让人过目难忘，仅在主要展览层，展览面积就达到了 560 平方米。所有的布置都意在歌颂公司在铁路、船运、酒店、殖民化、电讯和邮政快递服务方面取得的成就。

加拿大展馆的骑警身着制服，身姿挺拔地守卫公司的财产。这给大家留下了深刻印象，为了不输给加拿大馆，加拿大太平洋集团决定另外加派 4 名优秀的骑警，以守卫展馆和展馆周边。这 4 名警官是警长里平顿（C. Rippington）、警员达里（A. Darie）、拉普斯（C. Lappes）和科比特（S. Corbett），他们 4 人履历毫无瑕疵，警容风纪良好，此外考虑到工作离家时间较长，未婚状况也是备选要素。他们抵达英国后，在苏格兰场（伦敦警察厅）以治安官身份宣誓就职。

为期 150 天的展览过程中，2700 万人（超过英国人口的一半）来到展会参观了加拿大太平洋铁路公司的展馆。在参观过程中，观众不禁注意到铁路公司的安保人员衣着整齐，许多观众对着安保人员拍照留影。警官们为加拿大太平洋铁路公司创建了良好的公共关系。

20世纪20年代初期，太平洋铁路公司在加拿大修建了近15000英里铁路，在美国修建了约5000英里铁路，许多城镇的发展归功于铁路线的发展。在很大程度上，因为城镇的成长依赖公司的发展，太平洋铁路公司自称“全球最大的交通运输系统”。太平洋铁路公司的铁路、商店和货场沿线逐渐出现了员工、供应商和客户的居住社区，工人依赖铁路获得足够的食物和稳定的工作，社区出现的问题往往和公司的问题交织在一起。当然，总公司希望将各种问题的解决办法建立在坚实的业务基础之上，如员工的工作热情、高效率和高利润率。然而，有时候经济、政治甚至宗教问题都可能干扰这种和谐局面，甚至带来灾难性的后果。

1924年10月29日凌晨，一场大爆炸席卷了加拿大太平洋铁路公司自不列颠哥伦比亚省尼尔逊（Nelson，B.C）西行到温哥华的11号列车。

11号列车按照预定线路，穿越不列颠哥伦比亚省和凯特尔峡谷（Kettle Valley），在霍普（Hope）附近接入主干线后，继续向西海岸行驶。当天晚上8时20分，列车刚刚从尼尔逊发车，列车长约瑟夫·特纳（Joseph Turner）在火车即将驶离尼尔逊时上车，然后自火车后面的卧铺车厢开始检查，之后检查了一等车厢1586、行李车、邮包车。作为一名资深的列车长，特纳认识本地大多数的名流，所以当彼得·“上帝的”维里金（Peter “The Lordly” Verigin）和他的随从——包括一位名为玛丽·斯特里奥夫（Mary Streleoff）的年轻女士自布里连特（Brilliant）上车时，特纳并没有觉得有任何的不妥。

杜霍波尔派于18世纪初在乌克兰出现，因信仰问题与希腊东正教决裂。维里金是杜霍波尔派的精神领袖，杜霍波尔派不信奉东正教（俄国国教），1899年自俄国迁移到加拿大。

19世纪末，杜霍波尔派的大部分教徒居住在黑海和里海之间的高加索地区，因激烈反对沙皇的义务兵役制，遭到尼古拉斯一世无情的迫害。他们拒绝唯物主义和任何形式的政府干预，崇尚公社式的集体生活方式，这就造成了他们与正统的东正教徒之间的矛盾。因此东正教称他们为杜霍波尔派，或“精神角斗士”。

1895年6月28日夜间，杜霍波尔派教徒把搜集来的枪支、刀剑堆在一起，浇上煤油，付之一炬。加上与当局之前的矛盾，杜霍波尔派的领袖彼得·瓦里西维奇·维里金（Peter Vasiliyevitch Verigin）被流放到西伯利亚。效忠沙皇的哥萨克骑兵参与了镇压杜霍波尔派。许多教众在动乱中遭到殴打、枪杀，他们被逐出家园。

利奥·托尔斯泰（Leo Tolstoy），杜霍波尔派的精神角斗士，守卫着他们的宗教和信仰，同时利奥·托尔斯泰也是位和平主义者和反传统斗士。在著名作家和社会活动家的帮助下，杜霍波尔派向尼古拉斯一世请求迁出俄国，移居加拿大，得到沙皇的批准。但是尼古拉斯一世向杜霍波尔派提出了三点要求：移民至加拿大的杜霍波尔派教众自此不得返回俄国；杜霍波尔派教众需独立负担全部迁移费用；因冒犯政府而遭流放或被监禁的杜霍波尔派领导人需在服刑期满后才能获得自由。

1899 年，7000 多名杜霍波尔派的教众开始了他们的神圣之旅，并移民到加拿大的萨斯喀彻温省。他们的领袖——彼得·瓦里西维奇·维里金被教众施以涂油礼，成为“上帝的使者”，并将于 3 年后服役期满时回到萨斯喀彻温省。

门诺派、哈特派、贵格派和孟诺派在北美根基深厚，杜霍波尔派与门诺派、哈特派、贵格派和孟诺派教义相似，在他们的帮助下，杜霍波尔派在加拿大得以迅速繁荣。杜霍波尔派教众生产能力强，联邦政府在萨斯喀彻温、约克顿和西开普省为他们提供了超过 70 万英亩的土地。公众认为，来自俄国的新移民受到内政联邦部长的优待，因此称之为“克利福德·西弗顿（Clifford Sifton）的宠物”。当然，他们确实受部长偏爱。

彼得·瓦里西维奇·维里金服刑的这 3 年里，杜霍波尔派内部出现了分裂，他称之为潜伏已久的“个人主义”不治之症正在四处蔓延，忠诚的信徒之间产生分歧，将近 1/3 的杜霍波尔派教徒虽然表面上仍遵循杜霍波尔派的生活做派，但在实际行动上却放弃了集体主义的生活方式，转向独立自由的资本主义发展方式。

更令人震惊的是，分裂派的杜霍波尔教徒企图重新界定他们反唯物主义的基本原则，但他们不承认自己叛教，一伙“自由追求者”打开牛羊的栅栏，烧毁大量衣物，裸体游行示威，用这种方式一个城镇接一个城镇地召集宗教狂热分子的加入。

他们对和平的渴望逐渐消弭，之后分裂派的杜霍波尔激进势力发展成为加拿大臭名昭著的首个恐怖分子组织——“自由之子”。到1920年，“自由之子”继续宣泄对资本主义衰落的不满，他们放火烧毁自己的学校、公社礼堂和住所。

很早以前，杜霍波尔派就已经在西部开疆扩土，在不列颠哥伦比亚省超过21000多英亩的土地上种植农作物，栽种果园，制作并销售果酱，开办砖厂，大多数人在彼得·瓦里西维奇·维里金的领导下居住在公社，但是大约40%的杜霍波尔公社已经独立。

杜霍波尔派与加拿大社会格格不入，内部纷争激烈。64岁的维里金正是一场持续的邪恶宗教内战的核心领袖，无论在教派内外，他都树敌众多，这注定了他不得善终，1924年10月的一天夜晚，他登上了太平洋铁路公司的11号列车。凌晨1点刚过，彼得·“上帝的”维里金和他20岁的女伴正在休息，他们座位底下的炸弹被引爆，一场可怕的爆炸发生了。

爆炸炸飞了行李车的车门，列车长约瑟夫·特纳被爆炸波冲起，鞋子也不见了，火焰在维里金和几个乘客乘坐的一等车厢地板上的缝隙间蔓延，烧毁了车厢上精致的镶嵌板，车顶也被炸飞了，大量的玻璃和杂物碎片散落在轨道及其周边。

“此时火势凶猛，浓烟滚滚，”列车长特纳在两天后的声明中说道，“车上毫无生命迹象，我对列车制动员和行李收发员说，我们应该制动卧铺车并将其封闭，如果有可能的话把着火的车厢牵引开。从车厢前门切断并将行李车牵引开。那时硬座车厢内一片狼藉，火势蔓延，但是我非常确信储气罐完好无损，丝毫没有受到爆炸的冲击。”

特纳声明中的最后一点非常重要，因为当地报纸最初的报道将爆炸原因指向火车上使用高温裂解气体的照明系统，“硬座车厢下面的储气罐爆炸”。《尼尔森日报》在10月29日的头条新闻中这样误导民众：“法隆（Farron）镇以西发生爆炸，伤亡惨重。”

1920年2月，加拿大皇家骑警加入自治领警察队伍，皇家骑警成为国家警察机关的一部分。1924年，皇家骑警数量约为1000人，爆炸案发生后，他们迅速派人到达现场。不列颠哥伦比亚省属警察队伍成立于1858年，此时大约有200名警官。该地区的刑事调查通常由省属警察展开，爆炸案附近大福克斯地区的警员基拉姆（G. F. Killam）和法医查尔斯·金斯顿（Charles Kingston）首先到达现场。

在距离火车40多英尺的地方，维里金趴在地上，已经死亡，一条腿被炸飞了。离维里金15英尺至20英尺的另一具尸体是约翰·麦基（John McKie），他是不列颠哥伦比亚省派往大福克斯——格林伍德丁议会的议员。此外，其他7名乘客，要么直接死于爆炸现场，要么在随后的几天里因伤重不治身亡。其中就包括倒霉的玛丽，她被发现时尚有一口气息。另有3名杜霍波尔派教徒在太平洋铁路公司做区段工人，他们下班后乘坐该列车返家，毫发无损地逃脱了死亡的厄运。

验尸官金斯顿负责爆炸案受害者尸体的搜集和管理，并将尸体搬运至未受破坏的卧铺车厢，铁路公司调派另外一辆机车赶往案发现场，将死者运至大福克斯，在那里进行尸体检验，伤员也被送到尼尔逊医院。爆炸案发生后 8 小时内，公司迅速列出了一份需要召集的杜霍波尔乘客名单，载上该派领袖的侄子拉里翁·维里金（Larion Verigin）和玛丽的叔叔安东·斯特里奥夫（Anton Streleoff）后，该专列赶往不列颠哥伦比亚省的小镇法隆。

不列颠哥伦比亚省的警长欧内斯特·甘蒙（Sergeant Ernest Gammon）和铁路公司的警员豪斯（E. J. House）登车负责勘查了现场，梳理了现场的残骸。豪斯警官因快速发现爆炸源受到了调查局的褒奖。在调查过程中，豪斯一寸一寸地搜索周围区域，终于在距原爆点 200 英尺的地方发现了类似钟表机件的残骸。他的后续调查为调查局连成了一个骇人听闻的谋杀案，种种迹象表明，11 号列车的爆炸是由炸弹引发的，而定时炸弹就藏在维里金座位下方的手提箱里。

谁是主使者？

嫌犯众多。

“自由之子”的嫌疑最大。多年来他们与杜霍波尔多数派格格不入，最终分道扬镳。就在几个月前，“自由之子”教徒烧毁了他们的精神领袖——维里金位于不列颠哥伦比亚省布里连特用以避暑的豪华住所。

维里金的前女友阿纳斯塔西娅·霍勒波娃（Anastasia

Holubova）也有嫌疑，她跟随维里金很长时间，但几个月前，年轻的玛丽·斯特里奥夫取代她成为维里金的新欢。也可能是她出于报复一手策划了这场谋杀。

霍勒波娃在杜霍波尔派内地位崇高，甚至可以在接下来的几年里成立自己的“上帝公社”，其号召力大约可以集聚200名教众。因此，当她被维里金冷落后，很可能会实施报复。

铁路公司调查局几乎可以肯定，是杜霍波尔派内的同胞要杀他，但是杜霍波尔内部派系众多，线索复杂，想要追踪所有疑犯几乎不可能。

维里金的儿子案发时身在俄国，但即便如此，其仍然有作案嫌疑。彼得·“上帝的”维里金的前妻彼得·彼德洛维奇·维里金（Peter Petrovich Verigin）与他关系疏远，他们的儿子从小几乎没有见过维里金。直到1902年，维里金在从西伯利亚辗转到加拿大的途中看望了母子二人。1905年，年轻的彼得前往加拿大，见到维里金时，他对父亲的生活方式充满了鄙视。然而，在父亲死后，彼得·彼德洛维奇·维里金当选为加拿大杜霍波尔派的领袖。

除了这些已知的事实，列车长特纳的证词显示，两个杜霍波尔派教徒在不列颠哥伦比亚省的卡斯加尔（Castlegar）登上了11号列车，其中一个长相颇似维里金儿子的首席助理约瑟夫·舒克金（Joseph P. Shukin），有人看见他在维里金的座位下面放了两个箱子。11号列车行至法隆时需要在车尾增加一节餐车，在这段时间，两名可疑的男子下了车。

还有人发现，在爆炸案发生的前几周内，一个名为麦德龙·格里申（Metro Grishin）的钟表匠从俄国到达不列颠哥伦比亚省，在爆炸案发生后便立即消失了。有人猜测，这个神秘的格里申是维里金的儿子找来的，他制造了这枚炸弹，把维里金提早送到了地狱。

最为奇怪的说法是美国的三K党[①]实施了这场谋杀。一战前，加拿大西部省份主要由英国人和来自北欧和斯堪的纳维亚的移民居住，后来杜霍波尔派教徒迁居至此，不列颠哥伦比亚省一些不太宽容的居民称来自俄罗斯的新移民为杜克斯（Douks），不承认他们正宗白人的身份。再加上俄国发生了布尔什维克革命，该派拥有在加拿大免于服兵役的权利，这些都助长了大多数人对他们的怀疑和憎恨。

1924年初，维里金来到美国俄勒冈州，并在那里购买了土地，以期安置处于困境的教众。有媒体猜测，反战的苏联共产党人可能在美国定居。这一猜测激怒了众多的右倾分子，他们主要是美国退伍军人协会和三K党。不列颠哥伦比亚省大福克斯的新闻报道称有公民用三K党的方式打击影响当地社会的杜

① 三K是ku-klux-klan的缩写。前两个K字来源于希腊，原意是圆圈，引申为“帮会”。第三个K的意思是苏格兰民族，因为三K党的创始人是苏格兰后裔。——译注

霍波尔派，这一报道支持了白袍私刑队[①]致维里金“英年早逝”的说法。

将近1个世纪后的今天，彼得·“上帝的”维里金之死仍然笼罩在一团迷雾之中。

---

① 三K党党员入党时，要宣示永守秘密。党徒基本上是在夜间活动，一般队员身着白色长袍，而恐怖队员则身穿蒙头罩袍，头戴尖帽，罩住整个头部，只留两个黑洞，露出一双凶恶的眼睛，打扮得像魔鬼。行凶前先发出警告，在警告信中画有令人毛骨悚然的图画——交叉的剑、棺材、交叉的大腿骨、猫头鹰等。活动时，三K党先燃烧十字架，然后对有色人种和进步人士实行私刑、绑架和屠杀。——译注

第六章　竞争与混乱：前线警务

1925年夏，加拿大太平洋公司总裁爱德华·帕内特被提名为调查局第二任局长。新任局长帕内特从各方面来说都是鲁弗斯·钱伯林当之无愧的继任者。第一任局长组建了这一机构并且制定其运作规则，帕内特具有公认的行政管理能力和卓越的军事才能，他被寄予厚望，能够继续维持警方曾经在大众心目中的团队精神和良好声誉。

鲁弗斯去世两年后，卡迪厄被提名为调查局执行局长。尽管他手下的警员经常遇见各种特殊情况，但是在他的监管下，警方圆满地完成了日常业务。

“最近，一名心理医生带着他的病人乘坐我们的火车，病人因突发疾病挣脱了他的控制。他立即要求我们的协助，我们也提供了帮助。”在第7号命令上，卡迪厄对公司全体警官和警员说道：将来在你的辖区如有类似案件发生，我希望你告知该病人的医生或者其他陪同人员：如需我方专程派人护送此病人，将由他们承担因此产生的花费，这需要耗费时间和人力。精神病人在异地运送途中最好由监护人细心照料。虽然照顾精神病人在调查局的职责之外，但是有时候护送一些人员确实是铁路警方的职责所在。在卡迪厄发布上述建议几个月后，新的警察局局长帕内特下达了第22号命令。

在这个特殊的案件中，1名调查局探员护送3名嫌犯。其中2人被铐在一起，第三名嫌犯则被单独铐着。当火车即将发车时，单独被铐的嫌犯询问警察自己能否使用卫生间。在确保另外2人被铐牢后，他就沿着车厢通道朝着第三名嫌犯后方走去，在即将到达车厢连接门时，嫌犯趁2名旅客登车之际从2人中间跳上了站台逃跑。由于还有2名嫌犯需要看管，该警察不得不放走了逃跑的嫌犯。他立即发电报联系前方车站寻求追缉，如有可能，确认嫌犯的位置。另外2名嫌犯一路上大部分时间都在看报纸。到达目的地后，警察护送2人下车。

后来警方发现在押解过程中第三名犯人“打开”了手铐，毫无疑问，这当然是在另外2人看报纸的时候。如果该警员给予该嫌犯应有的注意力，那该犯人就没有机会打开手铐。

随着调查局管辖权的不断扩大，帕内特也无暇顾及所有细节。

加拿大国营铁路有政府财政做后盾，为了与政府财政支持的竞争对手——加拿大国营铁路进行有力竞争，阻止其把线路转向自己过度建造的版图中，太平洋铁路公司在 1923 年至 1931 年间修筑了 2200 英里支线铁路。在这轮残酷的竞争中，加拿大太平洋铁路公司的运营成本增长了 800 万美元，加拿大国家铁路公司的运营成本是它竞争对手的 3 倍。

随着贝蒂的轮船和铁路的复兴，旅馆业也在蓬勃发展。1924 年在公司的路易丝湖城堡酒店建筑的一侧被烧毁后，立即修筑了更加坚固的建筑。魁北克芳堤娜城堡酒店（Quebec's Chateau Frontenac）①和班夫温泉酒店（Banff Springs Hotel）②因发生了大火同样需要整修。萨斯喀彻温省和皇家约克酒店（Royal York）等许多连锁酒店也在里贾纳和多伦相继开业。

皇家约克酒店给帕内特和其他的警察局带来了新的任务。这座壮丽的酒店位于前方大街，正对着璀璨夺目的现代化风格的联盟火车站。该酒店第一个季度的营业非常成功，营业额不

① 芳堤娜城堡酒店落成于 1893 年，是加拿大太平洋铁路公司建于 19 世纪末的一系列古堡大饭店之一，用来招揽旅客。酒店的名字是为了纪念芳堤娜伯爵路易斯·德·包德，他曾经是 1672 年至 1682 年，以及 1689 年至 1698 年新法兰西（New France）的殖民总督。芳堤娜城堡酒店是魁北克城的地标，魁北克城的象征，也是北美最高级的豪华酒店之一。——译注

② 班夫温泉酒店，1888 年由时任加拿大太平洋铁路公司总经理，同时也是加拿大班夫国家公园奠基人之一的威廉·范霍恩创建，并从此被誉为“落基山中的城堡”。开业时是当时世界上最大的酒店。酒店建成后，吸引了无数国家元首、王公贵族、电影明星等来自世界各地的上流社会人士，其中包括乔治六世、伊丽莎白女王、海伦·凯勒、玛丽莲·梦露等，现代的名人到访更是不胜枚举。这座酒店因拥有全加拿大最大的 SPA 温泉水疗中心——柳溪温泉（Willow Spa）而久负盛名。——译注

断增加，也因拥有1600个房间成为帝国最大的酒店。一支由20名铁路警察组成的队伍专门负责酒店的警卫工作，它由调查员和助理督察指挥，作为酒店的全职“侦探”。公司时常派驻警察全天守卫一些酒店，特别是举办重大活动或有影响力的客人入住的时候。

爱德华·帕内特局长简介

高级军事管理者，CMG，DSO前陆军准将（后来成为中将）。帕内特接替钱柏林成为调查局局长。1881年8月21日，他出生于渥太华，先后就读于阿什伯里大学、渥太华大学和位于安大略省金斯顿市的皇家陆军学院。作为一名从军队走出的卓越的管理人才，帕内特可以轻松胜任他现在的工作。1902年在加拿大皇家炮兵中任中尉，2年后晋升为上尉。1911年在加拿大皇家炮兵中任少校。一战爆发时，随加拿大第一师赴海外作战。2年后身为中校的他从助理副官晋升为军需局局长助理，统筹整个加拿大部队。他在6次任务中受到嘉奖，于1919年晋升为中将军衔，出任加拿大部队军需局局长。

帕内特于1917年被授予杰出服务勋章，被任命为指挥官。获得圣米迦勒及圣乔治勋章，同年被授予军团荣耀。帕内特于1919年11月光荣退役。后来被授予比利时十字勋章。1921年他当选第一任魁北克禁酒委员会警长。

一战后，美国实施了禁酒令，而加拿大政府把生产和销售酒的权力下放给各省。魁北克和不列颠哥伦比亚省是第一批放开政策的地方，建立了政府控制的酒行。平原的一些省短时间内纷纷效仿，安大略也紧随其后。到1920年年底，爱德华王子岛（Prince Edward Island）是唯一坚持实施禁酒令的地区，直到1948年才解禁。加拿大白酒和啤酒厂繁荣发展，与此同时，美加边境上两边的酒贩子也是异常活跃。

1924年11月，帕内特收到线报称，一艘来自比利时的双杆帆船停靠在蒙特利尔码头，将一大批白酒转移到了一艘驳船。这艘驳船是特伦布莱船长（Captain Tremblay）拥有并驾驶的。相应地，船长想把这批货走私到美国卖给南方边境的一些买家。不幸的是，他们还发现了这批可疑的货物受到比萨林（J. A. E. Bisaillon）的保护。比萨林是一名无耻的走私贩，碰巧任蒙特利尔"首席禁酒官"，直接向联邦海关关长报告。特伦布莱最终被捕，并被控走私。比萨林被指控密谋走私，之后却逃脱了所有罪名。帕内特离职后，于1925年7月15日成为加拿大太平洋铁路公司调查局局长。

作为局长，他以钱伯林局长的成功为基础，强调训练、专业性和军事效率三个方面。1926年到1934年，在为两任加拿大总督做武官期间，他自身的丰富经历获得认可，并获得相应奖励。

在二战中，帕内特被任命为加拿大战俘营的第一任指挥官。1940年到1943年，他统管蒙特利尔军区，于1940年晋升为中将。1946年2月到7月，任加拿大皇家委员会负责公务员工资、分类和招聘的高级行政长官。他也是大学联合会、蒙特利尔联合会，以及魁北克堡垒联合会的成员。

1946年9月1日，65岁的帕内特从加拿大太平洋集团退休。

与此同时，一些铁路警察在一楼巡逻。

警员有价值的工作中，莫过于站勤工作。对于一名警察来说，如同在黑暗中追击火车盗贼一样，数个小时静止不动的工作也同样危险。站勤需要较多的技巧，较强的判断力和决断力。特别是加拿大太平洋铁路公司的总部大楼和蒙特利尔的温莎车站，需要进行不间断巡逻，清除违规吸烟和候车室里的“不速之客”。他们看起来像流浪汉或失业者，但实际上可能是聚集在一起讨论往事的铁路离退休职工。在这些情况下，无论遭遇多么麻烦的情况，无论被问及多么愚蠢的问题，都要求警员一定不能发脾气，对待大众要谦卑有礼。

尽管经常训练，局长还是不止一次地收到投诉称有警员消磨时间，玩忽职守。

20世纪20年代，拳击运动特别流行，其中一场让人印象深刻的重大比赛是于1926年9月23日举行的重量级拳击比赛，在卫冕冠军杰克·登普西（Jack Dempsey）和挑战者吉内·滕尼（Gene Tunney）之间举行。

12万多名热心的拳迷挤入了费城城市体育馆见证那场比赛，与此同时，有数以千万计的拳迷聚在收音机旁收听着这场传奇大战的细节：每一次佯攻，每一记刺拳。

在历经雨中的十个艰难回合的比赛后，滕尼赢得了胜利，1年后在与邓普西的比赛中又取得了伟大的胜利。从帕内特给手下留下的回忆录中，我们可以知道蒙特利尔温莎车站正门的执勤警员在比赛后依然激动万分。

帕内特那天说了一句让所有人都铭记于心的简洁有力的话：作为一名警察，工作时间心无旁骛才能履行好自己的职责。尤其是他得知在蒙特利尔车站和总部的警员更喜欢同出租车代理员聊拳赛，而不是帮助找的士的旅客打车。最糟糕的是，这种行为太明显，与公司无关的人也会听到他们的聊天内容。然而相对于他们展现出的非凡勇气以及获得的荣誉来说，别人的责难已经显得微不足道。

1927年，代理警长爱德华·奥布莱恩（Edward O' Brien）在安大略萨德伯里车站从车轮下拯救了一名老太太，因此被授予铜质奖章。这名女士误判了火车接近的速度，径直从候车室跑向火车头前。刹那间，警长奥布莱恩判断情况，毫不迟疑地展开行动，跳上铁轨一把将吓坏了的女士拉往安全区域，火车就在几英寸外呼啸而过。

接下来的1年，在同一个地方，警察曼恩（Erskine A. Mann）独自逮捕了2名逃犯获得嘉奖。两人是从伯沃什惩戒中心逃跑的，这是一所位于萨德伯里南部中等安全级别的监狱。1月天气寒冷，凌晨3点，曼恩在萨德伯里货场的一列火车上发现了2名挤作一团的逃犯。2名逃犯根本就不是身材魁梧的曼恩的对手。

1927 年 7 月，加拿大太平洋集团一等大西洋游轮澳大利亚皇后（Empress of Australia）号载着英国国王和威尔士亲王抵达魁北克，再次访问加拿大。这一次国王由哥哥乔治亲王陪同。同行的还有英国首相斯坦利·鲍德温爵士（Stanley Baldwin）。

再次，太平洋铁路公司再一次为国王一行编组了专列。调查局所有的辖区督察配合当地执勤调查员，负责确保闲杂人等不能随意登上列车。警官们手上有一份管理清单，包括所有铁路警察和随行列车工作人员的名字、职务以及目的地。

国王一行人预计抵达地和出发地的交通行程由各辖区督察、当地警察和加拿大国家铁路警察协同。

在国王一行人访问途中没有任何异常状况发生，接下来的 1 年，加拿大太平洋铁路公司警方的勇气再一次展现出来，这一次是驻温哥华警察的行动。

太平洋铁路公司警员马修·利姆（Mathew Limb）和市警察希勒（Shearer）在太平洋海岸城市的码头共同执勤。马修突然遭遇 2 名蒙面持枪歹徒并与之展开了一场凶险的枪战。之后成功将 2 人抓捕的马修和希勒被授予金色勇气勋章。温哥华警察协会委员们给利姆颁发了一块金表作为奖励。

公司擅长完成大型活动的安保工作，但是尽管单独隔离最危险的区域，非法闯入者仍然是公司的麻烦，隔离护栏总是习惯性地被盗贼或寻找刺激的年轻人破坏。曾经有一次，3 个十几岁的男孩因寻找刺激而将自己送进了多伦多的牢房。2 个坏小子悲剧地低估了一个空气胶管的致命杀伤力，他们对着自己的另外一个同伴按下了喷嘴，导致他立即死亡。

相对于其他安全的考虑，火车盗窃仍然是主要的威胁，在美国实施完全禁酒的年代，走私酒的活动异常猖獗。1928 年 5 月，一列货车在边境被美国海关截获，车上载有 200 箱啤酒。这些酒被装在车厢两头的空心夹层里。因为啤酒箱子两侧各 2 英寸宽，因此可以藏在货车车厢的木质夹层下面，看起来像车厢内部结构一样。这次偷运差一点就蒙混过了海关。需要仔细观察车厢内可见物品的尺寸才能发现长度上的差异并发现违禁物品。

在大约 20 年间，加拿大关押犯人的数量从 1400 人激增到 4000 人。与此同时，加拿大太平洋铁路公司因盗窃和非法破坏遭受的损失从 1920 年的 25 万美元减少到 1925 年的 3 万美元，直到 1930 年，损失减少到不足 15000 美元。

在经济大萧条时期，许多失业者和流动劳工爬上火车沿着铁路线旅行，或者如一些年轻人，爬上火车可以看到更多的风景。

在一战和二战之间，铁路收入最高的一年是 1928 年。而就在这一年，股票市场的崩盘宣告着自 1870 年以来最长的一次经济大萧条的开始。

在市场崩盘后，许多美国铁路公司通过降低铁路警察的收入以减少开支，但加拿大太平洋集团却没有。艰难的日子和失业共同将许多人逼到了毁灭的边缘。越来越绝望的失业群众被迫选择一种短暂的生活方式——非法扒乘火车去找工作。这使得盗窃案件激增。

1933年秋天，加拿大太平洋铁路公司调查员威廉·麦基（William Mackie）和乔治·米勒（George Miller）在魁北克拉诺赖设下了埋伏抓捕盗窃团伙，这是一个位于蒙特利尔和三河市之间的沉睡的小城市。据称这批团伙分子频繁盗窃停靠在货场里的货车上的成箱烟草。经过警察几个星期的盯梢和等待，9月的一个晚上，他们的耐心终于有了回报。

大约凌晨2点钟，他们发现火车旁边有人在活动。2名警察终于等到了盗贼团伙成员破坏门封并打开车门。

“就是现在，”麦基对米勒低声说道：“上吧。”2名警察冲向了火车。

当他们绕过火车时，其中一名盗贼已经疯狂地逃窜，沿着铁路线消失在黑夜里。另一名同伙却对警察的突然出现反应较慢，他躲在一列火车里拿出了一把手枪，在警察制服并铐住枪手前，4发子弹击中了麦基的胸膛和手臂。“你绝对不可能预知将要发生什么案件”，报道称加拿大太平洋铁路公司魁北克区督察让·贝朗格（Jean Belanger）说：“这些家伙有可能是一些找烟的孩子，也有可能是丧心病狂的犯罪分子，一看到你就会开枪。”通过太平洋铁路公司和当地警方的共同努力，逃跑的犯罪分子当晚被缉拿归案，因杀人罪被判入狱14年。凶手是一名罪行累累的犯罪分子，在当地警方中也是“大名鼎鼎”。在蒙特利尔省看守所的牢房中，他吞下了早就藏在鞋跟里的氰化钾胶囊结束了自己的生命。此事件显示了犯罪团伙是多么明目张胆，丧心病狂。

太平洋铁路公司调查员约翰逊（J. R. Johnston），人称“货车约翰逊”，因为他和同伴特别擅长打击火车盗窃犯罪，在温尼伯和马尼托巴省、普雷尔利（Portage）之间打击盗窃效果显著。他们发展了良好的情报通道并亲自添乘数英里。他稳步地减少了自己辖区内盗窃团伙的犯罪行为。

随着工作机会的日益减少，盗贼抓住一切机会牟利。像往常一样，酒是罪犯最喜欢的目标，从酿酒厂运输出的这些酒需要严加防范。盗窃团伙会在火车的木质地板上钻孔，将其中的啤酒用水龙头偷偷倒出。

1934年1月2日，太平洋铁路公司蒙特利尔的普雷斯维格站（Place Viger）的仓库受到汽车盗贼的袭击。一名犯罪分子在报纸上被人指认出是一个团伙的成员，叫山姆逊（Samson），山姆逊被认为是该团伙的智囊，虽年仅21岁，但众所周知他极度危险，喜欢拿枪对着警察。太平洋铁路公司调查员麦金农（W. S. McKinnon）要求参与追查该案件，并被赋予抓捕此人的全权处理权。山姆逊逃离抓捕后躲在美国的某地。在奔赴美国抓捕过程中，麦金农获得了缅因州刘易斯顿市警察局局长约翰·阿什顿（John Ashton）和缅因州比迪福德（Biddeford）的治安官古德温（C. E. Goodwin）的帮助。晚秋的一天，抓捕山姆逊的天网已经收紧，他在钓鱼的时候被抓。山姆逊是一名在美国犯下多起罪行的加拿大逃犯，因违反美国移民法被捕。在遣返回加拿大后，他被铁路警方以盗窃财物的罪名逮捕。在被抓捕6个月后，他被送到了蒙特利尔的监狱。

与此同时，调查局忙着抓捕2名收售失窃车辆的犯罪分子，他们分别位于蒙特利尔和魁北克的考恩斯维尔。警方追回了许多赃物。

同年警方破获的最出彩的一起案件，是失业人士实施的破坏公司油罐车进行盗窃的案件。督察乔治·罗根（George Logan）是一名老警察，他自1913年入警。经他周密部署，最终警方结束了破坏行为。罗根手下的警员配合莱维勒特警长（Captain Laviollette）派出的警员，一次成功的突袭就抓获了120名犯罪分子，并把他们押送至最近的警察局。

在嫌犯被定蓄意破坏铁路财物罪之后，法官莫里斯·特罗特（Maurice Tetrault）向罗根督察表示祝贺，称如果不是这些出色的抓捕，处理得当，事态可能已经发展成为暴动。

在调查局成立后，督察罗根就加入铁路警察做了将近1年调查员。他用行动证明了自己是一名能力卓越的警察，不到1年就晋升为了蒙特利尔的督察。拥有19世纪末在苏格兰伦弗鲁郡从警经验的他加入了铁路警察队伍。

多年的军旅生涯使他养成了出早操的习惯，在温莎入警后，他坚持晨跑，这成为温莎车站的一道风景。他通过努力赢得荣誉，艰难晋升。

在与苏格兰地下犯罪分子斗智斗勇的时候，他也经历过许多危险和刺激的时刻。尽管被罪犯的家庭成员残忍袭击，但他还是把罪犯成功送上法庭并见证了他被定罪。

当罗根 1938 年退休时，局长帕内特和调查局的其他几名高级警官出席了在蒙特利尔码头为这名受人爱戴的督察和他夫人的饯行仪式，随后他们搭乘加拿大太平洋公司的约克公爵夫人号（Duchess of York）返回苏格兰。太平洋铁路公司警察詹姆斯·乔克·穆雷（James Jock Murray）在送行会上演奏了风笛曲目《希望你再也不要回来》（*Will Ye No' Come Back Again*）。

到 1932 年，大萧条变得尤其严重，加拿大联邦政府不得不在太平洋沿岸建立劳工营，为失业的年轻单身汉提供衣物和食宿。在国防部和劳工部的共同指导下工作，他们每周工作 6 天半，每天赚取微薄的 20 美分。

1935 年 4 月 4 日，劳工集中营的居民乘坐卡车和火车大规模进入了温哥华市，他们认为省政府和联邦政府都没有准备采取任何有意义的公开措施创造真正能够赚钱的就业机会，相反，只是让他们去完成已经分配好的工作。

经过 2 个月的斗争，他们并未与政府成功协商，得到一份能够赚钱的体面工作。一大批示威者决定同渥太华的政客们对质。劳工营的罢工者自发组织发起了行动，“到渥太华之旅”开始了。

直到 6 月 3 日，数以百计的人聚集在加拿大太平洋铁路公司货场，他们等待搭乘货运列车。担心可能发生暴力案件，省、市两级官员都建议所有的执法机构采取措施应对这些失业工人和数以千计的围观群众。

铁路编组了一列 24 节的旅行列车，列车聚集有大约 800 名流浪者。他们把随身携带的烹饪用品、洗漱用品、洗衣用品放置在一个空车厢内，爬上楼梯到达车顶，大声欢呼，相互道别。

加拿大太平洋铁路公司调查局的警察、部分市属警察以及加拿大皇家骑警只是联合查验人数，并未作出任何阻拦动作。

第一列满载流浪者的列车在离开温哥华 1 天后抵达了不列颠哥伦比亚省的甘露市（Kamloops，B.C）。这些人从车顶上下来跑到附近的小溪去洗澡，在当地的联盟餐厅吃饭。列车在雷夫尔斯托克（Revelstoke）滞留了将近 1 个小时。其中 2 个人因醉酒破坏小镇咖啡馆里的瓦罐被罢工委员会除名。

6 月 6 日，罢工者通过了不列颠哥伦比亚省戈登市（Golden，B.C），翌日列车抵达了卡尔加里。他们决定在这里停留 2 至 3 天以便购买供给，招募更多新的追随者。一批罢工支持者护送主要的罢工者到卡尔加里博览会的展台，那里供给三明治和咖啡，并提供了一处干燥的住所。铁路警方的警长和警员虽见惯了火车，但面对人头攒动的大规模人群也是大吃一惊。

他们像往常一样离开，驶往里贾纳（Regina）。罢工者领袖爬上了煤水车，面对着后面车顶的人群。跟在车上的萨斯喀彻温省（Saskatchewan District）高级警司霍尔（W.S.Hall）告诉火车司机在火车缓慢发车前拉一声响笛。在里贾纳，罢工者决定派 8 人委员会到渥太华与总理贝内特和他的内阁磋商，同时其余2000多名罢工者在原驻地等待谈判结果。铁路警方被告知采取更多的措施应对非法扒乘火车的人，加拿大太平洋集团和加拿大国家铁路公司都张贴醒目的告示禁止此类行为。

渥太华谈判破裂，罢工领袖返回里贾纳。1935年7月1日，一场有组织的公众示威失控后演变成为了一场暴动。警察朝天鸣枪示警并使用催泪瓦斯。运动领袖，包括著名的活动家亚瑟·埃文斯（Arthur Evans）和乔治·布莱克（George Black）在演讲台上被捕。多名示威者在冲突中受伤，一名温哥华警察被杀。

罢工领袖被捕后，暴乱分子独自或三三两两地回到了驻扎在体育馆内的罢工总部，许多来自西部的罢工者直接回了家。接下来是无休止的法庭审判，罢工运动彻底结束。

几个月后举行了联邦大选，以贝内特为首（又称“铁蹄”贝内特）（R. B. “Iron Heel” Bennett）的保守党政府失败了。失败原因可以归结为以下两点：第一，对待救援营中的罢工人员态度恶劣；第二，没有恰当处理罢工人员提出的改善工作条件的要求。自由党政府在这次大选中获胜，新政府颁布的第一条法令就是废除劳动集中营。1931年至1937年，各级政府分发了超过800万美元的救济金。对失业者来说，政府救济和失业保障金是他们的救命稻草。

这些年，调查局的工作开展得举步维艰，也遭受了巨大的损失。1936年12月23日，在蒙特利尔的温莎站，有人报案称有包裹从行李车厢坠落。警员G. H. 霍华德（G. H. Howard）下车寻找包裹，不幸被机车撞死，当时该机车正在调车，转为牵引客车车厢。几个月后，1937 年 4 月 9 日，在与温莎站相邻的另一站，铁路公司警员 C.L. 贝尔（C.L.Bell）撞见两个窃贼闯进外山站货场的仓库，双方发生交火。一个窃贼当场死亡，另一个身份不明的窃贼企图射杀贝尔，遭到警方拘捕。

两次世界大战期间，加拿大太平洋铁路公司总裁贝蒂工作的重中之重就是重新确立公司在北大西洋和太平洋航线上绝对的主导地位。

公司的轮船仅在少数区域活动，因此更易监管。警察定期被派往内陆、沿海和远洋船队停靠码头及周边区域，这些执法人员与国内外各类监管机构和海关官员密切合作，打击贩运人口、走私货物的违法行为，特别是毒品交易。警察的大部分时间都用在监督货物装卸，为货物运输安全提供保障。在他们的不懈努力下，运输线上的犯罪率降到历史最低，并且保持在可控制范围内。但自从棘手的黑焦油海洛因在船上出现后，这一良好的状态被打破了。

半个世纪之前，自加拿大太平洋集团在太平洋区域拓展业务之日起，鸦片并未被严格控制。鸦片随大宗运输的茶叶、丝绸、糖和大米等货物一道经由远东的货船抵达，其中一些用于制药业，还有部分被居住在北美的亚洲人吸食。

1908 年，劳工部副部长，也是加拿大下一任总理——威廉·莱昂·麦肯齐·金（William Lyon Mackenzie King）前往温哥华了解鸦片交易状况。当时，不列颠哥伦比亚省维多利亚的制造商是毒品交易最大的供应商之一，麦肯齐·金发现位于温哥华、维多利亚和新威斯敏斯特的7家工厂大量从事毒品交易业务，中国人和西方吸毒者是主要买家。在不列颠哥伦比亚省的一个毒窟中，妇女和女孩们滥用鸦片，眼前的一幕幕震惊了他，因此麦肯齐·金建议加拿大国会禁止鸦片的进口和销售。同年，该建议被国会采纳。然而，毒品的销量有增无减，只是规模缩小，但方式更加隐蔽。特别是一战后的几年，禁酒运动的兴起也在某种程度上使鸦片的销量再次攀升。

1933年7月27日，“加拿大皇后号”因携带鸦片被罚款40500美元。檀香山的海关检查发现该船一个未曾使用的客舱面板后面藏有大量鸦片。3个月后，在该船上又缴获大量毒品。据估算，“加拿大皇后号”因贩运毒品需缴纳的罚款金额超过22000美元。在这两起案件中，该船皆在签署罚款协议后被释放，但公司决定在华盛顿特区提起上诉。

在与美国当局的谈判中，集团位于华盛顿特区的律师一再强调加拿大皇后号的官员和公司领导曾密切协作，共同打击毒品走私。律师还指出，去年12月，在美国檀香山海关检查一切正常的情况下，加拿大皇后号上的警官还查处了一批藏匿在行李箱中的毒品。经过铁路公司的不懈努力，这笔罚款降到了极低数额，只是征收了象征性的罚金。然而，尽管公司高度警惕，大力打击毒品贩运，1934年1月5日，日本皇后号停靠在檀香山码头接受检查时，海关仍在该船上缉获了199罐鸦片。为此日本皇后号预计要缴纳4万美元的罚金。

董事长贝蒂立即批准，针对公司海运部门在太平洋地区的招聘流程，展开细致的内部调查。调查结果是建议解雇加拿大皇后号的中国船员，这些中国船员都受雇于一个叫吴云（Yuen Wo）的人，此人是加拿大太平洋铁路公司的代理人。船上最有经验的消防员、水手长、装配工、理货员和电工都有作案嫌疑，其他涉案人员还包括客舱最受欢迎的服务员和他的两个助手、中文翻译、船医的助手、事务长办公室的中国作家以及被服室服务员和助理。

对于铁路公司在太平洋区域工作的欧洲籍工作人员，如加拿大皇后号的事务长、总管事、安全官和女速记员等，调查结果建议或将其解雇或调离至大西洋沿线工作。此外，吴云和他做翻译的儿子“应该马上被解雇，并且永远不得再踏上加拿大皇后号”，并“立即通知加拿大太平洋航运公司在香港和温哥华的负责人，结束与吴云的亲密友好关系，并且不得接受他的任何礼物，也不允许出席由吴云组织的宴会和聚餐活动”。

公司对太平洋区域肃清的“问题员工”不仅包括涉案走私人员，还包括吸毒者和瘾君子。作为打击毒品计划的一环，调查局的督查华特·E. 格雷安（Walter E. Graham）接到上级任务，要求坚决打击走私鸦片贸易。此后，温哥华和维多利亚至檀香山、横滨、神户、上海、香港、马尼拉的巡回航线上，公司的 4 艘“皇后号”都要配备一名着装的警长和两名警员。随船警员定期检查整艘轮船，检查范围包括从锅炉房到船长舱，从墙壁的装饰板到无人客舱等区域。

加拿大太平洋公司改变船上警务策略，在船只航行和停靠期间都进行巡检。之后，“加拿大皇后号”的首航日志这样描述：

实践证明值勤警员的进驻是十分有价值的：三等舱和船员室的治安状况有了明显改善，特别是当船只停靠在东方港时。

船员内部禁止博彩和赌博，乘客虽然可以赌博，但是处于严密的监控之下。他们是在与中国船员和乘客发生最小摩擦的情况下取得的此项成就。对看守的强化管理也大大减少了船上盗窃案件的发生。

此次整顿进行得彻底而成功。据报道，在一年的时间里，檀香山一罐 5 两的鸦片价格从 85 美元飙升至 250 美元。2 年后，在 5 月 20 日召开的贩运毒品国际联盟咨询委员会会议上，美方代表富勒（Fuller）先生宣读了这样一份文件：文件概述了如何禁止和防范毒品交易。在报告中，他还赞扬了加拿大太平洋集团公司，称他们斥巨资确保公司所有船舶不受非法走私活动的影响，有效杜绝了毒品走私活动。

富勒先生这样评价公司：“专家说，加拿大太平洋集团公司的运作模式应该作为行业标杆，值得任何一家轮船公司效仿学习。”

尽管加拿大太平洋铁路公司及其警察多次受到来自美国的嘉奖，已经成为美国航线警察的榜样，但是，这是他们第一次在太平洋区域得到认可。之后，同行收到这样的通知：除非像加拿大太平洋航运公司的警务工作那样高效，否则等待他们的就是依据法律开出的全额罚款。

接下来的3年，加拿大太平洋集团公司的航海记录毫无瑕疵。但是，不久后，在一次例行检查中，在奥兰基号（Aorangi）一名水手的行李间查出了鸦片。据调查，奥兰基号属于加拿大太平洋集团公司和轮船联盟公司，它往返于加拿大—澳大利亚航线（Canadian Australasian Line）。

加拿大—澳大利亚航线北起温哥华，途经檀香山，最后到达悉尼。太平洋集团公司的那名水手第一次出海，他从悉尼上船，在檀香山接受美国海关的检查，检查过程中从他的工具箱中发现8罐鸦片。该水手被判18个月苦役，在审讯过程中，他供认可以从销售这批毒品中获利800美元。

加拿大太平洋集团公司华盛顿区域的律师再次接手这类案件，并试图在辩护过程中寻找证据，尽其所能地减轻对该船高达1300美元的处罚。在辩护中，律师重申太平洋集团公司在打击毒品走私过程中取得的巨大成绩。但是，檀香山的海关官员声称：在打击毒品走私过程中，奥兰基号上的警员没有做好禁毒工作；很明显，奥兰基号准许上百名送行的旅客登船并将礼物带给出行的旅客；船上没有发布任何正式警示告知其禁毒的法令和处罚措施。

加拿大太平洋集团公司这样反驳：按惯例，美国美森轮船公司和悉尼的轮船公司允许游客自由出入轮船，这一惯例来自于澳大利亚的雇佣条例。公司的法务部概述了太平洋铁路公司被强制要求从悉尼一家特定的职业介绍所雇用海员的事实，那就是如果海员得到职业介绍所的认证，那么轮船公司就必须雇用他，这与旧金山的雇佣条例极为相似。因此，法庭上，公司建议，在来自悉尼的轮船到达檀香山之前，对所有从悉尼雇用的船员的私人物品进行彻底的检查。

20 世纪 30 年代，所有太平洋区域的轮船公司都陷入了经济困境。加拿大太平洋集团公司旗下的皇后号（*Empresses*）客运量锐减，运营成本上升。尽管公司太平洋船队的 4 艘轮船严格遵守公海的航海条约，可以正常运营，但调查局仍然大规模地调回了海上警力。

1933 年，警员和警长的收入减少了 15%；4 年后，码头和与码头相关的业务也面临着裁员。但是，公司的内部状况有所改善，员工与铁路警察的合作日渐密切，因货物丢失或盗窃出现的索赔案件逐渐减少。

太平洋铁路公司的督查伯恩斯（J. P. Burns）在皇家骑警和加拿大太平洋铁路公司的警员培训班中这样介绍："关于几年前货物盗窃的情况，可以这样说，我们追查了公司一整年的赔付记录，没有发现一起案件涉及公司内部员工，所有的犯罪活动都来自公司外部人员，我认为对公司来讲，这是一个值得大肆宣传的部分。之前的情况完全不同，几年前，公司每年的损失金额和理赔金高达 200 万美元，因为此类盗窃多数是公司内部员工实施的，公司不得不支付高达总额 25% 的理赔金。今天，我很高兴这一现象不复存在了。我认为，持续监控与不懈努力是维持该成果的关键所在。"

伯恩斯随后谈论了加拿大太平洋铁路公司零星的盗窃案件及其对客户关系的影响:

几年前，货运火车的症结在于混合货物装载方式，也就是说货车车厢采取零担装载或者拼箱装载形式，这特别容易遭到抢劫，车上的包裹及其内部物品被拉扯出来，扔满地面。后来的调查表明，年轻人尤其喜欢这类盗窃行为，但他们盗窃的目的并非财物，因为财物丢失的数量极少，他们更像是“找乐子”——吹着口哨拉出包裹四处乱扔，撕碎女士的内衣，在这一过程中得到无穷的乐趣。每节车厢的实际损失并不高，但是整理物品，将物品放回原来的包裹以维持原样的工作量巨大。

我们从来都不认为我们做这些工作是为了尽量减少损失或相应的赔偿。不过，相比之下，我们早已创下美国 A 类铁路的最佳索赔记录。

1938 年 7 月 27 日，加拿大太平洋铁路公司在加拿大太平洋西岸的业务遭受了始料未及的冲击。公司警员莱克 (G. H. Lake) 的出警记录上这样描述：最初，公司滨海船队总部 D 码头东北角出现了几缕浓烟，之后火势迅速蔓延。一个小时内，大火将这座具有 25 年历史的码头和存放在码头的 30 吨货物吞噬殆尽。同时，大火还引燃了码头上的 4 吨烟花，绽放的烟花使沿海居民陷入无端的兴奋之中。

正在加拿大与纳粹德国可能开战之际，英国在位君主的来访给加拿大带来了少有的节日气氛。1939 年国王和王后整个向西的行程都位于太平洋铁路公司广阔的铁路网的安全区域。

大英帝国王后伊丽莎白登上宏伟的澳大利亚皇后号（Empress of Australia），她走过长廊，来到舰桥观看夜间播放的电影，同时还邀请几百名轮休的船员一起观赏电影。

太平洋铁路公司调查局与皇家骑警、省警、市警和伦敦警察厅共同执行警卫安排。同时，公司的铁路运输部编组了公司现有的最豪华的车辆。铁路公司有幸提供运载大英帝国君主的第一列火车，这是二人首次在英国本土外乘坐火车，因此，一切细节必须经过再三考虑。哈德逊型机车 2850 号以及 12 节经过精挑细选的车厢配置极高，车厢外层被漆成了宝石蓝、银色、金色。车厢内部经过重新装修也焕然一新，以便为即将到访的国王和王后提供更舒适的环境。

为了完成这项任务，公司选调了 200 名工程师、消防员、列车长和乘务员，他们都是公司里顶尖的人才。此次为接待国王和王后，他们打起精神，严阵以待，坚守自己的工作岗位。在国王和王后乘坐的列车到达全国各地的任何一个停靠站点之前，都有一名熟悉该地区的铁路警员提前 2 至 3 个小时对主线及其周围区域进行全方位巡查，大多数情况下还有一名熟悉该区域情况的铁路区段长陪同。他们对列车即将经过的所有桥梁和涵洞进行安全检查。

帕内尔局长（Chief Panel）会同调查局各个地区的警长，巡查国王与王后所乘列车行驶的整条线路。辖区警长也是加拿大骑警与铁路公司之间的联络员，在市警、省警和很多一战退伍老兵的帮助下，加拿大太平洋铁路公司的警察完成了巡视全部铁路道口的任务。在乔治六世与伊丽莎白王后走到站台，接见市政官员或参加国事访问时，公司的警察与其他警察以及民兵成员积极合作，认真筹划各项准备工作。

庆典活动主要集中在蒙特利尔（Montreal）、多伦多北站（North Toronto）、温尼伯和温哥华的车站举行。国王造访期间，这些车站张灯结彩，挂满了横幅和各种旗帜，列车在铁路公司的铁路分局所在地增加停靠区域，地方名流和群众沿铁路线热烈欢迎国王和王后的到访。

在计划举办盛大欢迎仪式的地点（如蒙特利尔温莎车站等区域），加拿大太平洋铁路公司策划了详尽的安保预案。同样，在其他计划举行盛大接待仪式的车站，准备工作同等重要。数以千计的士兵、老兵和警察负责此区域的安保工作，为了保证安全，甚至关闭了车站的一侧。火车停靠期间，民众围在预设的警戒线之外，大家恪守秩序，表现良好，没有发生任何的伤亡事件。

第二年，加拿大太平洋铁路公司的副总裁，东部线路的总经理汉弗莱（H. J. Humphrey）在蒙特利尔温莎举行的第 20 届铁路警察局局长年会上做会前发言，他说“有一个月时间”——指的是 1939 年的皇室之行，“铁路设施超负荷运转，成千上万的公民——男人、女人和儿童聚集在车站和铁路周围。但是一切运行良好，所有人都遵章守序，没有出现任何意外。”然而，就在大会举行的前几个月，第二次世界大战爆发了。因此，他的发言显得很悲观。

“我们在这样特殊的时刻齐聚在这儿，文明被邪恶力量无情践踏，超出了我们的想象，”汉弗莱这样说道，“公民的生命遭到威胁，处于险境；在这生死存亡的时刻，民主也遭受了严峻的挑战，我们这些正义之师更应该尽一己之能，贡献最大的力量。”

“我们都有工作，都坚守在自己的工作岗位。我们坚信，黑暗的日子终将过去，法律和道德终将回归日常生活，美好的生活必将属于我们。”

第七章　家园卫士：二战时期

二战伊始，加拿大太平洋铁路公司总裁爱德华·贝蒂爵士将公司全部的资源毫无保留地贡献给加拿大和大英帝国。

2000 多名公司员工报名参军，几乎占公司所有劳动力的 1/4。此外，在加拿大本土，还有 1400 名员工以“准”士兵身份参加预备役。

铁路线是将人员与补给运输到加拿大港口的一种主要通道。加拿大太平洋航运公司也起着相同的作用，将人员、物资运送到欧洲与东南亚战场。英国海军征用了公司里最大和最快的船只，其中 14 艘在战争中沉没。

在陆地上，铁路承担了 3 亿吨物资和 8600 万人次的运输任务。在海上，22 艘轮船在为帝国服役期间行驶累计超过 300 万英里的航程，运送了100万人次的旅客。

太平洋铁路公司机械部生产弹药、防空火炮、轮船发动机和坦克。鉴于公司近期在航空业务方面的经验，还应战争的需求组织开办了6所空勤学校培训领航员。此外，加拿大太平洋铁路公司还将加拿大生产的轰炸机经北大西洋运往英国，最初的轰炸机运输船队为英国皇家空军特种运输大队的建立奠定了基础。

在许多参军的太平洋铁路公司调查局探员中，有一人名叫汤米·格里菲思（Tommy Griffiths）。战争初期他主要负责打击鸦片贸易，而到战争结束时他已经在一艘运兵船上当了两年多的机枪手。

留守加拿大本土的太平洋铁路警察被赋予了另外的任务：保护公司的财产免受破坏，确保运输军用物资的军列安全。日本于1941年12月7日突袭了夏威夷珍珠港，在那之后，所有的执法人员，特别是不列颠哥伦比亚省的警员都被战争牵动着神经。

对警员来说，温哥华海边和码头地区就是战区，他们夜以继日地进行反破坏巡逻。专业乘警登上加拿大太平洋铁路公司被漆成土褐色伪装的轮船进行巡逻。在太平洋集团海底光缆与内陆连接的海岸边，警卫全副武装3点式站位，严阵以待。人员被派驻到一些关键地区，如库特耐区域所有的铁路、桥梁，太平洋铁路公司所属的矿物和熔炼公司。在该区域，加拿大当局正在制造重水，这是制造开发原子弹的重要原料。

由自治领、省警方、军警以及加拿大太平洋铁路公司调查局联合派出的特别警卫有效地阻止了所有的破坏图谋。

尽管敌方战机不太可能进攻加拿大，太平洋集团还是采取措施保护其员工、乘客和重要资料。督察约翰·马占（J. C. Machan）被任命为国土防御协调员，负责协调铁路与国防部门的合作。在位于温莎车站的公司总部，一间用混凝土加固的地下室为两个防空设施提供了充足的空间。太平洋铁路警察监控车站的防空警报系统，全天 24 小时有专人值守。

督察马占与太平洋铁路公司医疗部协作，为太平洋集团的铁路公司、航空公司和快递公司的每一名员工提供医疗急救服务。

1939 年，面对德军即将入侵的威胁，英国开始有计划地将战俘转运至加拿大。在运输战俘的邮轮中，有一艘属于太平洋铁路公司，这就是在战争初期就被英国皇家海军征用的阿索尔公爵号（*Duchess of Atholl*）。当邮轮抵达加拿大时，许多好奇的市民争先恐后来到码头，想看一眼这些敌人——德国国防军士兵、德军非洲军团、德国空军飞行员、U 型潜艇和德国海军水手。

一上岸，这些战俘就被驱赶登上已经就位的加拿大太平洋铁路公司与加拿大国家铁路公司的专列，开往他们战时的目的地——分散于加拿大全国的 26 个战俘营。战俘营行动总指挥是帕内特准将，他也是加拿大太平洋警察局首任局长兼调查局局长。公司专门抽调他参与到运输战俘的工作中。他当时真的无法想象他的铁路职工与警察竟然能够圆满地完成那些任务。

被俘德军军官一旦发现机会就要策划逃跑。一次，当一列满载战俘的列车缓慢通过安大略史密斯瀑布的货场时，两名德军飞行员，弗朗茨·冯·维拉（Franz von Werra）和奥图·赫尔曼（Otto Hollman）敲破了列车的车窗逃脱。一名警觉的铁路工人发现沿铁轨逃亡的德军战俘后立即报警，赫尔曼被再次俘获。精明的维拉则成功穿越美加边境进入了当时还是中立国的美国，最终返回德国原部队。

两名铁路工人比 3 名德国空军上士更精明。3 人虽然逃离了转运战俘营战俘的列车，却被区段长约翰·费丹（John Fedan）和工区领班斯塔德尼克（S. M. Stadnyk）藏身于安大略省诺顿市（距离萨德伯里不远）的一个工具屋。虽然其中一个战俘跳到灌木丛中成功逃脱，但是还未等夜色降临，3 人已经全部落网。

来自萨德伯里的 2 名骑警和 2 名警探成功追击并抓获了逃犯。

发生在加拿大战俘营中最大的一起逃脱案件是 28 名战俘从集中营挖地道逃跑的事件。该集中营位于安大略省奥吉尔地区，苏必利尔湖北岸加拿大太平洋铁路主干线附近的荒野中。由于被关押的地区太过遥远偏僻，他们很难逃脱法网，大部分的人都聚集在附近区域。几个小时之内，5 人被发现在附近的建筑工地靠在墙上睡着了，4 人在逃亡混战中被射杀，第五个人逃到了附近的森林里，但也很快落网。2 人之后重伤身亡。铁路是最简单实用的逃跑路线，但是想避免被抓却很难。

两名战俘，霍斯特（Horst Liebeck）和凯尔·海因斯·格朗德（Karl Heinz-Grund）趁机爬上一列在山坡处减速的火车，把自己塞进了一列冷冻车厢，蜷缩在冰冷的车厢一角，待了数个小时才到达安大略省凯诺拉。他们终于得以爬上另外一列发往西部的空货车车厢。当列车到达阿尔伯塔省的梅迪辛哈特的时候，他们的好运也到头了，被铁路警察抓获，并送往奥吉尔。

在逃出铁路线北部的森林后，另外3名逃犯向加拿大太平洋铁路公司安大略半岛区段长马克·顾派克（Mike Gopek）投降。顾派克只拿着一把铁锹就把这些虚弱的逃犯聚在一起，押送至附近的火车站，把他们移交给正好乘坐军列过站阿尔冈昆团的成员。

轨道工库特芒希（E. Courtemanche）在自己的区段米德尔顿（距离战俘营不远的哨所）进行日常巡护工作时，只用一把手电就勇敢地抓获一名逃犯。一听到有脚步声从小桥西面传来，他马上打开手电筒，亮光照在一个受到极度惊吓的人身上，他举起双手恳求道“别开枪”。当表明自己是逃跑战俘后，库特芒希押解着他沿着铁路线长途跋涉，最终划船渡河抵达了战俘营。

年仅9岁却火眼金睛的睿智少年埃里克·托森（Eric Thorsen）在抓获另外2名逃跑战俘的过程中起到了巨大的作用。省巡警米勒（E. W. Miller）组织了群众民防团，其中包括一些追捕逃犯的学生志愿者。托森是安大略伊格纳茨火车站餐厅经理的儿子，也成功参与抓捕了2名逃犯，其中一名是飞行员，另外一名是无线电发报员。当2人来到火车站询问哪一列车可以到温尼伯时，托森根据警方描述辨认出这2人就是逃犯。

尽管1名逃犯乘坐火车逃亡了很长的距离，但是火车抵达蒙特利尔温莎车站时，他被巡警史密斯（W.E.Smith）和调查员乔治·格威尔（George E.Grave）抓获。在发车前5分钟，行李工奥迪特（Rene Audette）在一列开往纽约的客车上发现了悬在车厢底下的两只脚。这名战俘用一根晒衣绳和一个围巾把自己安全固定在位于列车电池盒之间的列车风管上。在他被移交给加拿大皇家骑警之前，由调查局收押。

战争初期太平洋集团与调查局参与的另外一项任务是将英国政府和平民的有价证券从英格兰运往加拿大。因为如果英国被德国入侵并沦陷，加拿大这个安全的区域将成为防御的中央堡垒。

在战争开始的几个月，有超过1万名英国儿童以“战争旅客”的身份撤往加拿大。大部分由学校的老师和母亲陪同。在安顿好他们最珍贵的“财富”之后，英国的领导人也开始保护国家的财产。

1940年7月底，一艘英国战舰驶离斯卡珀湾，随船有5名英格兰银行的工作人员。他们负责运输价值100万英镑的有价证券和大量黄金。这些证券被放置在一个特质的金库中，在永明保险公司（Sun Life Assurance Company）建造的蒙特利尔自治领广场（Dominion Square）地下50米。黄金将被送往加拿大铸币厂以及美国的坚固金库存放。加拿大快运公司的欧洲分部和总公司经理帮助包装并运输大英帝国“保证基金（官方名称）”。

加拿大太平洋铁路警方同苏格兰场紧密合作，英格兰银行同加拿大皇家骑警合作将机密物资从伦敦码头运往蒙特利尔坚不可摧的地堡中。

英国皇家海军绿宝石号（*HMS Emerald*）横跨北大西洋将第一批价值 6.5 亿英镑的纸质有价证券和金条运抵加拿大，这是当时最大的单次资产运输。一列加拿大国营铁路列车在哈利法克斯将物资转运，加拿大国家快运公司、加拿大皇家骑警专员和安大略省警方秘密接管。

在接下来的 3 个月，包括英国皇室珠宝在内的价值超过 50 亿的财富将会隐藏于永明人寿的第三层地下金库，也被称作壁垒之屋，在战争持续的期间，这些资产都会被放置于此。

这项任务需要海上运输的专项安排，铁路陆运的特殊钢制车厢和每列至少 2 人配置的专业押运员。每列车厢都配有电话通讯设施以确保安全，只能由指挥车内负责监控的高级警官才能负责门禁的开闭。

1945 年 8 月 31 日，超过 1000 个箱子从地下室运往英国皇家海军巡洋舰利安德号（HMS Leander），经由该舰转运回英国。参与此项行动的包括加拿大太平洋铁路公司派出负责运输的 4 名负责人和没有任何标记的卡车车队。加拿大太平洋铁路警察则管制了蒙特利尔水道沿岸的所有交通。巡洋舰停靠于此，任何人未经允许不得驶入标识区域内。

一周后，负责大英帝国基金的英格兰银行代表克雷格（A. S. Criag）前来支付最后的运输费用，还带来一封致谢加拿大太平洋铁路公司此次行动的感谢信，信上写道："借本次机会衷心感谢贵公司在工作中给予的巨大支持、建议和慷慨帮助。这次行动中货物的转载和运输的高效反映出贵公司员工的能力和作风。"

加拿大遥远而安全，远离敌人入侵的威胁，是适合存放贵重物资的避风港。最终，由于加拿大得天独厚的地理位置，1943年盟军选择加拿大作为召开战争高级会议的地区。

当时，盟军在战争中渐渐取得优势。墨索里尼在意大利的家中被抓，德国陆军开始从苏联前线撤退，威胁北大西洋运输航线安全的德国U型潜艇群被肃清，但是希特勒的纳粹军团仍然奴役着整个欧洲。

在战争初期于卡萨布兰卡和华盛顿召开的会议上，美国军事家主张全面进攻欧洲，而英军高层则支持通过伪装、敌后破坏以及战略轰炸逐步击败敌人。特别是帝国总参谋长艾伦·布鲁克将军，十分在意在法国迪耶普所遭受的教训：一波主要以加拿大新兵组成的部队被身经百战的德国装甲部队完全击溃。

为了化解双方僵持的局面，位于魁北克的芳堤娜城堡酒店被选作承办会议的酒店。

前几周是安保工作的重中之重，800名酒店客人被换住到其他酒店，包括莫里斯·杜普莱希（Maurice Duplessis），加拿大政府在野党领袖，2000多项预订被取消。防空炮架设在芳堤娜城堡酒店的房顶上，以及魁北克李维斯河岸的步道沿岸的防空炮，很明显可以推断出有大事要发生。

就在英国首相丘吉尔和美国总统富兰克林·罗斯福，以及加拿大总理出现在主流媒体的报道中时，有一大批太平洋铁路公司的工作人员做了大量幕后工作。

爱德华·贝蒂久病不愈，于1943年年初病逝。之后，科尔曼（Coleman）晋升为加拿大太平洋铁路公司的总裁。同副总裁威廉姆·尼尔（William Neal）一道，管理着全世界最大的交通系统。当芳堤娜城堡酒店经理巴尼尔发愁的时候，加拿大太平洋集团为会议做了准备。整个第三层，共101个房间所有的家具被清空，用作战争备用间。

所有的军事人员、助手、顾问、打字员、雇员和英美代表团的辅助人员都接受了严格安检。太平洋铁警警力严重不足，美国联邦调查局卧底探员和身着正装的加拿大骑警到场增援。英国皇家海军陆战队护送丘吉尔到加拿大登上玛丽皇后号。

会议期间渥太华和魁北克之间政府官员往来也由加拿大太平洋集团负责，包括加拿大总督、加拿大总理和内阁成员。在魁北克会议前后，太平洋铁路公司也为丘吉尔和罗斯福编组了特别专列以供私人使用。

英国首相丘吉尔和夫人克莱蒙特（Clementine）、女儿玛丽（Mary）抵达加拿大后便登上了由6列车厢编组的专列。

6列车厢包括行李车，餐车阿巴斯诺特（Arbuthnot），卧铺车萨默兰（Summerland）和私人车斯特拉思科纳

（Strathcona）、斯蒂芬山（Mount Stephen），以及皇家山（Mount Royal）。1929 年，丘吉尔在出席一个层次相对较低的会议时，就在相同的车厢内休息，能再一次享受一等舱的服务，丘吉尔显然很高兴。“快来看看，玛丽，这是你的卧室”，他对女儿说道，公司报道了他们的对话。他没有忘记 14 年前他住的就是这个房间。乔治·格兰特（George Grant）再次向丘吉尔致以问候，他是丘吉尔上次来访时给他服务过的服务员，这次又由他执乘皇家山号车厢。

除了高层和侦查局的一些成员，其他人直到旅程结束才知道乘客的真实身份。公司函电也没有指出该列火车上的成员。1943 年 8 月 9 日，出人意料，加拿大接到通知，罗斯福将做客自治领。

他将到马尼图林群岛钓鱼度假，之后返回华盛顿。

无懈可击的保密工作是两位领袖休息和娱乐的可靠保证。在专列乘务员的选拔工作中，工作履历和个人背景得到充分的考量。随车机械师全程认真负责，开路车和部门监管乘轨道车为专列开道。两国执法部门通力协作，确保安保工作万无一失。

侦查局在每列与专列可能相遇的列车上派驻着装警员，他们的任务是禁止任何旅客从临近客车下车后登上专列。铁路警方也派出警卫确保专列前方每一座铁路桥梁的安全。

整个战略会议期间，没有发生一起扰乱参会人员的事件。经仔细商议，双方最后达成一致意见。英国指挥官完全支持霸王行动（Operation Overlord）：即盟军自1年之内从诺曼底的海滩登陆，对欧洲发起进攻。战争即将结束。

没有比亚伯拉罕平原、芳堤娜城堡酒店和魁北克城堡的城墙更合适、更美妙的地方了，丘吉尔在广播中向全体加拿大国民说道。事实上，就是如此，事实胜于雄辩，尽管规模要小很多，盟军9月在城堡里连续10天重播了丘吉尔的广播谈话。

直到这时，丘吉尔和罗斯福的安全威胁才得以减轻，两个政治家兼总司令才能从工作中抽出时间来接受麦吉尔大学的荣誉博士学位。

然而对于战时负责本土安全的太平洋铁路警方来说，他们大多数时候的工作并不是充满了光荣的世界级任务，而是打击诈骗和盗窃。某些物资的匮乏以及政府限定特定商品的定量供给导致了一些社会压力，这也是犯罪的主要因素之一。

在战争年代，经济发展内外交困，许多人对生活充满了绝望。

1943年夏，西部专线的1名搬运工人因盗窃烟草被加拿大太平洋铁路巡警逮捕。那一天，他从货车上卸下一箱烟草放在机轮上，打算等到晚上大部分员工下班时返回取走赃物。鉴于这些蓄意盗窃，所有在铁路物权范围内巡逻的着装警员必须在检查车门是否关闭的同时检查货车车厢。结果大量其他物品也被发现用相同的手法藏匿于此，有布匹、食物等。在那之后，这种情况大量减少。

在旅客列车上，乘务员保持警觉，保护乘客的财产安全。

1943 年圣诞节前夕，列车员克林顿·摩尔（Clinton Moore）和波特·亚瑟·约翰逊（Porter Arthur Johnson）执乘一列从蒙特利尔开往温哥华的长途列车。突然 1 名乘客鬼鬼祟祟地穿过约翰逊负责的卧铺车，这一举动引起了二人的警觉。

列车员和波特发现这名旅客外套下藏着什么东西，于是追上去并在硬座车厢的洗手间内逮捕了他。经过搜查，他们发现卧铺车旅客的一条空军军裤被盗，另外一名旅客报警称钱包被盗，钱包里有一些现金和重要的文件。最后在列车到达诺斯贝站移交犯人前，发现全部罪行是同一人所为。

盗贼名叫弗洛伊德·塞尔斯（Floyd Sells），他是一名面临 25 项指控的国际通缉犯，自 1919 年就被加拿大和美国政府通缉。他被移交给乔克里弗的安大略省警方，在诺斯贝出庭受审。塞尔斯当庭认罪，对 2 起盗窃罪行供认不讳，被判处 1 年有期徒刑。

犯罪分子洗劫货运列车的方法也变得越来越五花八门。

"7 月时一列火车运载马匹从阿尔伯塔到温尼伯"，加拿大太平洋铁路公司督察韦伯在萨省对所有的便衣调查员和着装警员说道："火车到站后竟然发现所有马匹的尾巴和鬃毛都被人剪掉了，这导致马匹的价格只能大打折扣。"

"有人告诉我马匹的毛发在市场上能卖高价"，督察说道："希望你们能告知警员在执勤过程中对于卸下的货物要进行监管，确定问题出在哪个环节从而查出真相。"

2 个月后，同一个督察的简报让大家的注意力转到白糖盗窃。在阿尔伯塔省雷蒙德与萨省的白糖销售地区之间的区域，白糖盗窃案频发。因为这两个区域一个区域是加工和包装白糖，另外一个区域主要是销售白糖。

盗贼们用钻孔机在货车底部地板上钻一个 0.75 英寸的洞，通过这个洞将白糖偷出去。盗窃都发生在车辆等待编组连接的区域 。截至案发前，200 磅白糖已经不翼而飞。

直到斯威夫特卡伦特警方要求巡警对运输白糖的列车底盘进行日常检查，当地列车检修工长和列车检查员也特别留心检查的时候，盗窃案件才得以遏止。

二战期间有 22000 多名加拿大太平洋铁路公司员工加入现役部队。其中 658 名在战争中阵亡。而那些战后归来却因战争负伤的许多员工带着完好无损的资历和退休资格回到了原有的工作岗位。这个政策同样适用于几百名通过后勤工作支持加拿大和英国政府对敌战斗的员工们。

加拿大太平洋铁路公司响应了国家的号召，全体员工也极其出色地完成了任务。战争胜利在望，公司总裁兼主席科尔曼在 1943 年的演讲中总结道："我坚信没有人能超过我们太平洋铁路公司的全体员工对国家所作出的贡献，我们忠诚服务祖国。"

在战争结束的第一年，太平洋铁路警方实施的逮捕不足 2000 起，平均每名调查员 5 起，定罪率大约为 98% 。

在确信调查局工作回归原本的重心即加拿大太平洋运输网络的主要安全机关之后，帕内特辞去调查局局长一职，并支持卡迪厄成为下一任局长。

局长海克特·卡迪厄简介

海克特·卡迪厄（Hector Cadieux）被提名为加拿大太平洋铁路调查局局长一职。这完善了他的两次作为常务局长的职业生涯：第一次是在乔治·张伯伦1923年退休到帕内特将军被提名之间的17个月；第二次是从1940年到1943年，他在部队中服役。卡迪厄从基层做起，逐步晋升。他从调查员开始做起，1915年成为东部和大西洋分部的督察，1917年任魁北克分部的督察。1921年被提名为局长助理，1925年任主任助理，1943年任副局长，1946年9月成为局长。1943年6月，他的名字还出现在英国国王（乔治六世）的生日荣誉名单上。

很少有人比卡迪厄更负盛名，1913年加入刚刚成立的侦查局。在自治领巡警联合会、魁北克省警察厅、消防警察协会等机构都做过主席，他还历任美洲铁路协会铁路保护分会的副主席和主席，他还是蒙特利尔狮子俱乐部的会员。50年的警务生涯始于加拿大主干线铁路，1954年1月1日他从加拿大太平洋铁路集团退休。

1945年5月16日，加拿大太平洋铁路公司调查员在多伦多的皇家约克酒店缴获了乔·佩尔蒂埃的枪支。佩尔蒂埃持有4把上膛的散弹枪，5000美元现金。这些钱是他参与最近一起安大略银行抢劫案后所分得的赃款。

这个案件使得铁路警察遭遇了米基·麦克唐纳（Micky Macdonald）/尤利西斯·落宗（Ulysses Lauzon）团伙。此团伙被许多加拿大执法人员认为是扰乱加拿大的最邪恶的枪手组织。

在某些方面，铁路警察比他们位于各个省市的同行有更大的权限。那时和现在一样，铁路警察的执法权限都是来自于《加拿大铁路法》的相关条款。因此，尽管他们的辖区仅限于铁轨两侧 0.25 英里的范围，但是他们的管辖权可以说是有加拿大那么大。在一次即刻抓捕的案件中，铁路警察有权到任何地方追捕盗窃铁路财产的犯罪嫌疑人。有时加拿大太平洋铁路公司调查员也会宣誓作为皇家骑警的特别成员，获得相应地区的执法权。在大城市的中心，铁路警方也用双向电台监控电波，主要是侦查盗窃加拿大太平洋快运公司卡车的行为。

在其中一起案件中，正当蒙特利尔一个臭名昭著的黑社会成员接手一件被盗货物时，加拿大太平洋铁路公司警方冲进蒙特利尔铁路货场，盗贼和放风同伙被抓了个现行。还有一次，铁路警察逮捕了 1 名“有事业心”的年轻人。他戴着偷来的货运员的帽子，拿着清货单，冒充加拿大快运人员包装并变卖垃圾及收款。

诈骗分子对加拿大太平洋铁路公司的图谋从未休止，但是都不是源自恶意破坏。大多数毛贼都只是想在加拿大太平洋铁路公司和国家铁路公司的火车、车站和宾馆进行诈骗。加拿大国家铁路公司特别探员莫纳德和加拿大太平洋铁路公司调查员比斯奈特联合执法抓获了一批造假老手，他们忙着诈骗两家公司酒店的顾客。

诈骗的出面人物是詹姆斯·麦基恩（James Mckeen），穿着洋气，看似好人，他如沐春风地走进铁路酒店，手提贵重行李，用不同的化名入住。每次都询问有没有他们公司寄给他的信件。

“啊，我上周消费的账单，”麦基恩接着声明为了酒店工作人员的利益，拿出了一张套现的支票。因为支票已被验视，所以一切正常。那天晚些时候，麦基恩从雇主那里获得消息，要求他另到别处。接下来的几天，他已经汇兑的支票一直被退回。

2名铁路警察不断走访，到他诈骗的酒店走访，用文字记录了对他的描述，记下了他所有的化名并把背景消息传给了当地警方。

在线报的帮助下，莫纳德（Menard）和斯奈特（Bissonette）在魁北克芳堤娜城堡酒店抓获了正在行骗的狡猾骗子，但还是没能阻止他用电话支票套现800美元。麦基恩的同伙，一个叫作威尔弗雷德·海因斯的角色，也被发现是幕后操作。此时，他正躲藏在蒙特利尔，充分利用一个小型复印设备制造生产假公司信笺抬头。令人赞叹的是他制作的不同银行的橡胶图章。麦基恩因造假被判入狱3年，海因斯被判入狱5年。

加拿大太平洋铁路公司侦查局的成员也经常参与行李、包裹盗窃案件的侦查工作。仅1946年一年，太平洋铁路警方就为旅客追回价值3.5万美元的个人物品。铁路所属酒店的警务需求也在不断增加。好的“酒店警察”当时被称作“酒店侦探”，需要具备一定的观察与推理能力，还要有灵活的头脑以及良好的交际能力，以保护城市和旅游目的地的酒店、监管500~1600个房间。

在战争结束之后的那几年，整个公司内酒店的入室盗窃和“跟踪”偷窃行为都非常猖獗。

1948年春天的一个晚上，2名正在调查温尼伯皇家亚历山大酒店盗窃案的加拿大太平洋铁路公司调查员在一个房间内设伏抓捕犯罪嫌疑人。当晚下班时，他们把门关闭但并未上锁。他们用一根黑色鱼线连接钱包和灯的开关，一旦有人牵拉衣服，屋里的灯光就亮了。直到凌晨6点，一切平安无事，突然有人打开门偷偷潜入开始翻动他们的东西。电灯突然打开，盗贼马上冲向大门想要逃跑，2名调查员立马追缉。

经历了短暂的搏斗，这名贼人被制服了。他的同伙是自己的亲兄弟，之后也被捕。2人因抢劫未遂受审定罪。

在警方沿着伊丽莎白大道高速追击后，连续在安大略诈骗商人的4名嫌疑犯于1948年7月14日被捕。这些人属于一个诈骗团伙，该团伙从太平洋铁路艾琳站诈骗了6000美元的空白汇票和价值2万美元的空白汇票，并且正在进行汇兑。

警方称这些人在把偷来的空白汇票在艾琳站兑现后逃往汉密尔顿。空白汇票是以一名叫作威廉·甘恩退伍老兵的名义伪造的，此人的钱包在本案发生时被盗。据犯罪嫌疑人交代，他们已经在多伦多、汉密尔顿和尼亚加拉大瀑布等地兑换了9张面值 100 美元的汇票。

案件破获和嫌犯逮捕要归功于汉密尔顿的警探克利福德·迪恩（Clifford Dean）和阿尔伯特·切纳里（Albert Chenery）、多伦多警探约翰穆雷、和加拿大太平洋铁路公司调查员麦克洛普（McKillop）。

流浪汉的非法扒车问题也是他们另外一个关注的问题。在战争即将结束的那几年，仅在加拿大太平洋铁路西线地区，就有 13 名流浪汉因非法扒车导致死亡，20 多人受伤。

此外，铁路警察有了全新的管辖区域。在加拿大太平洋铁路公司总裁爱德华·贝蒂的指示下，加拿大太平洋航空公司成立。主要负责战争初期将加拿大制造的轰炸机经大西洋航线运往英国。加拿大太平洋航线于 1942 年 5 月 1 日实现首飞。

如果大部分人都没听说过加拿大太平洋航空公司，但发生在 1949 年的一个事件让大家记住了这个新成立的航空公司。当时全世界的各大报纸都在报道与该公司相关的内容，局长卡迪厄负责的警队也参与了轰动一时的案件侦查工作。

1949 年 9 月 9 日 10 时 45 分，加拿大太平洋公司航空公司 108 号航班从蒙特利尔例行飞往贝科莫，一个位于魁北克西北 270 英里的城市。在做了短暂停留后，8 名乘客下飞机，7 名乘客登机。随后这架坚固闪光的 DC-3 型飞机又一次从省会让·勒萨热机场起飞。

起飞数分钟后，飞机爬升到 3000 英尺的高度，刚刚飞过奥尔良岛的最北端。一群乘坐圣劳伦斯号轮船顺流旅行的旅客在甲板上看到飞机机体冒出白烟。2名正在附近加固道砟的加拿大国家铁路公司的区段工人也看到了飞机遇难的迹象。当他们还在担心发生更糟糕的状况时，就目睹了飞机坠落的全过程。2人迅速跑到最近的通讯点用铁路轨道专用通讯电话告知当局发生的事故。调查显示该事故也是加拿大最骇人听闻的空难和一起最臭名昭著的犯罪。截止到当天下午4时，一架搜救飞机在图尔芒特山顶下的一个空地发现了108航班的残骸。加拿大航空公司总裁格兰特·麦康纳基（Grant McConachie）已经从位于温哥华的总部向东部飞去。格兰特总裁本人在成为航空公司高层管理人员之前是一名经验丰富的专业飞行员，随行的还有加拿大太平洋航空公司的专家级航空工程师。截止到夜幕降临，加拿大骑警、联邦交通部、魁北克省警察厅等几个政府部门的代表也参与到案件调查中。

几个小时后，一个由警察和航空公司工作人员构成的小组登上了图尔芒特山，小组成员中有一名律师叫特伦斯·弗拉西夫（Terrence F. Flahiff），他曾经是108号航班首航第一批旅客，从蒙特利尔飞往魁北克。他先前就已经被飞机失事的报道震惊，在努力攀爬到达了坠机地点后，他被眼前的这一幕惊呆了：

这架DC-3型飞机的尾部损毁，律师后来回忆道，从他站的地方看去，软白的月光如探照灯一样照在飞机的外壳上。尾翼直直插入地面，露出30英尺，看起来像一个银色十字架。

次日，加拿大芳堤娜城堡酒店的大堂，省警方、联邦警察，以及当地警方汇集在一起同航空公司的专员、调查局的探员交流信息。弗拉西夫也在场同调查局分享了一手信息，描述了他之前乘坐该飞机时关于飞机和机组人员的情况，同时告知了自己后来对于坠机现场的印象。他对魁北克分局督察让·贝朗格（Jean Belanger）印象深刻。他和另外一名高级调查员朱尔斯·佩罗（Jules Perreault）都是局长卡迪厄派出的全权负责案件侦破的调查员。

“作为一名前检察官，我觉得我能够判断出他是不是一名很好的警察。”他在为读者文摘写的一篇获奖的故事中写道：看到这两个人，我有预感他们是最棒的警察。

贝朗格派警员安德鲁·斯托特（Anderew Stott）到事故现场，而朱尔斯·佩罗开始整理信息：108 号航班上所有乘客的名单，此航班的行李运单信息，以及不计其数的证人证词。

9 月 11 日，周日，斯托特向贝朗格和卡迪厄报告：不幸的 DC-3 型飞机残骸以及机组人员和乘客的遗骸正由省警方日夜职守，他们目前没有向加拿大太平洋铁路警方提出协助要求。他还提到尽管警方努力保护现场，但一些记者、摄影师和好奇的大众千方百计地聚集在事故现场，还是无法系统地进行残骸搜查工作。

加拿大太平洋公司并不了解谁应该对事故负责。但受害者家属必定会提起大量的损害赔偿诉讼。一个人已经谋划好了自己的套路，他就是 31 岁的阿尔伯特·加伊（J. Albert Guay）。他是一名女性遇难者的丈夫。加伊在公众面前悲痛欲绝，接受媒体采访，但同时他同一帮乌合之众一样想非法进入坠机现场。这帮乌合之众包括小偷小摸的犯罪分子、“纪念品猎人”和各式各样想到事故现场捞上一笔的家伙。加伊的名字很快被铁路警方大胆地画了横线，他被纳入了侦查范围。

应太平洋航空公司的急切要求，警方对108号航班机组人员的遗体进行了尸检，以确定飞行员是否因突发疾病而失去了控制飞机的能力。

一些参与现场勘查残骸的调查员很快相信飞机在飞行中已经爆炸。他们同爆炸地点附近的当地目击者核实，有人听到类似的爆炸声，看到在飞机坠地之前有物体从飞机上掉落。第一批应急响应人员也报告称在坠机现场有微甜的气味，这让他们想到了战场上爆炸后炮弹弹壳所散发出的气味。

实体证据也令人信服：飞机的一对螺旋桨的末端都是向前弯曲，工程师称这就意味着螺旋桨在飞机坠地的一瞬间仍然在旋转。没有任何迹象表明发动机产生了故障，飞机操控性能良好而且油箱内燃料充足。此外，当所有的残骸被验视之后，飞机所遗留的残骸也基本能够确定爆炸发生的位置——位于飞机左侧，飞行员后部的行李舱。距离行李舱最近的座位在飞机坠毁地0.25英里之外被找到，这就得出了一个必然的结论：这个座位是在108号航班飞行中被剧烈地抛离出来的。

灾难发生后5天，也就是9月14日，一个验尸官陪审团开会考虑正式宣布坠机调查结果：“因不明原因造成的爆炸事故，而非来自于飞机的内部故障。”

该结果免于追究了加拿大太平洋航空公司对于受害者生命的直接责任，但是公司对这个结果却很难接受。督察贝朗格将朱尔斯·佩罗的详细调查结果传阅给魁北克警方以及加拿大皇家骑警，充分利用一切可能的资源进行调查。

在对108号航班上所有的乘客和机组人员的背景做了调查后，调查员佩罗最后把注意力聚焦到丽塔·莫雷·加伊（Rita Morel Guay）身上。她是家庭生活稳定的女性。她在魁北克登机，飞往贝科莫。在贝科莫她替从事珠宝销售生意的丈夫带到飞机上两个公文箱。

阿尔伯特在事故发生3天前在太平洋航空公司位于芳堤娜城堡酒店的售票处购买了飞机票。佩罗也发现了这名珠宝商人同一天为他的妻子购买了价值1万美元的人身保险，之后他们共进晚餐，观看戏剧。

而佩罗了解到阿尔伯特·加伊在去年6月因持枪威胁1名19岁的女服务员被捕。进一步调查发现阿尔伯特为他的年轻的情人玛丽安·洛比塔尔（Marie-Ange Robitaille）租了一套公寓。玛丽安已经受够了，不相信他与妻子离婚的承诺，她扬言要离开这个两面三刀的无耻男人，因此阿尔伯特·加伊莽撞地跑到她工作的饭店进行武力威胁，调查员们看到了谋杀的动机。

另外一个重要的谜题出现了，佩罗发现108号航班的货运单上有一件行李没有明细记录，只是标记为“易碎物品”。这件28磅重的包裹是一个女人送到机场的，行李员只是模糊地记得这个人是个矮胖的女人，穿着黑色的大衣。调查发现发货人、收货人的名字和地址都是伪造的。

对身着黑衣的神秘女子的追查开始了，这名嫌疑人被报纸描述为“乌鸦女士”。所有的魁北克出租车司机都对行程有着详细记录，通过这些记录警方能够发现在9月9日早上只有一名司机开车载着一名女性乘客和行李往返机场。经询问，司机清楚地回忆起这个女人，还包括她给了3.45美元的车费和0.55美分的小费。在听到坠机的消息后，他还对一个熟人说：“我送到机场的那个女士的包裹肯定没了。”

太平洋铁路公司的调查员们很快就发现这个女人名叫玛格丽特·皮特（Marguerite Pitre），是阿尔伯特·加伊的一个朋友。战争初期两人曾经在魁北克市的圣马洛兵工厂一起工作过。经过询问，她承认了曾替加伊运送包裹到机场的事实。但她发誓那个包裹里只装着宗教的雕像。调查还发现因购买珠宝，她欠加伊700多美元。

调查还发现在兵工厂的所有雇员中，还有一个人是皮特的弟弟吉尼罗·鲁斯特（Genereux Ruest），他是一个身体残疾的制表工人，能够制造炸弹的计时装置，最近还与阿尔伯特·加伊有着频繁的生意来往。他经常为加伊修理珠宝和时钟。一个邪恶的阴谋慢慢地浮出水面。

用4个月时间进行实验，搜集证据指控3人。魁北克警方雇用了卢锡安·加内尔博士（Lucien Gravel），他是拉瓦尔大学的化学教授，主要是测试一系列的类似爆炸装置。局长卡迪厄和太平洋铁路公司调查局请来了化学专家，对飞机上的布料和行李碎片完成了2000余次测试，发现了电池和爆炸物的痕迹。

一系列如山的证据被细心地挑选和分析，卡迪厄派出加拿大太平洋铁路公司警员保护坠机现场不被破坏。白天顶着太阳，警员们只配发了一顶帐篷。虽然工作乏味，但他们装备有必要的背包，食物供给，大衣、靴子、帽子和雪地靴，保证他们能够舒适地完成任务。

“最好能在帐篷的较高的一侧挖一条小沟排水，因为在下雨的时候，水一定会沿着山体往下流。”局长卡迪厄在他慈父般的回忆录中给他的警员们写道。在任何情况下，警员们都不会在雨中吃饭休息，因为警方为他们在附近的居民区安排了食宿。每人2.5美元一天的伙食标准，1美元一天的住宿条件保证他们每天都有舒适的睡眠。

轮班守卫坠机现场的警员也因加班获得了相应的补助。

加伊在一个全部由男性构成的陪审团中受审。诉讼于1950年2月24日开始。加拿大太平洋航空公司最重要的技术证人是公司的总工程师梅尔维尔·弗兰西斯（Melville Francis）。他的证词获得另外一名代表大卫·特内特（David Tennant）的支持，大卫是竞争对手公司泛加拿大航空公司的副总工程师。

自始至终，被告看起来都相当镇定，甚至在指证的一段时间内睡着了，他没有自我辩护。

他唯一一次显露出感情是当听到玛丽安在证人席声称不再爱他的时候。

阿尔伯特·加伊于3月14日被判有罪。经过17分钟的商议，陪审团宣布他“有罪”。“你犯的罪名臭名昭彰”，在宣判时，首席大法官阿尔伯特·赛维尼（Albert Sevigny）对这名冷血杀手说道，“你的所作所为太无耻了。”

加伊决定把同伙也拉下马，因为许多指证他的证据是皮特和鲁斯特提供的，他现在决定以同样的方式回击他们。他立即动手写了40页的文件指证2人参与犯罪的策划及实施。作为定时炸弹的故意制造者鲁斯特被逮捕并被控谋杀罪。

陪审员对指控他的一系列证据印象深刻，1951年1月3日，陪审团宣布他有罪，9天后加伊被绞死。

皮特女士在鲁斯特受审期间被捕，她发现自己同时受到多项罪名指控：谋杀、自杀未遂、作伪证、威胁证人。在他的弟弟被定罪2个月后，她也被判有罪。在最终裁定前，当法庭问她有什么话要说的时候，她借此机会把法官比喻成彼拉多（钉死耶稣的古代罗马的犹太总督），自己则是受难的耶稣。

尽管兄妹二人先后上诉，但诉求都被驳回。1952年7月25日鲁斯特被绞死。督察贝朗格目睹了鲁斯特被执行死刑，而他已经被提名为加拿大太平洋铁路公司侦查局的局长助理。另外参加的还有朱尔斯·佩罗和斯托特。继鲁斯特之后，皮特于1953年1月9日被送上了断头台。

3年之后，本尼迪克特接替退休的卡迪厄成为调查局局长，他接到了一封魁北克省警察厅警长莱昂·兰伯特关于108号航班的信件：

根据航空法律法规的相关规定，坠机现场未被挪走的飞机碎片应当被漆成橘黄色，以便所有的飞行员表明相关部门已经了解该案件，报告是未经授权的。兰伯特说道：飞机被新来的人看到和报道，检查总长的部门下令调查，这让我们找到了太平洋航空公司的飞机，伯赞找专人清理了坠机现场的残骸，所有的东西被托运至了附近的垃圾堆。

在战后的岁月中，有一件比所有的事情都让太平洋铁路和国营铁路警方烦恼的事情：青少年犯罪。年轻的男孩子经常会跑到铁路设施附近做坏事：朝列车窗户丢石头，破坏电线杆上的绝缘体，破坏电气开关，在铁轨上设置路障，偷盗一切没有落锁的东西。

所有的警方都遇到了类似的问题，大多数开始从社区着手解决青少年犯罪的问题。为了让青少年不再害怕穿警服的警察，调查局的警员门采用了非常耳熟能详的法律宣传语“穿蓝色衣服的人是你们最好的朋友”。犯罪成了警察协会最喜欢的话题。大城市的警察局专门成立解决青少年犯罪问题小组。警官和警员门学习儿童心理学，设计切实可行的策略应对青少年犯罪者。

在所有的案件中，铁路警方做到了以下几个方面：联系少年犯罪者的父母或者监护人，向他们解释侵犯铁路财产行为的严重性，告知他们这种行为对于铁路职工和旅客安全造成的潜在危险。警官们还到铁路临近的学校里进行铁路安全知识讲座，这也是一种非常有效的方法。在一些小镇和村庄，青少年犯罪者若犯下不是很严重的罪行，他们必须出庭受“审”，这个特殊法庭是由当地镇长、医生、牧师和老师构成的，目的是让他们能够接受教育，了解自己的错误行为。

加拿大太平洋铁路警方对调查局警员的培训变得比以往更复杂、更细化。战后新入警的成员最低身高要求为5英尺10英寸，最低体重是160磅。通过统一体检后，警员配发合身的警服，宣誓就职，之后进入为期12个月的见习期。

许多来应聘铁警的人员都是退伍军人，或者是在加拿大皇家骑警等执法机关中工作过，他们所接受培训的内容不仅包括熟悉新的环境，也囊括了基础的警务技能。

为了满足日益增加的专业培训需求，加拿大太平洋铁路公司调查局在温尼伯创建了自己的警察学院。

后续对调查员和高级警官的培训也在位于渥太华的加拿大警察学院进行。

在战争即将结束的几个月后，一名来自温尼伯西线的加拿大铁路警方督察总部的警官菲林汉姆设计出了一套关于新警的标准训练模式：通过10天强化训练使受训警员掌握转轮手枪射击专业技能。连续的射击训练提高了见习警员的射击水平，用加拿大太平洋铁路公司发言人的话来说：大卫玩手枪就跟玩弹弓一样熟练。

警员的训练手册上有这么一句话：当犯罪嫌疑人正在对他人进行不法侵害时，警察可以使用武器，但是从广义上来说，加拿大太平洋铁路警方只能在两种情况下合法使用武器：个人或者他人生命受到威胁时。

运输公司和警察局长联合会共同举办了第一届警察转轮手枪射击比赛。加拿大太平洋铁路公司调查局的每一个辖区都派遣一支5人小队参赛。1927年，调查局各支队伍分别获得了安大略省、新不伦瑞克省、不列颠哥伦比亚省和萨斯喀彻温省的冠军。加拿大太平洋铁路公司调查局参赛队员连续在1930年、1932年、1933年和1934年的比赛中打出了加拿大最高环数。

调查员约翰·麦克唐纳（John H. B. Macdonald）连续3年获得了安大略省转轮手枪射击比赛的冠军。在那个年代，他是加拿大最佳射手之一。他帮助多伦多的许多警员提高了射击技术，并且在多伦多大学教授箭术。他还是该项目每年一度多伦多“魅力运动员节目”的纪录保持者，该纪录保持了数十年。

调查局要求每一个成功的学员都必须通过圣约翰救助机构的救助和其他急救训练测试。多年来，多名铁路警察成为急救方面的老师，向其他警员和民众教授相关急救知识，成果丰硕。

除了学习射击与急救，新警们还通过课堂教学与现场教学结合的方式熟悉铁路运输的相关知识。他们学习火车的机械构造、铁路设施所在地的信息、铁路相关经营活动，以及铁路标识和信号的含义。

他们学习使用各种铁路和个人携行装备，学会判断铁路各类异常状况。

一些学员会产生这种想法：为什么铁路公司要使用这种不坚固的小封条来密封每一扇门、每一节驶离货场的列车呢？为什么不设计一种更好的装置来保护货物呢？然而，他们很快就明白：既然你无法阻止心怀不轨的盗贼破门而入，那么我们就可以利用被破坏的封条所提供的证据准确地发现运输途中最薄弱的路线。若一名警员在检查中发现了密封条损毁，那么根据之前最后一次密封条完好无损的检查记录，他就可以大概推算出盗窃行为发生的时间和地点。相应地，他就可以展开调查或者提前为抓捕犯罪分子做好准备工作。

不仅要做一名优秀的射手、侦探和铁路通，见习警员还得成为一个合格的机械师。当货运列车满载开往终点站，如同在战争中数以千计的列车在运行，调查局各位警员的任务是检查每一节电池、每一个接头和化油器，更不用说更为明显的配件，如车灯和车轮。在训练结束前，每一名警员都会在一晚上检查200节至300节列车，以处理各种各样的情况。

为期12个月的见习期即将结束，迎接他们的是一个能力测试，通过之后才有资格被授予三级警员警衔。走出调查局大门的人中，只有1/3的人能够达到这么严格的标准。

从公众的角度来看，最终培训出的警员如同加拿大太平洋铁路公司宣传部门所做的介绍词一样："他们身长6英尺，体格魁梧健壮，身着蓝色哔叽制服，脚穿黑色闪亮皮靴，头顶大檐警帽，手带白色手套。"所有这些外貌特征描绘的就是大众在车站站台上日常见到的铁路警察，他们职守在太平洋铁路公司从圣约翰到温哥华的每一个重要的火车站。

铁路警察不仅体格健壮、训练有素，还需具备决断能力和社交能力。"如果你问他们其中一人：他们一天工作中需要回答什么样的问题，”宣传词的作者说道，“他会报以微笑，然后转移话题。不经意间，你自己已经加入了提问者的大军。如多数人一样，他有很多的事情要处理，并不喜欢讨论此类话题。”

加拿大太平洋铁路警察不仅能够机智地应对难缠的醉汉，也能护送孱弱的老太太从候车厅到站台。在他脑海中存储着各种各样的知识，法律知识、铁路法规、公司规定以及旅客们想知道的信息。因为许多人慌慌张张，开车前几分钟还在问各种问题。

“我们希望所有警员在公众面能够保持礼貌，”加拿大太平洋铁路公司警员马占（后期成为调查局局长）习惯教导新警员们“拥有警徽，享有执法权并不意味着什么，我们不期望也不想让你随意使用权力，除非你认定必须使用的情况。当你看到货场里有异常情况发生，无论面对的是铁路职工还是窃贼，都必须一视同仁，文明礼貌地与之沟通，不能无缘无故妄下结论，把此人就当成犯罪分子，因为你会发现如果文明执法，他们会更加配合。假使该人员拒不配合，那么就应该显示你的权威了，这就需要警员们根据实际情况酌情处理。”

公司劳动力更加稳定，这是战后的显著特征。调查局新警员也得益于此。曾经许多铁路工人只是周期性的短期临时工，与工作联系不太紧密，性格通常也有着各种问题。而现在加拿大太平洋铁路公司员工大多诚实可靠，辛勤工作，有家有业。他们精通业务，热忱为公司服务。铁路警察与一线铁路工人之间也呈现出更加和谐的工作伙伴关系。

第八章　专业队伍：冷战年代

20 世纪 50 年代是和平与发展的 10 年。在 50 年代，加拿大国民生产总值超过了 180 亿。10 年之后这个数目翻了一番。如果一个工人本本分分地工作，他的周薪可以达到 45 美元至 73 美元，有些甚至更多。

在这个时代，交通运输业发生了翻天覆地的历史性变化，这些变化极具历史意义。大型航空公司接连出现，更重要的是，家用轿车前所未有地崛起，这些无情的竞争触及铁路部门底线，令它们压力倍增。在新建的高速公路上和新建的郊区房舍之间，加拿大人购置的 350 万辆汽车川流不息。经济紧缩和战争的牺牲刺激了人们的购买欲，他们购买可以满足新生活方式的物品以及他们想要并能买得起的奢侈品。

铁路公司用更有效、更经济的柴油机车替代了曾经令人引以为傲的蒸汽“铁马”，而在这个时候，行动部和市场部人员也开始面对乘客数量剧减这个残酷的现实，战前的盛况一去不复返。北美洲的铁路未来将偏重货运。铁路警察职责发生了前所未有的改变，他们更多的是在车场里巡逻或是检查当地货仓，而不是在车站大厅走来走去，或者尽职尽责地站在轨道两侧的站台上。

新型的铁路网需要巨大的铁路货运编组站来集散越来越长的货运列车，这些货车随后将开往全国各地。特殊货运汽车则把货物直接从生产商处送到顾客手上，这就降低了货车遇到盗贼和遭到破坏的概率。

1951 年 10 月，英格兰未来的女王伊丽莎白公主（Princess Elizabeth）和她的丈夫菲利普亲王（Prince Philip）到加拿大开始战后第一次皇家访问。他们即将参与由加拿大两大跨国铁路公司——加拿大太平洋铁路公司和加拿大国家铁路公司的最后一次大型跨国旅行。从铁路警察的角度来讲，此后在火车站再没有如此大型的、能吸引这么多人的公共活动了。

当时，太平洋铁路公司负责伊丽莎白公主和爱丁堡公爵（即菲利普亲王）的安保工作，加拿大太平洋铁路公司调查局在卡杜（Cadieux）局长的领导下，协助总体安保工作。

最初，人们预计这对皇家夫妇会乘坐太平洋铁路公司的法兰西皇后号抵达加拿大。然而，在日期临近时，由于公爵患病，就打算将行程推迟到他病愈之后。在加拿大，这对皇室夫妇除了乘坐数百英里的加拿大太平洋铁路，还将出席由铁路公司安排的典礼，在公司的宾馆用餐，并且乘坐穿越大西洋的苏格兰皇后号返回英国。

第一天的高潮是国宴。宴会由受人尊敬的魁北克省省长莫里斯·杜普利斯（Maurice Duplessis）先生主持，在太平洋铁路公司所属的芳堤娜城堡酒店举行。这个国际知名的酒店之所以能够承接这次活动，缘于1939年伊丽莎白公主的父母乔治五世国王和伊丽莎白女王造访该国时，曾经做过同样的接待。在这次访问中，皇室成员的安全问题成为太平洋铁路公司考虑的重点。于是，他们在芳堤娜城堡酒店住宿期间，铁路公司调查员让·贝朗格（Jean Belanger），朱尔斯·佩罗（Jules Perreault）和加斯顿·德洛姆（Gaston Delorme）全程在场，以免安全上出现意外和纰漏。

在多伦多，铁路部门专门在乘客火车调车场为皇家火车准备了几条轨道，供其夜间休息。他们用1000块砾石沿着轨道铺了3000码长的路，并在两边插上几个15英尺的旗帜，用于达到州级和皇家的标准。自10月12日抵达时，这对皇室夫妇就住在火车上，直到他们第二天离开。

尽管没有对火车的外部进行重新喷漆，但火车内部却进行了相当程度的装修，尤其是殿下以及他们近身随从住的车厢。

皇家约克酒店（The Royal York）是当时大英帝国最大的宾馆。10月13日在此举行的一个贸易委员会的午宴上，爱丁堡公爵做了一场1700人在场的演讲。高潮部分是那个晚上的官方晚宴，由安大略省（the Province of Ontario）、省督（the Lieutenant Governor）和多伦多市（the City of Toronto）宴请。

跟父母当年一样，伊丽莎白公主游览了太平洋铁路公司部分的路线，登上皇家哈德逊蒸汽火车（Royal Hudson）①专列的机车。在温尼伯的皇家亚历山大宾馆举行了几次官方活动，在萨斯喀彻温省（Saskatchewan）②的里贾纳宾馆（Regina's Hotel）和卡尔加里市（Calgary）③费尔蒙帕利斯尔酒店（The Fairmont Palliser）举行了午宴和记者招待会。所有这些活动都需要高级别安保。

“对于调查局来说，这段时间让人焦虑不安，”1951年，加

---

① 该轮船应当得名自加拿大的“哈德逊湾”，哈德逊皇家蒸汽火车自1940年开始行驶，靠一部巨大的蒸汽机行驶，从北温哥华到史魁密，它至今是北美洲唯一仍在行驶的蒸汽火车。——译注

② 萨省被誉为加拿大的“产粮之篮”，以牧场和麦田而闻名。面积65.19万平方千米，占全国面积的6.5%，其中森林面积约35.2万平方千米，湖泊面积约8.16万平方千米。人口1033381(2011)，60%以上的人口居住在城市。萨省居民具有多种族背景，而无边的土地和开阔的天空使得这个省份以美丽的日落而闻名。南部是波状起伏的平原，北部三分之一的地区属于加拿大地盾。主要河流有丘吉尔河，南、北萨斯喀彻温河等。农业高度机械化，盛产小麦、大麦、亚麻等。矿藏丰富，铜、锌、煤、金、石油、天然气等开采业很发达。工业以屠宰、肉类加工、炼油、乳制品、面粉和制作麦片等为主。主要城市有里贾纳、萨斯卡通、穆斯乔等。——译注

③ 卡尔加里又称卡城，是加拿大第四大城市，是一座位于加拿大艾伯塔省南部落基山脉的城市，面积789.9平方千米，海拔约1048米。是艾伯塔省的经济、金融和文化中心。卡尔加里一词的意思是“清澈流动的水”。这里早先是一个牧场，20世纪发现了石油和天然气，经济得到迅速发展。世界上包括中国在内的众多石油公司（中石油、中石化和中海油）都在这里设有常驻机构，很多能源公司的加拿大总部就设在这里，因此卡尔加里是加拿大的能源中心以及北美第二大能源中心。卡尔加里的工程师密度是全加第一，多次被评为“世界上最干净的城市”。1988年第15届冬奥会在这里举行。——译注

拿大太平洋铁路公司员工杂志《观察者》（Spanner）的一篇文章披露，“副局长内尼迪克特·博赞（Bennedict Bouzan）主要协助本区的安保工作，他安排手下的人日夜轮班。警长菲林汉姆（W. Fillingham）管理西部线路的在编警察，在参加温尼伯政府晚宴之前，他负责引导贵宾们到火车上小憩。”

警长是个老牌骑兵，却在安保巡逻时站了一整天。

局长卡迪斯负责皇家火车内部和四周的警务。在活动结束不久，他告诉蒙特利尔狮子俱乐部（Montreal Lions Club）成员，当时的群众，尤其是小孩子是怎样欢迎皇室成员的。到处人头攒动，他说，人们跑了 50 英里只为一睹美丽公主的芳容。

调查局参加了此次接待人员的筛选工作，他们与加拿大皇家骑警、州警和地方警察一起制订安保方案，在皇家列车到达每一个停留地点之前，想到每一处细节。列车和每节车厢都经过精确的测量，这样警察可以掌握列车停靠的精确地点。正是在这些地点，这对夫妇将会接见来自全国的接待组。

铁路警察又一次动用一切资源，包括与其他执法部门密切的工作关系，为一场盛大的庆典提供安保。这场庆典转场数地，并有上千名参与者。而讽刺的是，未来他们所做的工作更多的是使人们远离公司财产——阻止非法擅入，打击破坏财产的行为以及部署警察特别分队处理特殊问题区域。

最能体现后述策略特点的一个例子是，温哥华成立了交通特别小组，用以控制太平洋铁路公司密集的设备附近日益变化的交通状况，并处理随之而来的问题。起初，人们误以为他们是城市警察，但这些新的交通警察很快与温哥华市民熟识起来，因为市民们总喜欢在公司附近违章停车。大多数情况下，调查局开出的蓝色小罚单是对违章停车的一个礼貌性警告。但是值班警察可以决定对违章停车的人是否作出处罚，或者将其车辆扣押。

除了对违章停车开具罚单，特别小组的成员还指挥温哥华太平洋铁路公司火车站及其附近的交通，组织人们把货物有序地从汽车上装卸到温哥华港口的船上。在休息时间，他们还会骑着摩托车在当地货船、商店附近巡逻，保证太平洋铁路公司2英里之内的滨水区处于监控之中。

一个由9名警员和1名警长组成的特别小组负责维护加拿大太平洋航空公司位于不列颠哥伦比亚省里士满海岛（Sea Island in Richmond）的温哥华国际机场的财产。这个国际机场位于弗雷泽河（Fraser River）一个开放于1931年的河口，为国内和国际市场服务。20世纪90年代，为了适应往返于亚洲日益增长的交通需要，这个河口多次检修。

全国其他地区也需要特殊行动小组。在航海季节，大量本地人、游客以及观光者游览太平洋铁路公司位于麦克尼科尔（McNicholl）、安大略区和湖首区港口的货船码头、火车站以及车站公园。当公司大湖区（指五大湖）的轮船来来回回时，人们可以看到衣着整洁的警官进进出出，徽章闪闪、皮鞋锃亮，维护旅客有序进出。他们的工作标准是尊重公众和提供帮助，而闲逛、聊天是不允许的。在其他时间，负责“船上巡逻”的人员会在车场、街道、库房、电梯以及其他商业设施附近来回巡视，以保证太平洋集团及其公共财产的安全。除了公司公务，其他人不允许靠近这些设施。

通过交通网络，太平洋集团正在寻求可以提高效率、减少花销，同时使服务更有竞争力的方法。调查局也不例外。

然而，随着客运和货运于北大西洋之上往返，加拿大太平洋轮船公司需要更多人员来确保货物及码头附近的安全。特别值得一提的是，一件小事迫使太平洋铁路公司考虑在英国组建一个穿制服的警察队伍，以与他们的加拿大同行抗衡。

在战争时期积极服役 6 年后，加拿大太平洋集团的里士满伯爵号（Duchess of Richmond）进行了检修，更名为加拿大皇后号（Empress of Canada）后重新起航，这是第二次世界大战对日战争胜利后，太平洋铁路公司第一艘从圣劳伦斯河（St. Lawrence River）驶回的轮船。1947 年 7 月 14 日，皇后号开始了战后第一次处女之行，夏天从利物浦（Liverpool）到蒙特利尔（Montreal），冬天到新不伦瑞克省圣约翰市①（Saint John，New Brunswick），截止到 1952 年 12 月，平均每年航行 15 次。

1953 年 1 月，皇后号停运翻修时，遭受了一场具有毁灭性的火灾。当时它停在利物浦格拉斯顿港（Gladstone Dock），船

---

① 新不伦瑞克省居加拿大 3 大沿海省份之首，也是加拿大绿色的沿海省。该省的西部与美国的缅因州接壤，西北部则和魁北克省毗邻。总面积 73440 平方千米，大致呈长方形，东西相距 242 千米，南北相距 322 千米。——译注

上只有几个负责安全的船员。虽然他们登上了甲板，却对升腾的火焰无能为力。大量的海水灌进船里，船体向一边倾斜，最终倾覆。

接下来的抢救行动是欧洲有史以来规模最大的行动。经过14个月的搜救，加拿大皇后号虽然被打捞上来，却成为一堆废铁，卖给了韦内雷港的坎地提尔（Cantiere di Portovenere, Genoa）。搜救中期，情报界有人将该客轮悲惨的命运怪罪于苏联和西方列国之间的冷战。

“英国情报员称，厄恩斯特·弗里德里克·沃尔瓦博（Ernst Friedrich Wollweber），55岁，东德共产主义秘密警察的头目，是世界最厉害的破坏专家，”《多伦多电讯报》（*Toronto Telegram*）1953年8月18日报道：“他们怀疑他参与了去年1月加拿大皇后号远洋客轮火灾事件，当时客轮停靠在利物浦，载重2万吨；他还参与了1周后停靠在南安普敦港伊丽莎白女王号的火灾，以及2年前英国外交官盖伊·伯吉斯（Guy Burgess）和唐纳德·麦克林（Donald Maclean）的失踪事件。”

阴谋论者认为，东德政府海洋和国际航运司副司长沃尔瓦博（Wollweber）与英国海军23000吨的航空母舰不屈号（Indomitable）在地中海的爆炸事件有关。在该事件中，有2名船员死亡，40多人受伤。

尽管加拿大皇后号远洋客轮的沉没没有归结于冷战和苏联间谍的阴谋，然而公司轮船需要足够的防火保护这个问题让加拿大太平洋公司对利物浦港和伦敦港现有的举措进行了深入研究。

在加拿大皇后号远洋客轮火光滚滚时，利物浦市警探长斯巴达克斯（J. G. Sparks）首先到达现场，并展开对火灾原因的调查。接下来警察询问了400多人，包括轮船制造公司哈兰德—沃尔夫造船厂的近300名员工，以及火灾发生时刚刚上船的加拿大太平洋集团的73名雇员。没有证据显示有人故意纵火，失火原因也没有找到。

调查结果归咎于船只木材较轻，时间久了木材呈现蜂巢状，整个客轮的布局，走廊、楼梯、通风器等给大火提供了足够多的氧气，所以火势迅速蔓延。

由于加拿大皇后号远洋客轮在翻修期间没有采取严格的安全预防措施，加拿大太平洋集团遭到起诉。发现火情不及时、消防设备不充足是导致客轮沉没的因素。如果客轮上装有自动喷水灭火装置，那么在消防队到达之前，发现火情不及时、消防设备不充足，就能启动自动灭火装置。

几个月内，麦克唐纳（A. C. Macdonald），加拿大太平洋航运公司管理处处长，一直探索在英国港口组建一支穿制服的警察队伍的可能性，就像在加拿大线路上那样。长期在职的着装警察需要享有《英国民警管理规定》中同样的工作条件和薪酬，即便不能稍高一点。这样才能够吸引和留住合适的人选。

在当时的体制下，在英国的太平洋集团调查局雇用了少量长期雇员，在有需要时，招聘临时人员。1名警司在利物浦以外的其他地方工作。行李管理员、客轮警卫人员、消防员和巡警被长期配置到北大西洋的3艘皇后号客轮上。

1954年5月，加拿大太平洋铁路公司警长本尼迪克特·博赞派探员格兰汉姆（W. E. Graham）到英国加拿大太平洋集团考察，要他们无论如何就建立客轮警力给出建议。格兰汉姆乘坐澳大利亚皇后号（*Empress of Australia*）前往英格兰，来到位于利物浦皇家利物大厦（Royal Liver Building）的加拿大太平洋客轮办公室，拜访了总经理谢戈尔德（Captain A. E. Shergold）和总警司，以及伯恩斯船长（R. V. Burns.）。2人还组织了其与利物浦和伦敦警方，以及利物浦消防部门官员的会见。格兰汉姆几乎一对一地见了加拿大太平洋集团在两个港口城市的每一个员工。

“一开始，我就试图直接询问在利物浦和伦敦组建一支长期警力的可能性。”探员格兰汉姆回去后这样向博赞报告。

在英格兰，有3支这样的警察队伍。根据伦敦内政部的警察条例，大都市警察的辖区包括英格兰和威尔士。内政部管理整个国家警察的工作协议、薪水和津贴。伦敦港的警察是一支单独的警力，但它在很大程度上按内政部条例工作，并由其发放薪水和津贴。第三支队伍是铁路警察，现在仅由英国交通委员会（British Transport Commission）管理，属于国有化部门。

关于铁路警察，1835年首先有权力成立警察队伍，此后几年间，每一个铁路机构都有独立的权力建立铁路警察队伍。国有化之后，赋予各个铁路机构权力的独立法案被统统废除，1949年仅有一部法案生效。虽然各支警察队伍已被合并，但每

个队伍都按照各铁路机构现有的薪金制和不同的退休金制度操作。由于牵涉问题复杂，他们忠告我，关于警察的薪水、退休年龄、工作协议和养老金计划要经过多年摸索才能变得标准化。

除了上述三种警察队伍以外，再无其他警察，私人公司只允许成立没有任何警察实权的保安队伍。然而，在利物浦和伦敦，从保护码头附近区域的角度来衡量，我们自己的警察可能会和现有的队伍发生矛盾，这或多或少会让我们拥有自己的资源。但从另一方面来说，利物浦和伦敦的警察欢迎穿制服的警察，他们称诚心愿意与之合作。

利物浦码头，包括位于格拉德斯通码头的加拿大太平洋铁路公司厂房，都由利物浦市警方管辖。墨西河码头（Mersey Dock）和港务局（Harbour Board）为该市提供的警方保护埋单。一堵高墙将码头区隔开，码头入口由警察守卫。当可疑人员进入码头区、各种货车区时，会受到检查。普通人也是如此，当离开时会接受搜查和检验。

除了制服警察的这些活动之外，该市侦查部门的便衣侦探会调查来自航运公司关于盗窃或其他非法行为的投诉，就像调查私人投诉一样。

督察格兰汉姆将利物浦总督察奥兰迪（J. Allendy）近期所办案件引以为戒。冠达邮轮公司和加拿大太平洋集团从爱尔兰运载的亚麻发生了几起盗窃，总督察对此展开调查。他下令货物在贝尔法斯特（Belfast）[1]称重后装船，到达格拉德斯通港之

---

① 北爱尔兰首府。——译注

前再次称重，从而证实盗窃就发生在贝尔法斯特，于是设下圈套抓住了罪犯。

伦敦港存在很多类似的情况。伦敦官方自己的警察有 500 多人，他们巡视整个码头区。在离开港口时，所有车辆和个人将经历严密的检查，嫌疑犯会被经过侦探训练的便衣警察跟踪至目的地。

当新西兰运输公司提出要求后，船运看守应运而生。

格兰汉姆建议加拿大太平洋集团成立一支 15 人的常备警察队伍。为了提高看守的素质，他建议由退休的警察和消防员组成一支临时队伍。这些人还没有做好全职工作的准备，如果多出来的薪水会增加税费，他们宁愿接受临时性的工作，这样他们就可以在不多交税的前提下提高养老金。

“如果决定在建议的线路上增加警力”，格兰汉姆说，“我建议对他们进行消防课程的培训，这样他们就会熟悉每艘客轮上的消防设备，并对客轮结构了如指掌。在发生火灾时，他们就可以和港口官员一起立即指挥消防员救火。”

值得注意的是，他也提到利物浦港口严禁吸烟，在两个港口对吸烟进行严格监管将是安保工作的重要内容。

“当客轮在检修时，要紧盯着燃烧和焊接的地方，”格兰汉姆说，意指加拿大皇后号远洋客轮毁灭性的火灾。

接下来的 8 月，刚刚上任的加拿大太平洋轮船公司总经理伯恩斯给探员格兰汉姆发去一封感谢信，告诉他“去年的辛苦没有白费”。信里装了一张照片，照片上是公司在利物浦的两名穿着崭新制服的警察，根据他的建议，这些人“衣着整洁、西装革履”。

失去加拿大皇后号远洋客轮，加之 1954 年轮船公司经营惨淡，迫使加拿大太平洋集团认真审视每一笔费用支出。其中一大项支出是每月向调查局支付的服务费。

“在圣劳伦斯每月费用大概是 1 万美元，冬季从新不伦瑞克省的西圣约翰（West Saint John）出发，每月费用大概是 7000 美元。”管理科科长麦克唐纳（A. C. Macdonald）这样向博赞局长介绍。“此外，当然，还有付给警察到达目的港后的旅费和生活费。”

根据轮船公司需求，调查局提供保护服务。他们控制着分布到客轮上、轮班安排、保护区的警察和探长的数量，以及在冬季有多少人要从蒙特利尔去往圣约翰。

“请您审查这些特点，看是否有可能会影响经济。”麦克唐纳说。

在给麦克唐纳的回信中，博赞对采取的措施进行了详尽的汇报：

我们冬天在蒙特利尔港和夏天在西圣约翰客轮工作的正式人员包括 37 名警员和 4 名警司，但去年两个季节在两地工作的平均人员数量是 37 名警员和 4 名警司，他们时常加班。

通过几天前在西圣约翰的一个全面调研，我们认为，从目前的情况来看，27 名警察和 4 名警司每月加班大约 300 小时，可以完成港口的工作。我已发出指示，在得到您的许可后就会

执行。大约在下个月，我们有可能再减少1名警察。

如你所知，我们在西圣约翰的工作是断断续续的。当可以允许加班人员调休时，我们安排五六个人一个班巡逻保卫。当需要额外的人手看管酒品或其他贵重货物时，有几天需要安排10个人到15个人一个班，这时就力不从心，除非安排我的人一个班12个小时，并付给他们4个小时的加班费。唯一可以降低人员生活费的办法就是减少人员数量和增加工作时间，这样做已经有了效果。

从经济上讲，蒙特利尔港和西圣约翰的高级人员不能减少，重新安排轮班和保护区域将会严重影响安保工作。

加拿大太平洋集团日益增多的酒店也需要更多的警力。

全职铁路警察被分出一队，与在班夫（Banff）和路易斯湖（Lake Louise）山上的公司宾馆的季节性临时看守一道，为皇家约克酒店提供安保服务，两个分队都向助理探员汇报工作。

蒙特利尔的安格斯商场（Angus Shops）于1904年开始营业，在探员和消防警长佩罗（J. Perreault）的监督下，太平洋铁路公司负责维持加拿大规模最大、设备最完善的私有消防站。铁路商场综合大楼总共有59座永久性建筑，占地231英亩。在那里，7000多名雇员繁忙地整修火车头、为旅客提供服务，并维护货车运输。

12名常备人员以及200名从商场员工中招聘来的辅助人员保持昼夜警惕。商场里有大约1000个消防员，数不清的自动喷水灭火装置，10英里防火用的供水管线，94个消防栓和41个警报装置，其中10个直接连向自动喷水灭火装置。

在二战后的10年中，数以百计的工厂参与了对公众的防火教育。

1955年到1956年安格斯商场带头示范，通过努力，赢得年度防火周国家一等奖。墙上一长串的省级奖励也为安格斯增添了光彩。

在某些敏感领域，如电信业和快递业，加拿大太平洋集团也要求警察查验求职人员的指纹及其背景。由于强调“特殊警察”的工作细节，公司杂志《观察者》报道，一位在新不伦瑞克省麦克亚当工作的警察，由于工作环境而不得不成立单人特殊小组。

“之所以会这样，是因为在一次从新不伦瑞克省的伍德斯托克（Woodstock）到蒙特利尔的牲畜运输中，一头牛生病了，”宣传科这样告诉加拿大太平洋铁路公司的员工。“当货轮快到达麦克亚当时，汽车公司的一位员工正在给猪喂药，发现装载牲畜的车里有一头牛明显是病了。因此，火车停在饲养场，并把这头病牛挪下车。”

这个时候，托马斯警官（C. C. Thomas）行动起来。由于没有兽医，机智的托马斯看了看这头病牛，根据在其父亲农场上学到的知识，立即着手治疗。

“警官用了好几种药，不一会儿这头牛看起来就开始好转。接受治疗11个小时后，这头牛站了起来，可以四处走动，第二天，货主接上这头牛，并把它送到了伍德斯托克。所以托马斯警官还没退休，就变成了‘兽医’。”确实，这真是一个特殊小组。

1959年，太平洋铁路公司将其机构设置由9个区变成了4个区：大西洋区、东部地区、草原区和太平洋区。为了适应新的行政岗位，调查局废除了助理警长，西部线路以及东部线路探长的职位。在原来的职位上设立了4个警司来管理每个区域，他们直接向蒙特利尔的局长汇报工作。

在这个面临新挑战和新变化的时期，在不列颠哥伦比亚省内部，旧有问题重新出现。激进的杜霍波尔派，又被称为“自由之子”，多年来一直向同教派的人实施暴力犯罪，有时候还会波及更大的社区。因此，他们会不时地引起铁路警察的注意。袭击接二连三地发生，或者在相对平静的时期突然发生。烧毁房子、学校和社区中心，炸掉桥梁和铁轨，不断给当地政府和太平洋铁路公司造成重大困扰。

1957年12月的一个晚上，铁路部领班梅森（C. E. Mason）正在西库特尼（West Kootenays）的路段巡逻，这个地方位处塔格哈姆（Taghum）和比斯利（Beasley）之间。

这时，他看到铁路的枕木上绑了一个奇怪的东西。一看到枕木中有电线露出来，他就想到了最坏的结果，立即与纳尔逊（Nelson）的调度员取得联系。铁路公司工程师丹尼尔·丹卢克（Daniel Danyluk）、调查员赫伯特·麦高恩（Herbert McGowan）以及另外两名加拿大皇家骑警警官立即赶到了现场。

他们迅速作出判断，这个不明物体是一只土制铁管炸弹，和“自由之子”的恐怖主义者过去在其他地方放置的铁管炸弹类似。他们刚决定剪断其中的一根电线，炸弹就冒出了令人恐惧的浓烟。20 英里之外的掩体爆炸时，天空一道火光照亮铁路。爆炸破坏了一部分枕木，在地上炸出了三个大坑，所幸没有人员伤亡。

结果，为了避免可能发生的灾难，客车只在白天运行。从片迪顿（Pentiction）到纳尔逊（Nelson）的列车减少到每周两趟。好几个月里，太平洋铁路公司负责人在所有列车运行前都要检查铁轨，公司的几个调查员对日益激烈、明显来自杜霍波尔派成员的活动也变得十分熟悉。

1962 年 3 月，爆炸事件威胁到公司附近无计划扩展的工厂，其中一个发电塔遭到完全破坏。随后，在不列颠哥伦比亚省特雷尔举行的一个新闻发布会上，加拿大采矿和冶炼综合公司（Consolidated Mining and Smelting Company）①的副总裁和总经理佩里（R. D. Perry）说道：“外在的敌人不可能侥幸造成这些破坏，只有一个独立的、常年在此活动的狂热教派，才可以威胁到加拿大人趁其缺乏保护而破坏他们的财产。”在此之后，公司开始从员工中选出一定级别的人充当武装警卫保护公司财产。

“库特奈（Kootenay）的狂热分子给加拿大造成了巨大损失并引起骚动，让加拿大人变成了‘哭哭啼啼的姑娘’的形象，

---

① 该公司是加拿大太平洋铁路公司的一个子公司——译注。

这真是个悲剧。”他说：“加拿大皇家骑警调查暴行的工作十分出色，但现在最急需的是阻止这些暴行。我们现在还没有这些保护措施。”

狂热派最近的一次暴行，是破坏了库特奈湖的电力线。加拿大太平洋铁路公司总裁诺里斯·布克·克兰姆（Noris Buck Crump）在联邦政府和州政府对其进行起诉。他敦促他们“在其他，甚至更为严重的破坏发生之前，采取任何必要合适的手段杜绝此类事件再次发生”。

人们怀疑“自由之子”炸毁了一座300英尺的塔，在接下来的几周里，它还会继续使该地区的其他工业瘫痪。这一破坏使得金伯利（Kimberley）和瑞恩得利（Riondel）两个地区有900多人失去了工作。这两个地区是综合公司煤炭和肥料的主要销售地。由于缺少电能，当地的锯木厂和啤酒厂也纷纷关门。超过5000人的家庭用电也被迫中断。

就连远在温哥华的一个工厂，因其为金伯利生产的肥料制造一种特别的塑料袋，而不得不改变产量，每天利润减少1000美元以上。

综合公司在金伯利自营的风信子铅/锌矿、肥料厂以及生铁厂完全停止运营。盛产铅/锌/铁矿的沙莉文（Sullivan）产量下降了60%。

“下一步他们会破坏什么？”玛丽·克姆佛特（Mary Comfort）问道，她是瑞恩得利一名矿工的妻子。紧张的气氛在该区蔓延。

几年后，大量的杜霍波尔派分子由于所犯罪行被逮捕、指控和定罪。“自由之子”最后一次惹事是在 1964 年。社区里给年轻人进行了一次教育集训，缓解了这个特殊问题。有不少小说和文字都是以杜霍波尔派为主题的，其中一本是西玛·霍尔特（Simma Holt）于 1964 年出版的《以上帝的名义制造恐怖》（Terror in the name of God），里面有大量来自加拿大太平洋铁路公司侦查科的材料。在小说中，她高度赞扬铁路警察调查员诺弗尔·赖利（Norval Riley）。曾有一个激进的杜霍波尔派年轻人在绝食抗议后，被关到位于阿加西（Agassiz）的一个杜霍波尔派集中营中饱受威胁和侮辱，这时调查员赖利前来营救了她。

炸弹威胁是 20 世纪 50 年代令人生厌的事情。在温哥华大酒店举办的某次活动期间，加拿大太平洋铁路公司一名警司接到一个匿名者打来的电话，称 15 分钟以内酒店宴会厅内会有炸弹爆炸。当时大厅里有 2000 多人，其中包括加拿大总督乔治斯·瓦尼埃（Georges Vanier），该警司命令手下的人马上对全场展开搜查。

发现威胁后，瓦尼埃说：“我要留下来。如果我被炸了，我们就一起被炸。”

幸运的是，时间过去了，没有发生任何事情。但那 15 分钟，无论对于铁路警察还是酒店的宾客而言，都是高度紧张的 15 分钟。

陌生人仍然是威胁。1958 年 5 月，在安大略省彼得伯勒

(Peterborough)，加拿大太平洋铁路公司乘客处收到一封字迹潦草的敲诈信，信中写道：“先生们，我们要敲诈25000美元。我们若拿不到这笔钱，就会炸掉你们的火车或使其脱轨。如果你有兴趣，并有可能的话，在6月6日的《多伦多日报》(Toronto Telegram)个人启示栏中发布一条广告。如果回答是肯定的，在广告中要提到‘雷’这个字。你们署名‘宝贝’，称我们为‘老爸’。我们不会过分强调，这不是个恶作剧。”

侦查科的成员们按照信中的提示，最后将钱送往位于北莫纳亨(North Monaghan Township)一个小镇铁路下的一个排水道里。

在那里连续监视9天后，身心俱疲、饱受蚊虫叮咬的警察的不懈坚持得到了回报。两个16岁的少年走到此地，没有任何困难，被逮捕。最终尽管他们面临严峻的指控，但也只判了两年缓刑。

20世纪50年代和60年代不同铁路区域的年度报告表明，尽管盗窃对于侦查科来说仍然是个重要问题，但炸弹的威胁从某种程度上来说是个异常现象。非法进入铁路、破坏开关和在铁轨上放置障碍物等行为很快取代了传统问题。

在有铁路的城镇，调查局的人员到各个学校巡回放映有关安全问题的系列电影，希望能借此提高人们的公共安全意识。

那段时间还有一个广为人知的故事：一个来自魁北克充满好奇的年轻人想看看在兰诺拉里车场外的太平洋铁路主干线上堆放枕木会发生什么。就这样，一辆火车无可逃避地撞到了障碍物，火车头和工作人员都受了伤。公司调查员乔治斯（Georges Legault）日复一日地询问该地区的居民，终于抓到了罪犯。

当问及为什么会这么做时，这个年轻人回答说，他最近看了电影《戏中之王》，“他想看看太平洋铁路公司是否能像电影中马戏团里的人那样将脱轨的火车快速归轨。”

显然，在公众教育和青少年教育上还有很长的路要走。

自国家安全委员会的公共安全奖创建以来，从 1953 年到 60 年代末期，侦查科的公共安全项目使加拿大铁路公司每年都获得该奖。他们出色的工作不仅减轻了公众对于私人警察的疑虑，还赢得了对全国其他警察部门和执法部门的钦佩。

当然，双方的合作互助是将罪犯绳之以法的决定性因素。

举一个发生在 1962 年 6 月的例子，马尼托巴省温尼伯蒙特利尔（Winnipeg）银行一个郊区分行的 4 名员工，被 2 个持枪歹徒抢劫，随后歹徒携 24000 多美元现金逃走。

第二天晚上，开往东部的加拿大号客运列车正飞驰在太平洋铁路上，一个列车员觉得两名从安大略省肯诺拉（Kenora）上车的人员很可疑，便向威廉港（Fort Willian）警局的侦探反映了情况。侦探问询了两名犯罪嫌疑人，并搜查了他们的行李，但没有发现任何与抢劫有关的证据。

然而，在肯诺拉的一个太平洋铁路公司的警员发现，同样在那天，同样的两个人将几个包裹从加拿大太平洋邮政公司带到了蒙特利尔的一个地方。这个警察联系到了太平洋铁路公司在萨德伯里（Sudbury）的助理警员，并请其提供一份包裹搜查令。打开包裹后，发现里面藏着40501美元。这个信息传递到威廉港的警察那里，犯罪嫌疑人很快承认了他们参与了温尼伯银行抢劫案。

由于警察间的相互合作，在盗窃案发生15天后，2名抢劫者就被送上了法庭，他们承认犯了武装抢劫和火车盗窃罪。他们因第一项罪名被判处10年有期徒刑，因第二项罪名被判刑3年。

到1964年，侦查科每年大约处理2万起案件。每年有1100起至1200起案件被起诉，由于逮捕的方式和谨慎准备的证词，几乎没有无罪释放的例子。

当然，在罢工期间用私人警察一直是有争议的，这也需要铁路警察有特殊的外交手段。他们不希望拿多年在铁路运营商和他们自己之间建立的声誉来冒险。

“作为普遍规则，在工业社会里，员工有权利联合在一起，集体跟雇主商谈工资和工作条件。”

1964年10月28日，在肯塔基州路易斯维尔（Louisville），太平洋铁路公司董事长和首席执行官罗伯特·艾默生（Robert A. Emerson）这样告诉国际警察首长协会。“此外，如果罢工的目的和方式合法，我们的普通法承认雇员通过罢工争取其需求的权利。”

幸运的是，铁路警察和铁路公司员工间的相互尊重总是能阻止内部之间发生身体冲突。然而，第三方组织的罢工却促进了侦查科的司法主权的发展。

1963年的秋天，一次港口工人的罢工迫使圣劳伦斯河的港口关闭。加拿大太平洋集团的一艘客轮——加拿大皇后号，刚结束一趟跨越大西洋的旅程后返回魁北克，客轮上满载乘客。港口工人拒绝接收缆绳，加拿大皇后号便将一艘小船放下水，企图通过小船将缆绳带上岸。然而在接近港口时，工人以暴力威胁，并破口辱骂，加拿大皇后号被迫放弃上岸，最终行驶到哈利法克斯港并在那里靠岸。

艾默生对他手下的执法人员说："这是一个令人震惊的例子，一群践踏法律和秩序的不法之徒，其中包括加拿大人，剥夺了在政府所有港口登陆的权利。"

这起丢脸事件中的唯一亮点，就是一名警官表现出的幽默感。警官负责带着缆绳的小船，在返回客轮时，他向船长汇报，他"试图上岸，可是发现当地人很不友好"。

20世纪60年代，加拿大太平洋集团遭到了沉重的金融打击，包括这件事和其他的几次罢工。公司及其警察避免了更多同一时期美国铁路上发生的糟糕情况。

"你们都熟悉这个情况，它跟1963年1月13日佛罗里达东海岸铁路公司发生的罢工有关，直到今天它还在产生影响，"艾默生说，"自从罢工开始，暴力活动也开始了，佛罗里达东海岸铁路公司已经发生250多起骚扰、破坏公物和暗中破坏行为。不到6个月的时间，新闻报道了22起计划通过爆炸破坏铁路的图谋。现在，有4人被指控了几项与这些破坏有关的罪名，他们可以在交纳 500 美元保释金后获释。 这个不幸的故事还没有结束。”

加拿大太平洋铁路公司的现任警局局长是让 · 贝朗格。 正是贝朗格领导调查小组调查了加拿大太平洋航空公司 1949 年的致命爆炸案。 在此期间，加拿大航空业向更远的地方扩张。 到了 1959 年，加拿大太平洋集团打破了跨太平洋航空公司从加拿大飞往其他洲际航线的垄断。 20 世纪 60 年代，跨太平洋航空公司引进了更大、更快速的 DC-8 型喷气机，将从温哥华飞往蒙特利尔的时间从 10 个小时缩短到 6 个小时。 1 年后，加拿大太平洋集团开始了自己的客机服务，包括从温哥华飞经极地直达伦敦的航线，航程只需 8 个小时。

随着加拿大太平洋集团海外航线的扩充，在 1964 年和 1965 年，贝朗格将加拿大太平洋集团的调查员分配到南非、檀香山和东方。 第二年春天，副局长约翰逊（J. R. Johnson）在太平洋区域警司特洛特（J. R. Trott）的陪同下，去墨西哥、秘鲁的利马、智力的圣地亚哥和阿根廷的布宜诺斯艾利斯访问考察，并与这些国家航空公司的执法部门建立了宝贵的联系。 这个时期，贝朗格本人积极代表加拿大太平洋集团支持外展项目，也代表航空业分部出席世界性的安全研讨会。

贝朗格局长简介

交流者

贝朗格出生于魁北克圣杰罗姆（Saint Jerome），在哈勃都

（Huberdeau）就读乡村学校，后于蒙特利尔取得大学毕业证，并获得写作金牌。他的交流能力在他后期的职业生涯中发挥了重要作用。

1923年，贝朗格以警员身份在魁北克市加拿大太平洋铁路公司工作。他在这里和蒙特利尔工作一段时间后，1927年任调查员，1944年任魁北克区督察。1952年5月升任加拿大太平洋铁路公司调查局助理局长，1954年1月1日任副局长，1959年1月1日任局长。

作为加拿大太平洋铁路公司第五届警察局局长，由于参与了1949年加拿大太平洋航空公司客机爆炸案的调查工作，在执法界获得了广泛认可。那时，魁北克航线为加拿大太平洋铁路公司所有，之后不久就属于加拿大太平洋航空公司了。他通过数次调查发现了证明犯罪行为强有力的证据，正是这些证据，艾伯特·盖（J. Albert Guay）和他的两个同伙才得以被逮捕和处决。

当一些名人乘坐加拿大太平洋铁路公司交通工具时，他还给他们做过警卫。例如，20世纪30年代暹罗的国王访加，美国罗斯福总统于二战期间到魁北克会谈，以及杜鲁门总统到访公司位于魁北克蒙泰贝洛（Montebello）的庄园俱乐部（Seigneury club）。

尽管在贝朗格任警局局长期间，加拿大太平洋集团的治安状况是世界上最好，但在他的任期内，他依然坚持不懈地对每起事故盘根问底，对每个案件追根溯源。

“不管有多难，”他说，“我们都要找到事故发生的原因。每个犯罪的人都是有原因的。罪犯可能是一个大意的雇员，或者是一个调皮的孩子，甚至可能是个精神病患者。我们不能想当然。”

贝朗格局长曾任魁北克省警察总长，消防长官协会主席、加拿大警长协会主席、航空安全协会主席（纽约）、国际警长协会主席以及加拿大高速公路安全会议主席（渥太华）。

他也是加拿大太平洋铁路公司俱乐部和蒙特利尔商会的成员。

贝朗格于1969年11月1日退休。

尽管用来保障主航线以及遍布世界各地目的地的举措越来越多，然而，1965年7月8日，星期四，加拿大太平洋航空公司遭遇了安全史上一次令人瞠目结舌的爆炸事件。

那天，加拿大太平洋集团的一架DC-6型客机刚从渥太华总部起飞，飞往育空①的怀特霍斯。飞机在飞往乔治王子城的途中，距离卑诗省迈尔斯屋100英里的地方，森林火灾看守员约翰·哈亚听到头上响起飞机活塞式发动机的声音，透过卡车的挡风玻璃往上看。

---

① 育空（Yukon）是加拿大三个行政区之一，位于加拿大西北边陲，约1/10位于北极圈内，气候寒冷。面积为483450平方千米，首都怀特霍斯（又名白马市）面积最大，第二、三大城市为道森市（Dawson City）及瓦森湖镇（Watson Lake）。坐落在育空西南部圣艾利雅斯山脉的克劳恩国家公园，被联合国教科文组织确立为世界自然文化遗产，园区内的洛根山为加拿大最高峰。——译注

“突然，我听到一声爆炸。”事后，他告诉调查该事故的一个验尸陪审团团员，“我以为会有人跳伞，因为有一团烟雾升起，看起来像是降落伞打开的样子。然后我就反应过来了。看起来飞机的前半部分还在继续飞行，但尾部停止了，然后就和前部分离，坠落下来。当撞到地上时，发生了可怕的爆炸。”

大约15分钟之前，机长约翰·阿尔佛雷德·斯蒂尔（John Alfred Steele）通过无线电告诉温和花国际机场控制塔的工作人员，为了躲避前方的气流，他略微改变了一下路线。当时飞机离地面15000英尺。然后就更疯狂了，“求救！求救！求救！”之后信号就完全中断了。

几分钟后，卑诗省林务局派飞行员谢尔克（Slim Sherk）从高空调查此事。

“我看到黑色的烟雾飘向空中，”他说：“我看到是飞机着火了。是镁元素在燃烧。我曾在飞机爆炸时看到过镁元素燃烧。机身都是烟雾和火。热量使机翼爆炸，但除了尾部之外，飞机的其他地方相对来说是完好无损的。看起来好像是飞机直接冲进灌木丛中了。没有树被毁过的痕迹。”飞行员这样描述。

谢尔克找到了20多具尸体，之后他说：“再也找不到其他人。”

所有46名乘客和6名机组人员无一幸存。

验尸官调查表明，是“非航空器自携带可燃爆物质爆炸”导致了飞机坠毁。

太平洋集团刑事调查科的成员问询了上百个航空公司员工，以及在坠机前几个小时接近过 DC-6 型客机的人，但未能得到任何确切的结论。在飞机开始这趟致命的飞行之前，负责清洗飞机的一个妇女坚称，在飞机起飞前不久，一个“看起来奇怪”的人在飞机尾部出现过，但这个线索最终不了了之了。

同时，拉尔夫·巴雷尔（Ralph Barer），太平洋海军实验室冶金学家，在一个遇难者身上找到了一块不属于飞机本身的铜制物件，有可能是引爆装置上的。皇家骑警犯罪实验室的化学家洛朗德·鲁昂（Rolande Rouen）夫人告知陪审团，在飞机上的 4 个区域都发现了黑色火药的痕迹，都在与尾部厕所距离较近的地方，还发现了硝酸钾和碳的痕迹。

官方研究表明，毫无疑问，爆炸发生在“飞机机舱左后方的洗手间内”。

有证据进一步表明爆炸物很可能被放在洗手间的地板上，就在马桶和水槽内相对显眼的位置，但是太平洋铁路公司所有的调查员几乎都否认炸弹是在起飞之前就被放上飞机的。

1965 年，在加拿大机场实施强制安检之前，将武器和爆炸物带到飞机上相对来说是比较容易的。乘客们登机很简单，走到登机口，登上飞机，不会比乘公共汽车更麻烦。

调查主要集中在 4 名乘客身上。

一个是去北方工作的 29 岁青年，被发现身上带有大量炸药。调查员相信这些炸药是用来引爆 21 次航班的。尽管该青年对随身携带的这 4 瓶 11 盎司火药未予以说明，可警方也没有发现他企图实施爆炸的合理动机。

一个无业游民在飞机起飞前一个小时购买了价值 12 万美元的航空保险，将其妻子、女儿、母亲和侄女列为受益人。询问结果表明，他将去乔治王子区的一个纸浆厂工作，但皇家骑警调查走访了该地区所有的纸浆厂，却没有一个人认识此人或知道此岗位正在招聘。

另外一名乘客被发现曾有丰富的爆炸物品工作经验。这个人 7 年前曾被指控在温哥华谋杀，最终指控没有成立。然而，他工作的建筑公司为他购买了一张去北部合法出差的机票。

调查发现另外一名乘客曾有丰富的爆炸物品从业经验。他近期参与了对一家倒闭的金融公司的审计。有谣言称他在审计过程中有了“重大”发现，以至于有人想让他保持沉默。调查员们并没有相信这种说法。

直到今天，加拿大太平洋航空公司 21 次航班的神秘命运仍然是加拿大警察案卷史上一份无解的档案。

第九章　治安警官：教导民众

整个 20 世纪 60 年代，太平洋铁路公司的警员与大多数加拿大警察工资基本相同，在很多情况下甚至更高一些。

60 年代，一方面是铁路客运量减少，另一方面是出现了集装箱运输，运输的货物在卡车、火车和轮船间不再需要反复装卸。这两个原因导致调查局的警力过剩。1969 年新上任的局长约翰·马占所面临的艰巨任务之一，就是将穿制服的警队裁员 100 人左右。

在那个实行提前退休和买断工龄制度的年代里，马占受命在两年时间内完成调查局的裁员计划，这真是咄咄逼人。由此，部门士气一落千丈，矛盾接踵而至。警员和警长组建了一个工会，由工会代表他们就工作条件和赔偿措施进行谈判。然而，从工会的确立到第一份集体合同的签署用了大约两年时间。在此期间，工资水平止步不前。之后，把这个工资缺口补上又用了将近 20 年。

同时，铁路警察的职责悄然发生了变化。

由调查局处理的炸弹威胁案件，尤其是威胁加拿大太平洋航空公司[1]的案件，数量上升。劫机事件层出不穷。

20 世纪 60 年代后期，每年有 75 起以上的劫机事件发生。这些事件一方面妨碍了公共安全，给乘客和航空公司造成困扰，另一方面却总是得以和平解决。可是到了 1970 年，情况突变，劫机事件严重威胁到旅客的生命安全。

1970 年 9 月 6 日，巴勒斯坦解放组织（Palestine Liberation Organization，PLO）瞄准了 3 架几乎同时从欧洲飞往美国的航班。环球航空公司(Trans World Airlines)[2] 741 次航班，波音 707 型客机，载有 142 人，从法兰克福飞往纽约途中，转向飞往道森机场（Dawson Field）——地处约旦沙漠地区的一个曾经的简易军事机场。瑞士航空 100 次航班，DC-8 型客机，载有 155 人，从苏黎世飞往纽约途中也被迫转向飞往道森机场。从阿姆斯特丹飞往纽约的以色列航空（El Al）219 次航班得以幸免，劫机失败，航班上的空警制服了劫匪，击毙 1 人、打伤 1 人。飞

① 加拿大太平洋航空公司(Canadian Pacific Airline)，以温哥华国际机场为基地，于 1942—1987 年提供国内及国际航班服务，1987 年被加拿大国际航空(Canadian Airlines)并购。——译注

② 环球航空公司(Trans World Airlines，TWA)，总部位于密苏里州的圣路易斯，曾和泛美航空瓜分美国国际航线。于 2001 年 4 月被美国航空兼并。——译注

机安全降落在伦敦，幸存的女性劫匪被英国警方逮捕。

由于以色列航空航班上的劫机行动落败，PLO 立刻又将目标锁定了泛美航空（Pan-Am）93 次航班。这是一架从阿姆斯特丹飞往纽约的波音 747 型客机，机上载有 173 人。飞机被迫调头飞向贝鲁特，而那里的机场跑道根本不够长，不能保证这样的大型客机安全降落。

幸好飞机平安落地了，接上一位所谓的爆炸专家，然后继续飞往开罗。那位“专家”在整个客舱里布设了爆炸装置。飞机在开罗一降落，所有乘客就被驱赶下来。随后劫机者引爆炸药，炸毁了飞机。

3 天后，9 月 9 日，PLO 又劫持了英国海外航空公司(The British Overseas Airways Corporation)的 775 次航班，维克斯（Vickers）VC-10 型客机，机上共有 117 人，飞行路线是孟买至伦敦。这架飞机在贝鲁特临时迫降、加油之后，也被劫持到道森机场，与环球航空和瑞士航空的那两架航班一同停在停机坪上。PLO 劫持英国海外航空这架航班的目的是企图迫使英国释放在以色列航班上逮捕的那名女性劫匪。

9 月 12 日，3 架遭到劫持的飞机在约旦沙漠中被炸毁。乘客中有 56 人被扣押，其余被释放，其中大多数是美国人和犹太人。最后 6 人获释是在 9 月 30 日，那天，英国、西德和瑞士政府同意释放在他们国内拘禁的 PLO 犯人，包括以色列航空劫机事件中的女劫匪。

新闻媒体对上述劫机事件的广泛报道，在民众中激起轩然大波，促使航空安全第一次被提到新的高度上来。劫机事件和客机暴力事件已经成为现代航空业发展的严重阻碍。

约翰·科林·马占局长简介

真正的地产专家

约翰·马占(John Colin Machan)1914 年 6 月 5 日出生于温尼伯，童年时期移居蒙特利尔。

1932 年 5 月至 1937 年 9 月，他在皇家骑警队担任秘书。1937 年 12 月 1 日，他到魁北克省警察厅工作，但仅仅一个月之后就辞职回到蒙特利尔，进入太平洋铁路公司成为一名警员。

马占被派往蒙特利尔滨海地区、新不伦瑞克省的西圣约翰市。之后，1941 年元旦，他报名参加了加拿大皇家海军，在繁忙的北大西洋航线上工作。1945 年 8 月退伍时，他已晋升为海军少校。不久之后，进入太平洋铁路公司调查局，被派往蒙特利尔市任探员。

1952 年 5 月 1 日，马占被任命为魁北克地区的督察。当他受命全权负责公司地产部的时候，职业生涯由此转身。在他管理期间，太平洋铁路公司的土地开发都由其旗下的马拉松房地产有限公司（Marathon Realty Co.）经营。

1965 年 9 月 1 日，马占回到铁路警察队伍，担任局长的工作助手，3 年后晋升为局长助理。1969 年 11 月 1 日，贝朗格局长卸任，马占升任局长。

1979 年，马占退休，回到不列颠哥伦比亚省。

20世纪70年代，政治和经济局势突变。

由于失业率攀升，出现了越来越多的流窜者，他们或是在太平洋铁路公司的货车上上蹿下跳，或是在旅馆附近游荡。于是，当一些大型公司或集团，包括富兰克林制造公司（Franklin Manufacturing Company）、通用汽车公司（General Motors）、费尔斯通轮胎公司(Firestone Tire Company)和全国农场主联盟（the National Farmer's Union）等出现劳资纠纷时，铁路警察便被召去看管公司的财物。

1970年，格雷杯①足球赛(Grey Cup game)在多伦多举行。蒙特利尔阿卢埃特队（Montreal Alouettes）②对阵卡尔加里史丹必队(Calgary Stampeders)，③不出所料，皇家约克酒店④成为此赛季的焦点。1948年，曾有人在比赛之前故意骑着马闯进酒店的大堂。这次虽然没有发生那样的恶作剧，但是约克酒店的员工还是给外来的一匹马喂了些胡萝卜，把它引到前门，甚至设法在来宾登记册上留下了它一只前蹄的印迹。

调查局与多伦多市警察局(Metrapolitan Toronto City Police)密切合作，通过在约克酒店内外派足警力、严密监控等方

---

① 格雷杯是加拿大职业美式足球赛(CFL)的冠军奖杯。——译注

② 或译蒙特利尔云雀队。——译注

③ 卡尔加里史丹必队是1992年格雷杯冠军队。——译注

④ 约克酒店是世界著名连锁酒店，始建于1920年。1929年，第一家五星级的皇家约克酒店(Royal York Hotel)在加拿大多伦多开业，成为当时整个英联邦国家最高的建筑，也是北美最豪华的酒店。自此，在意大利、新加坡、迪拜等地先后设立了冠以约克酒店品牌名称的高星级酒店。它们当中最著名的有：新加坡怡阁约克酒店(Elithbath York Hotel)、迪拜约克国际酒店(York Hotel International Dubai)等。——译注

式，把破坏案件和扰乱秩序事件的数量控制在最低限度。国家铁路公司警察则在联合车站（Union Station）的附近街道上维持治安。

就在几个月前，上演了一出戏剧性事件。有人从渥太华骑兵队（Ottawa Rough Rider）的衣帽间紧锁的柜子里偷走了总督格雷伯爵（Earl Grey）珍爱的奖杯。犯罪分子要求支付赎金后才能返还奖杯，但警方和联合会均置之不理。1970 年 2 月，多伦多警方收到一封匿名信，提示他们去检查登打士街(Dundas)和议会街(Parliament)交叉口的电话亭，说那里放着一把钥匙，能打开皇家约克酒店的一个柜子。地铁警队的戈登·伦诺克斯（Gordon Lennox）警长找到了那个奖杯，并立即送回加拿大足球联合会。那时候，联合会已经宣布，如果在本赛季找不到原奖杯，就订制一只新的。

1971 年，太平洋铁路公司重新组建，成立了新的总公司——加拿大太平洋有限公司 (Canadian Pacific Limited)，负责统管那些原先只是铁路公司内部机构的独立公司，或者说半独立的公司。铁路公司的股份持有人成为集团公司的股东。商业投资只投向铁路已经不可能了。但是，投资者可以在一家经营多种项目的公司里买卖股份，而这个公司的利益来源包括一家世界上最大的铁路公司，加上一家航空公司、一家船运公司以及其他公司。

1971 年 11 月 16 日，太平洋集团的广告经理人麦金（McKim)、本顿（Benton）和鲍尔斯（Bowles）在温哥华办事处接到一名男子的电话，自称是太平洋集团客运部的，名叫A. L. 斯图尔特(A. L. Stewart)。他要求11月19日同时在《温哥华太阳报》（Vancouver Sun）和《省报》（Province）上发表声明：

特别声明

11月20日星期六至11月23日星期二期间，

“加拿大人号”所有在太平洋沿岸上下车的乘客，

将转向从温哥华至新威斯敏斯特的车次。

详情请电话垂询681-2212.

当然，“加拿大人号”（The Canadian）就是太平洋铁路公司的第一辆列车，采用不锈钢车体，横贯大陆运行，1955年向旅客隆重推出。

铁路公共关系部是太平洋铁路公司的机构代表，部门常常收到这类申请。他们发现上述声明完全是个骗局。调查局很快发现，有个名字相同的人打电话给《白石太阳报》(White Rock Sun)提出了类似要求。这个人还联系了这一地区的7家电台，谎报了同样的信息。

谎言在温哥华的各家媒体传播开来，所谓的要求也没有被回应。于是打电话的那个（或几个）人使用A. L. 斯图尔德（A. L. Steward）和R. D. 萨瑟兰（R. D. Sutherland）两个名字，预定了一卡车碎石要倾倒在新威斯敏斯特的太平洋铁路公司的车站门前，叫几家汽车运输公司搬走候车室的长凳，让公共事业公司切断办公大楼的供电，还从太平洋线路快递公司（Pacific Stage Line）和旅途巴士公司（Tailways Bus Lines）调度 5 辆巴士到火车站，另外又调派几名商业摄影师到处于包围之中的太平洋铁路公司仓库的前门和后门拍照。

尽管铁路警察能够从当地一个摄影家协会和一份机动车运输公报上得到一些预警和帮助，但是上述很多计划都被实行了，混乱持续了好几天。

几天后，太平洋铁路公司收到一份来自加拿大国家铁路公司电信公司（North Vancouver CN Telecommunications）北温哥华办公室的电报，电文如下：

不列颠哥伦比亚省温哥华市格兰维尔街(Granville)和科尔多瓦街(Cordova)交叉口太平洋铁路公司公共关系部主任：

可让您的员工放松一下，一切都已结束。周三，我将一路东去，拓展领域，在贵公司寻找更多乐趣。别以为事情不大，您不知我们从中受到了多大的刺激。遗憾不曾与您相见，但谁能预知未来。

别急，圣诞节后我将回到海滨，可令一切重演，希望结果更好。也许我们可以带进更多公司，所以告诉您的员工各就各位。

A. L. 斯图尔德与 R. D. 萨瑟兰谨上

这件事从此再无下文。

然而，还有其他更大的威胁。1972 年 11 月 9 日，刚过凌晨 1 时，在蒙特利尔以北靠近圣马丁车站（St. Martin Station）的铁路干线上，太平洋铁路公司货运 8761 号北段列车发生爆炸，列车受到强烈震动。

随即，太平洋铁路公司接到匿名电话留言，对方声称自己代表一个名为“蒙特利尔黑色九月”的组织。这段可怕的留言警告说圣马丁车站爆炸之后还会在一辆客车的某个地方发生第二次爆炸，除非他们的要求得到一定的满足。他们要求铁路公司付给这个神秘组织25万美元，以消灾解难。

公司接到对方明确的指令，如何付款、如何把钱款打包。他们要求用20美元面值的钞票，并且从10个不同的银行取款。然后说，关于何时、何地付款，还会打电话发来指令。对方警告铁路公司，要记住近来在以色列、德国和约旦发生的爆炸事件，“黑色九月”声称对这些事件负责。

在警司乔治斯·莱高特（Georges Legault）的领导下，一队铁路警察侦查人员开始行动，按照该组织发表的一份公报，准备了“付款”的包裹。不知敲诈者是被警察的彻底调查吓住了，还是原本就是虚张声势，一直没有实质性的进展，也没有人在付款的地点出现。为此，侦查队受到魁北克省警察厅和皇家骑警队（RCMP）的质疑。过了好长时间，侦查队才取回了包裹，继续等待，但敲诈者的指令再也没有出现。

盗窃也是持续困扰太平洋铁路公司，以及沿线和车上铁路警察的问题。

在发生了大量劫持拖车和拖车头的案件之后，交通运输公司加强了国内主要交通枢纽的安保措施。全国各地的仓库一度窃贼横行，集装箱被拖走，无数财物被盗，如肉类、香烟、酒类、摩托车、雪地摩托、汽车零件、毛毯，甚至卫生洁具。于是，进出货运场和泊船区的手续更加严格。

1973年11月17日，窃贼从卡尔加里盗走了太平洋铁路公司一辆长45英尺、满载着浴缸的拖车，拖车是在一个交通信号灯处与车头断开的。之后，司机将车头开回了铁路公司货场，挂上另一辆装满毛毯的拖车。而第二辆拖车后来被发现丢弃在米德纳布尔区(Midnapore)①附近，车上已空无一物。

《卡尔加里先驱报》（*Calgary Herald*）上新刊登了几则广告，招聘铁路警察，要求年龄在21岁以上，身高至少5英尺9英寸，身体健康，双眼裸眼视力均为20/20。②

调查局面临的更大问题是公路与铁路平交道口的安全问题越来越突显。实际上，全国有成千上万个平交道口。可是在当时——直到今天——也没有什么简单易行的解决办法。

当需要铁路系统在平交道口安装可视的、在机车上安装有声的警示装置时，市政府和省政府有共同职责来考虑地形的障碍、交通的流量，以及铺设道路时整个地区警示信号的能见度。应该限定车速，在道口设置足够的警示，相关法律也必须得到执行。

最后，机动车驾驶人有责任遵守法律，小心驾驶，在通过平交道口时谨慎判断。

还要考虑复杂多变的因素，如天气、温度，道口的使用是在白天还是在夜晚，等等。

---

① 米德纳布尔区是阿尔伯塔省卡尔加里的一个居住区。——译注

② 视力20/20相当于中国视力标准5.0。——译注

根据法律规定，铁路系统必须履行其职责，维护道口的安全，保证警示装置的多样性，既有二级公路的警示牌，也有复杂的列车报警装置，包括可移动的平交道遮断机、闪光灯、电铃，或者综合性装置。如果市政府没有明令禁止，铁路系统也会执行自己的《操作规则统一规范》中的条例。例如，要求机车司机到达每个平交道口之前的0.25英里处开始鸣笛，并且要持续或反复鸣笛，直至机车完全通过道口。

铁路员工必须经过严格训练，定期考核，并按期接受体检，以保证胜任列车上的工作。还有严格的规定，要求员工保持冷静的心理状态和良好的身体素质，同时也保证他们在上班前有充足的休息时间。员工的工作表现会经常受到铁路公司和政府机构的检查。

但是，铁路系统所负有的道德责任不仅限于履行法律义务，还包括对公众和司机的教导，使他们随时保持警醒。因此，太平洋集团总是号召自己的警察队伍勇挑重担。

铁路警察在20世纪70年代发起了教育宣传活动，内容包括在全国的报纸和电台发表数千篇关于平交道口安全问题的报道。一个名为“死于岔道”的视听节目将相关活动信息推广到学校、社区联合会和安全会议的听众群体中，以提高人们在平交道口遇到车辆与火车相遇时的安全意识。这是铁路警察做了多年的公共宣传活动的延续，也是新的、更有力的、多方面的铁路安全运动，这项运动一直持续到今天。

随着太平洋集团旗下公司的多样化发展，新的侦查技术的运用和政府法规的变革，诸如《铁路改革法案》（*Rail Reform Act*）和《人权法案》（*Human Rights Act*）等，使得人们眼里的铁路警察由以前的“铁路公牛”或“煤渣迪克”转而为崭新的、先进的形象所取代。

不断提升的警务技能，加上更新换代的计算机装置，产生了一种新型警察，新的政府立法也对警察个人的权力给予了更多尊重。一本两英寸厚的新列车手册反映出了在乔治斯·莱高特（Georges Legault）局长和詹姆斯·米克尔（James Mickel）局长的先后领导下，调查局的现代化发展和全国的规范化发展。

乔治斯·莱高特局长简介

救火——既是比喻，也是现实。

乔治斯·莱高特于1917年10月18日出生在魁北克省瓦利菲尔德市（Valleyfield）圣马丁镇（Sainte-Martine）。

1938年，莱高特在蒙特利尔进入铁路公司，担任警卫。其间，他多数时间在加拿大东部工作，包括蒙特利尔、魁北克、圣约翰、威廉堡（Fort William）和施赖伯（Schreiber）。他加入太平洋铁路公司的当年成为警员；1952年成为蒙特利尔侦探。8年后，他被任命为威廉堡的助理督察。

1943—1946年，莱高特到军队服役，回来后成为铁路警员。

他在获得丰富的实践与管理经验后，警衔迅速晋升。1963年，他被任命为安格斯工厂(Angus Shops)的督察和消防队队长；1969 年任加拿大大西洋区域督察；一年后任蒙特利尔机构的督察；1971 年任加拿大大西洋区域警司；1973 年任调查局助理局长；1977 年任调查局副局长；1979 年任调查局局长。

莱高特任职不到一年的时候，有一位收货人投诉太平洋集团，说他从苏联运到加拿大的集装箱中丢失了许多张狐皮。集装箱是用太平洋集团的船运过来的，公司的侦查人员发现货箱上的固定搭扣被人破坏了。在国际刑警组织的帮助下，调查局向波兰警方提出，货物很可能是在波兰格但斯克(Gdansk)港口被盗，因为集装箱是在那里转载到小型船只上的。最终，警方抓获了 5 名男子，案件告破。

4 年后，即 1982 年 11 月 1 日，乔治斯·莱高特退休，回到渥太华。至此，他在太平洋共工作了 44 年。

由于公司在地理上和管理上都有不同的需要，铁路警察在宣誓就职后，也在不同省份担任特殊警员，这给了他们更大的司法权。

求职者一旦达到严格的体能要求，在各种资格测试中获得高分，也通过了背景审查，就会被录取为实习生，并被送到位于温尼伯市的太平洋集团警察培训学校（CP Police Academy）接受为期 6 个月的培训。他们在学习刑法和各省法律的同时，还要学习一般的警察工作程序、急救和其他相关课程。

太平洋公司的督察沃尔特·特钦（Walter Turchy）说：“在培训学校，学员不是仅仅镀下金，对我们的警官来说，最关键的法律是《加拿大刑事法典》（Canada Criminal' s Code）。学员们要学会如何使用、如何解读刑法典以及《铁路法案》（Railway Act）。”

学院的课程还包括行政管理程序，如在处理入室抢劫和交通事故这种需要报告的案件时，如何正确地记录、叙述、撰写报告；在爆炸案件和危险品脱轨事故中，如何采取正确的处置措施。

如果在培训学校顺利结业，实习生会转为警员，被指派到某个警察支队，与训练教官搭档，再接受为期 8 个月的在岗培训。他们的日常工作可能是保护太平洋公司的财物，巡视设备，也可能与公司业务有关，或是做一些初步的侦查工作。

穿制服的警察如果侦查能力出色，就可能转到便衣岗位，升职为探员，从事更多与纵火、诈骗和重大盗窃等严重犯罪相关的案件处置工作。

经过基本的训练之后，大约每隔 4 年，太平洋公司调查局的警员就会被送回温尼伯，通过课程学习来进修。他们有可能会被选拔出来，到位于渥太华的加拿大警察学院(Canadian Police College)或是位于艾尔默市(Aylmer)的安大略省警察学院(Ontario Provincial Police College)学习一些专业课程。另外，他们工作的警队所隶属的市或省警察部门经常邀请他们去参加在职培训项目。

然而，任何训练都不能使人完全有准备去面对某天可能出现的某个特殊任务。

1975年9月18日，多伦多皇家约克酒店发现，办理过住宿登记的一位客人所使用的信用卡已在美国失窃，卡上透支了377美元。酒店的信用部经理助理利亚那吉·普瑞尔·德·希尔瓦（Lyanage Pryel De Silva）年方22岁，刚刚从斯里兰卡移民，他感觉到有问题，就请治安警员罗杰·桑德斯（Roger Saunders）跟他一起去那位客人的房间。桑德斯怀疑这确实是一桩犯罪，便叫多伦多市局的警员盖瑞·斯利可（Gary Silliker）同去。

3人来到18层楼上的那间客房，敲门，进了房间，还没看清房间里的情况，嫌疑人就用手枪对准了他们。

桑德斯被击中腹部，斯利可转身逃跑，肩膀后面中弹。德·希尔瓦夺门而出，跑到过道上才发现自己跑错了方向。这是个致命的错误。他掉头向后跑，可是还没到出口就中弹倒下了。

仓皇之中，持枪者迅速跑到大堂，逃离酒店，从此消失得无影无踪。

与此同时，太平洋公司警察局、多伦多市警察局和安大略省警察厅的警察被召集到现场，逐一排查约克酒店的每个房间。酒店共有1600间卧室和公用房间，以及一间修建中的大型会议室需要检查，不仅任务繁重，而且耗费时间。

当然，警官们都没发觉，他们的猎物早已逃之夭夭。

不过警方很快得知，有一辆挂有美国肯塔基州牌照的汽车，司机神色慌张，冲出了酒店停车场，向西驶去。当天，多伦多警方又得到消息，那辆汽车和那名嫌疑人已经到达尼亚加拉（Niagara），并已设法穿越边境，进入了美国。

至此，约克皇家酒店枪手的身份可以大致认定，是一个名叫罗伊·艾伦·恩伯里（Roy Allen Embery）的美国公民，有盗窃、诈骗等多项犯罪前科。警方发布的通缉令中指控他涉嫌一项谋杀和两项谋杀未遂。

将近3个月后，11月10日，美国科罗拉多州丹佛市警方获知，恩伯里就在本市，正要乘坐巴士去往某地。探员D.德布鲁诺（D.DeBruno）和D.哈雷（D.Haley）在大陆巴士总站（Continental Bus Terminal）找到了犯罪嫌疑人，但因候车室人群密集，没有立即对他采取行动。可是恩伯里察觉到了外面的威胁，便拔出左轮手枪向两名警察开火，击中了德布鲁诺，重伤哈雷。哈雷迅速还击，命中目标。恩伯里倒地后被送往医院，其胸部、手臂和脸部都受了伤。

恩伯里康复后，现身丹佛市法院，招认犯下一级谋杀罪和一级侵犯人身罪。他被判处终身监禁。而且，如果他在美国获释，将有引渡文书把他转交给加拿大继续监禁。

后来，太平洋公司警察局的桑德斯警员完全恢复了健康，多伦多警察局的斯利可警员和丹佛警察局的哈雷探员也都康复了。

那些在野外酒店工作的警察所面临的挑战更大。

1979年夏天的一个夜晚，在路易斯湖城堡酒店(Chateau

Lake Louise)①，一个面如土灰的酒店服务员冲进太平洋公司警员罗德·曼森（Rod Manson）的办公室，结结巴巴地说："熊……熊……"同时用手颤抖着指向货运码头。

铁路警方赋予曼森的职责，是在这个加拿大太平洋沿岸山脉的著名景区维护治安。

曼森冲到酒店的院子里，惊慌的服务员紧跟其后，两人看到围护垃圾堆放区的两扇宽大的门板已经被撞坏，从合页上掉下来，垃圾散落一地。

曼森没有看见破坏者，便让两名酒店员工清理垃圾，自己站在旁边警戒。

这时，服务员见过的那只四条腿着地的觅食者回来了。熊走近垃圾区和垃圾桶，堵住了两个酒店员工的退路，曼森警官拔出配枪——一支史密斯·威森 0.38 英寸口径的短管左轮手枪，朝那只野兽跟前的地面连发 3 枪。

"我想它被枪声吓住了，"曼森事后回忆道："熊看看我，向前迈了几步，然后就转身向黑暗中走去。"

根据国家公园内部的相关规定，曼森警官随即给公园守卫办公室打了电话。对方推测，侵入酒店的是一只灰熊，比城堡酒店附近地区常见的黑熊更大、更危险。

第二天晚上，曼森和守卫在货运码头选择了一个位于屋顶

---

① 路易斯湖城堡酒店是费尔蒙特酒店集团旗下的一家酒店，位于加拿大艾伯塔省路易斯湖畔。酒店由加拿大太平洋铁路公司建造于 19 世纪末 20 世纪初。1924 年 7 月 3 日，酒店曾遭遇火灾，一年后修复。——译注

的位置，以便于观察为熊放置好的捕兽器。与前一晚差不多相同的时间，那只灰熊又一次来觅食了。

曼森说：“熊看见捕兽器，绕了过去，抬起一只大爪子，把捕兽器的门一下关上，就退回到黑暗中去了。”

守卫认出了这个对手。对守卫来说，这次相遇的场面与此前非常相似。当年夏天，那只熊已经在三个地方出现过了。

守卫询问了他在班夫①的上级，得知那只熊为老年雄性，牙齿全坏了，在野外难以捕猎。考虑到灰熊一般侵犯人类时有恃无恐，各个公园达成一致意见：杀死它。

次日晚，曼森、守卫和一名皇家骑警队的警员再次栖身于码头的那个屋顶。熊来了，这个掠食者走近垃圾区时，警察猛然打开灯光照亮酒店的院子。曼森和骑警警员用12号霰弹枪向熊开火，守卫则端起步枪用一支镇静剂射中灰熊，灰熊用后腿直立起来，然后摔倒在地，死掉了。

“虽然是深夜，”曼森说：“但有一大群酒店里的人聚集过来。我们为了把熊拉起来、装进守卫的皮卡，把绞车都弄坏了。最终，我们总算把熊拖了出去。后来，给这只熊称了重量，足足超过700磅。事情传出去后，当地媒体全都进行了报道，当时路易斯湖一带已经议论纷纷，人们断言是因为处理垃圾疏忽大意，才引来灰熊这样不必要的麻烦。那年秋天，我被调

---

① 班夫是加拿大阿尔伯塔省西南部城镇，位于卡尔加里市以西约130千米处，地处路易斯湖附近的落基山脉，是落基山国家公园的主要商业、文化活动中心，著名的冬季休假胜地。——译注

回温哥华，就没有再过多关注此事。”

但是，这件事很快又被再次提及。

秋天，《周末杂志》（Weekend Magzine）上刊登了一篇文章，突出报道了发生在路易斯湖城堡酒店的杀熊事件。

“那时候，警察局负责太平洋区域的伯特·麦克高曼（Bert McGowman）警司还没听说过这件事，” 曼森说：“他读了文章，对我大为不满。不过，当他了解到酒店员工曾经面临怎样的危险，而且我是遵照正确的程序进行处理，也及时进行了上报后就不再责怪我了。第二年春天，我被派回路易斯湖，同时保证再也不杀熊。”

1981 年，加拿大铁路联合会（The Railway Association of Canada，RAC）和加拿大运输公司（Transport Canada）与加拿大安全委员会（Canada Safety Council）、各省安全委员会或安全联合会协同启动了一个加强平交道口安全意识的项目，名为“救生行动”。向汽车司机传递的核心意思是：“火车体积大，功率大，不能急刹车。一列有 100 节车厢的货车重达 10000 吨以上，其时速至 80 公里时，要在紧急制动中完全停下需要行驶大约 2500 米。如果与火车赛车，你必输无疑。别碰运气……那也许是你最后的运气。”

那时，整个加拿大有 24000 个铁路平交道口。每年都有大约 400 起道口事故，造成 60 人丧生。

警方的调查结果不断显示，多数事故是机动车驾驶员的责任。很多人忽视了正在驶来的火车头上汽笛和电铃发出的警示，常常对闪光灯、铃声这些自动警报毫不理睬。有人甚至大胆地钻过降下的护栏，其实却是对距离作出了错误的判断。最糟糕的一次，心不在焉的汽车司机径直开到了飞驰的列车旁边，甚至没减速。

当减少平交道设施成为铁路联合会各成员单位（如太平洋公司）的主要目标时，阻止侵害铁路财物的行为也成为一项重要战略。渐渐的，铁路警察越来越忙于把全地形车手、越野摩托车手、雪地机动车手、自行车手、越野滑雪者等全都拦在铁路和桥梁之外。同时，太平洋公司的警员还在全国的公立学校推广“救生行动”这个项目。

1982 年 11 月 1 日，詹姆斯·麦克尔（James Mickel）从乔治斯·莱高特手中接过了调查局局长一职。麦克尔对警队最重要的贡献是制定了正规的培训计划和标准课程，并在全国实施。这位新局长还坚持实行严格的应聘人员岗前测试和审查制度。而在此之前，是否聘用，在很大程度上取决于当地督察的意见，当然也要核查其背景，看是否有犯罪前科。新入职人员在进课堂学习之前可能会先工作几个月。

那时，经常能招聘到对警察职业感兴趣的女性。在加拿大历史上，不少警察队伍中都有女警官，主要负责监管女性犯人和青少年罪犯，而不参与日常警务工作。早在 1912 年，安妮·梅·杰克森（Annie May Jackson）就成为加拿大第一位女警员，埃德蒙顿警察局(Edmonton Police Department)①聘用她管理

① 埃德蒙顿是加拿大西南部城市，阿尔伯塔省省会。——译注

那些移民到加拿大后应召卖淫的年轻妇女。警局委派给她的任务是维护社会的“高尚道德与风气”。

可是，20 世纪 70 年代中期，社会压力使得皇家骑警不仅聘用女性警官，而且分派给她们和男同事一样的工作。渐渐的，其他警察机关也开始效仿。

太平洋公司调查局按照以往惯例是不愿意聘用女警员的，因为考虑到铁路站车上的安全问题。但到了 20 世纪 80 年代中期，招录来的铁路警察要上新开的培训班，麦克尔局长便同意聘用女性，只要符合局里规定的任职标准。

苏·麦克劳德（Sue Macleod）就是新招录的女警员之一。她在多伦多大学学习期间，曾在士嘉堡(Scarborough)①校园安保队兼职，负责处理一些特殊情况。

“校园警队中有一位男警员，名叫吉姆，他曾在太平洋警察局工作。”麦克劳德（现在已婚，姓莱顿）回忆往事时说：“我原本计划一毕业就到警察部门求职，他建议我去太平洋公司警察局。吉姆对这个警局评价很高，还给我讲了他之前的工作情况。我那时还不知道铁路只聘用自己的警察，听着很有趣，就申请职位了。”

1987 年 4 月，麦克劳德成为太平洋公司调查局的第一位女警员，她被派往多伦多警察支队。

“把一个用新办法聘用的新人引进一个传统的工作环境，需

---

① 士嘉堡位于在多伦多东部，是有着 200 多年历史的古老城镇，也是早期中国香港和台湾移民在加拿大安大略省最喜欢聚居的地方。——译注

要有一段适应期。我在太平洋公司的早期工作中，双方都要彼此迁就。”麦克劳德说：“我的更衣室其实是一间很大的办公用品储藏室；而且花了好长时间才使总局相信，我的制服长裤应该与男式长裤的样式不一样。不过，后来就一帆风顺了。”

“戈德·斯汀森（Gord Stinson）是我的培训教官。他是对妻子忠诚的丈夫，女儿的好爸爸。”麦克劳德说：“我们经常谈论，如果他的妻子和女儿以非传统的角色工作，他想让她们受到怎样的待遇。他对我很尊重，让我在新的事业中获得自信。他对待我的态度，在办公室中定了基调，我相信也会使工作比预想的顺利。其他铁路部门的人对我的态度也很快从娱乐式的新奇变成毋庸置疑的支持了。”

两年以后，太平洋公司调查局吸引了更多的女性。第二期培训班有 5 名女性报名。

“当太平洋公司的一位督察打电话给我，问我是否愿意见见他们，谈谈我的工作，我感到非常好奇，非常荣幸，也很受吸引。”劳丽·克里坦登（Laurie Crittenden）说。她本来申请的是温哥华市警察局的一个职位。

“太平洋公司向温哥华警察局要一份有希望录取的女性应聘者的名单，因为他们也在招聘，”她说，“当时我觉得这会带给我一份令人有成就感的事业，至少能带给我一些去市警局工作所需要的、有价值的经历。”

克里坦登是调查局派驻在温尼伯西部的第一位女警员，多年后她回忆起当初，那些男警察是如何适应她这位新同事的。

“大多数人毫无问题地欢迎我，尤其是那些熟悉女警察的年轻人，”她说：“但有些年长的人看到我毫无兴趣。我知道，有个同事的妻子不想让我和他丈夫一起上夜班，因为她很担心。”

不过最终，女警官被整个警局、公司和整个公众都接受了。

“如果我和公众之间有什么问题，”麦克劳德说：“那就是因为他们不知道铁路公司有自己的警察。”

在詹姆斯·麦克尔的领导下，铁路警察局还进行了一项测试，考察警员的发展潜力。这给调查局提供了一份名单，候选人可以从制服部门提升到侦查岗位上来。

詹姆斯·M. 麦克尔局长简介

更好的培训和更好的设备

在莱高特局长短期任职之后，1982 年 11 月 1 日，詹姆斯·M. 麦克尔(James M. Mickel)被任命为太平洋集团调查局局长。他的任期也不长，但与莱高特一样，他一直因友善的态度、坚强的性格赢得了民众赞誉。

麦克尔出生于 1923 年 4 月 25 日，在苏格兰巴斯盖特城(Bathgate)①长大、接受教育。1942 年至 1946 年，他在英国海军航空兵部队(Royal Navy Fleet Air Arm)②做航空技工。1946

① 巴斯盖特城，英国历史名城。——译注

② 英国海军航空兵部队，简称 RNFAA，也称皇家海军舰载航空兵，是英国海军使用航空器执行相关任务的分支机构。——译注

年 2 月，他离开海军，进入爱丁堡市警察局。 1952 年 3 月，他来到加拿大，报名进入加拿大太平洋公司成为铁路警察。

1952 年 3 月 3 日，麦克尔到调查局任警员，被派往温哥华。 4 年后，在那里任探员。 在任探员期间，他被派到班夫温泉酒店做了一段时间的安保工作，也在埃德蒙顿工作过。 1969 年 8 月 1 日，麦克尔在渥太华升任副督察，数月后调往卡尔加里市。 1971 年，他在温哥华晋升为督察，1973 年在蒙特利尔总部任督察长。

由于受到调查局同事和太平洋集团管理部门的爱戴和尊敬，1973 年 12 月 1 日，麦克尔被任命为局长助理，1979 年 7 月 1 日成为助理局长；1981 年 9 月 1 日任副局长，1982 年 11 月 1 日任局长。

在麦克尔任职期间，新警察的培训集中在温尼伯进行，时间比以前延长了一倍。

他还制定了严格的岗前审查和测评制度，以确保新警察符合要求。 侦查人员则继续在渥太华学习加拿大警察学院的其他培训课程。

麦克尔预见到新的通讯技术将对警官们的工作具有越来越大的价值，于是更新全体人员的电话、无线电和电脑系统配置，并确保他们能够熟练操作。

在负责指挥铁路警察之后不久，麦克尔说：“我们的警员都是独立工作，所以必须能够在需要的时候以电话求助。 我们感到，有了良好的训练和先进的设备，可以提高整个队伍的工作效率。”

1988年，麦克尔退休。

1983年2月25日，蒙特利尔尚普兰城堡酒店（Chateau Champlain）有一位小店老板报告说，一名男子在她的店里闹事，惊扰了顾客。酒店的治安主管（Chief Security Officer，CSO）、太平洋公司调查局的探员拉尔夫·鲍莱特（Ralph Boulet）发现，那名男子站在前厅里，穿着打扮像个拉比[1]，自说自唱，仿佛惶然无所适从。

鲍莱特把这名男子护送到位于酒店前台后面的治安室，等待蒙特利尔警方来人，酒店的治安副主管则报了警。

在询问过程中，男子忽然变得神情凶狠，从衣兜里掏出一支小左轮手枪对准治安主管的头部。鲍莱特正坐在办公桌后面的椅子上，一看他要开枪，连忙躲到一边，抽出配发的0.32英寸口径的柯尔特手枪连发两枪。

其中一枪没打中目标，子弹穿墙而过，打在了酒店助理经理的背部。另一枪正中犯罪嫌疑人颈部右侧。

“这是打火机。”受伤的男子叫道，同时扣动扳机，“枪管”上冒出一簇火苗。

嫌疑人被送到医院治疗枪伤，同时接受精神科观察。助理经理的背部大片瘀伤，所幸伤得不重，因为枪弹口径小，而且酒

① 拉比，犹太教宗教领袖，通常为主持犹太会堂的人、有资格讲授犹太教教义的人或犹太教律法权威。——译注

店的墙壁也减弱了子弹的威力。

蒙特利尔警方和调查局都对这次枪击事件进行了调查，证明了鲍莱特在当时确实没有发觉那是只假枪。

20 世纪 80 年代，不列颠哥伦比亚省还出现了新型的爆炸案件。1984 年 4 月，库特尼(Kootenays)①的皇家骑警调查了两起爆炸案，发现了数枚未来得及引爆的炸弹。其中一起爆炸发生在凌晨，把不列颠哥伦比亚省电话公司的一根电线杆从底部炸坏。几乎是与此同时，太平洋铁路公司的一段铁轨被炸毁，这段铁轨位于克里斯蒂娜湖（Christina Lake），在大福克斯市（Grand Forks）以东 22 英里处。探员们发现，这起案件中使用了甘油炸药和定时器。

5 月 1 日，在不列颠哥伦比亚省布里连特（Brilliant）附近的铁路上，太平洋铁路公司的一名巡道员发现一枚自制炸弹。布里连特曾是杜霍波尔派②的总部所在地，那时其领袖是后来被谋杀身亡的彼得·“上帝的”维里金。发现炸弹 3 个小时后，皇家骑警防爆队从温哥华赶来，安全引爆了炸弹。

罗宾·伯恩（Robin Bourne）是不列颠哥伦比亚省警方的助

① 库特尼，此处应指库特尼国家公园（Kootenay National Park），位于加拿大不列颠哥伦比亚省的东南部，面积 1406 平方公里，是世界遗产——加拿大落基山脉自然公园群的组成部分。公园成立于 1920 年，是落基山脉四个相邻的国家公园中的一个，其余三个为其正东的班夫国家公园、正北的幽鹤国家公园，以及贾斯珀国家公园。——译注

② 杜霍波尔派，意为灵魂力士派，产生于 18 世纪的俄国，名字的含义是“精神角斗士”。这个带有嘲讽意味的称谓是东正教教堂给他们起的，而杜霍波尔派教徒拒绝东正教。——译注

理副总督。在他的领导下，警方对爆炸案进行了深入调查，但最终无人落网。

同年夏天，在卡尔加里，一个身负两起命案的杀人犯保罗·兰盖特（Paul Ringuette）从魁北克省考恩斯维尔（Cowansville）一座低度设防监狱逃跑，被太平洋公司的两位警员抓住。兰盖特和女友娜奥米·布罗克曼（Naomi Brockman）乘坐温哥华境内的一辆“维亚铁路”列车，到达终点站之前，他们提前两个小时下了车，进入卡尔加里帕丽沙广场购物中心（Palliser Square Mall）的一家牛仔节（Stampede）[①]皮靴与牛仔装专卖店，店员看见这两个人偷了两条牛仔裤和一个皮带扣。

他们一离开，店员就向购物中心的安保人员报了警，几分钟后，那对窃贼便被铁路警察抓获。周末，魁北克省警方已经派遣警官西行，押送兰盖特回监狱。他是 2 月 17 日越狱的，当天他正在以“人道主义”8 小时探亲时间探望母亲，却从看守身边溜走。他因杀死狱友犯下过失杀人罪，已在魁北克省拉瓦勒

---

① 卡尔加里牛仔节(Calgary Stampede)，是每年 7 月在加拿大阿尔伯塔省卡尔加里举行的一个博览会和牛仔竞技。牛仔节为期 10 天，年度入场人数超过 100 万人次。——译注

(Laval) 高度设防监狱服刑 17 年。兰盖特曾是“地狱天使”① 的成员，此前就因犯另一桩过失杀人罪在拉瓦勒服刑。

魁北克省退休储蓄金计划 (QPP) 的发言人盛赞铁路公司的警员，而把兰盖特称作“坏家伙”。

加拿大太平洋集团铁路警察调查局航空分局所参与的事件，不仅同上述爆炸案和遭遇杀人犯一样令人头疼，而且是加拿大历史上最负恶名的大爆炸和最血腥的大屠杀。

1985 年 6 月 23 日，印度航空 182 次航班离开蒙特利尔市米拉贝尔 (Mirabel) 国际机场，飞向英国希思罗机场，之后将飞往印度新德里和孟买。刚过早上 7 时，飞机距离爱尔兰西南部的科克郡 (County Cork) 海岸线还有 190 千米，无线电信号突然中断，飞机从航空指挥雷达屏幕上消失了。

不久，人们就发现了这架波音 747 大型喷气式客机的残骸，以及很多死难者的尸体漂浮在大洋上。印度民用航空部部长宣布，这架飞机系被炸弹炸毁。飞机上还载有从温哥华起飞的太平洋集团航空公司 60 次航班上转运过来的行李。机上 329 名乘客和机组人员全部罹难。

---

① “地狱天使”是 20 世纪 60 年代的一群美国嬉皮士。80 年代，厌倦了流浪的“天使”们在加拿大成立了地狱天使黑帮，后来成长为加拿大第一黑帮。总部设在蒙特利尔，成员约 4 万人，以贩毒为主业。1995 年，地狱天使和另一大黑帮“滚石机器”在魁北克省为争夺地盘爆发了激烈冲突。冲突持续了 7 年，双方共有 160 人死亡。由于民众的不满情绪日趋强烈，加拿大警方发动了“2001 春季行动”，2000 多名警察在一夜之间逮捕了 100 多名“天使”。2001 年 9 月 26 日下午，在魁北克省的一家法院里，双方举行了闭门会议，达成了历史性和解。此后，加拿大警方没有再进行过大规模的扫黑行动。——译注

就在182次航班消失不到1小时的时间里，在地球的另一边，东京成田机场发生了一起大爆炸，把航站楼炸成了一片废墟，行李员被炸死2人、伤4人。炸弹是在一只皮箱里被发现的，箱子来自于温哥华，是刚刚从太平洋集团航空公司003次航班上卸下来的，原本要转运到印度航空301次航班上。

看来有人在温哥华盯上了印度航空的飞机，太平洋集团航空公司则似乎是被利用运送弹药的。

皇家骑警和加拿大安全情报局（Canadian Security Intelligence Service，CSIC）的人员共同组成专门工作组来调查这起事件。调查持续了将近20年，花费了1.3亿多美元，是加拿大历史上成本最高的调查行动。太平洋集团调查局航空分局的主要任务是担任航空公司和工作组之间的联络。集团公司的警察来到航空公司审计部，从成百上千张机票中筛查嫌疑人的名字。克利夫·胡珀（Cliff Hooper）督察与几位皇家骑警到东京协助日本警方进行调查。

大部分疑点集中指向一个名为巴巴尔·哈尔萨(Babbar Khalsa)[①]的激进的锡克教组织，其成员主张以暴力实现锡克派在印度旁遮普邦独立建国的目标。

针对太平洋集团航空公司雇员的调查，主要集中于空难发生前几天，通过温哥华票务系统订票和退票的记录。订票员马

---

① 巴巴尔·哈尔萨可能是指巴巴尔·哈尔萨国际（Babbar Khalsa International，BKI）。2004年4月29日，美国国务院将其列入被禁恐怖主义组织的增补名单。——译注

丁·多纳休（Martine Donahue）被问及一只无人认领的皮包，皮包是一名乘客在成田机场托运的，但那人却没在飞机上出现。售票员杰拉尔德·邓肯（Gerald Duncan）在被警方催眠的状态下，回忆有关嫌疑人在他的工作台前取票的一些散乱细节。乘务员珍妮·亚当斯（Jeannie Adams）想起曾与一名乘客发生争执，此人要把一只“新秀丽”牌（Samsonite）手提箱转运到印度新德里去。

对东京爆炸案的一系列调查表明，有一枚炸弹已经被装进一台“三洋”（Sanyo）立体声收音机里，由厂家通过海运送至温哥华的零售商手中。皇家骑警派出135名警官去调查“三洋”收音机的所有出售渠道，发现最近一台收音机的购买者是不列颠哥伦比亚省邓肯镇的机械师雷亚特（Inderjit Singh Reyat），警官不仅查到了一张“三洋”FMT-611K型收音机的收据，上面写有此人的名字和电话号码，而且查到了他购买其他炸弹元件的证据。

1986年1月，调查人员与加拿大航空安全委员会（Canadian Aviation Safety Board）最后认定，印度航空182次航班系被携运货物中的炸弹炸毁。调查报告中推断，炸弹源自温哥华地区，先被送上太平洋集团航空公司60次航班，然后被放置在印度航空公司的航班上，最终酿成惨剧。

通过使用窃听器和当面询问的方式，专门工作组对航空公司的员工、乘客和锡克教派的人进行了无数次调查。渐渐的，系列爆炸案的真相显现出来，表明至少有两个锡克派恐怖组织与不列颠哥伦比亚省其他众多同伙共同谋划，目的是报复印度政府在 1984 年 7 月对锡克教最重要的圣地阿姆利则金庙（Golden Temple of Amritsar）实施的血腥袭击。

然而，跨国调查涉及的地域如此之广，锡克教派组织如此结构严密、行动隐秘，导致案件头绪纷乱，对所有嫌疑人的起诉一再拖延。

15 年后，2001 年 6 月 6 日，皇家骑警终于逮捕了雷亚特，罪名是涉嫌在印度航空爆炸案中犯谋杀（包括谋杀未遂）罪和共谋罪。2003 年 2 月，雷亚特承认实施了过失致人死亡，以及协助制造炸弹的犯罪行为。

另两名与巴巴尔·哈尔萨组织有关的、锡克教派的重要成员巴格里（Ajaib Singh Bagri）和马里克（Ripudaman Singh Malik）也被提审，以涉嫌策划爆炸案而受到起诉。但是，2005 年 3 月 16 日，由于缺乏确凿的证据，法官伊恩·约瑟夫逊（Ian Josephson）裁定，两名被告人“所有罪名均不成立”。

同年，在不列颠哥伦比亚省最高法院提起的一项诉讼列举了雷亚特 27 条误导法庭的证词。他承认制造炸弹，却矢口否认参与任何阴谋活动。

“我发现他在法庭宣誓后完全是个骗子，”在第一次对雷亚特进行伪证罪审判时，法官约瑟夫逊说道：“即使是最富同情心的听众，也会像我一样断定，他的证据编造得如此明显而低劣，不过就是企图把他在罪案中的责任减少到最低程度，而且他明明掌握情况却拒不交代。”

2010 年 9 月 19 日，雷亚特被判定犯有伪证罪，随后，被判处 9 年监禁。

由于印度航空公司遭遇爆炸案，而且全世界各航空公司也遭遇到其他恐怖袭击，太平洋集团航空公司开始对所有行李进行登机前的 X 光检验，这种做法在今天仍广为应用。国际航班上的行李不能再直接转运。在第一段航程结束时，私人行李必须由乘客取出，带到安检处，在登上另一个国家的航班之前再次接受检查。

1987 年，太平洋集团航空公司被总部设在卡尔加里的西太平洋航空公司（Pacific Western Airlines）收购，更名为“加拿大太平洋航空公司”（Canadian Pacific Air Lines）。航空分局的不少警察都被新老板安排了安保工作，但大多数人更加欢喜，因为能离开空中警卫工作回到熟悉的铁路。

1985 年，调查局位于最东边的警署，新不伦瑞克省圣约翰市的保皇派大厦（Loyalist City）庆祝 200 周年纪念。圣约翰是全国第一个也是最古老的城市警察局所在地。

太平洋集团的铁路干线从圣约翰向西，蜿蜒近 600 千米至魁北克省拉克·麦肯蒂镇（Lac Megantic），横穿美国缅因州，其中一段路线绵延在北美最大的军事基地加拿大军事基地盖奇敦（Gagetown）的西南边界。铁路警察圣约翰分局的职责包括巡视滨海诸省所有警署的工作，以及监督太平洋集团所有在大西洋地区的子公司的活动。此外，还要保护集团在新斯科舍（Nova Scotia）、爱德华王子岛（Prince Edward Island）和纽芬兰（Newfoundland）等省的铁路、货车、酒店和电信业的利益。

多年来，调查局在新斯科舍省多地派驻警官，包括迪格比市（Digby）一名警员、肯特维尔市（Kentville）一名探员，另外集团公司在哈利法克斯市（Halifax）的酒店和航空公司以及在达特默斯市（Dartmouth）的快递运输公司中也有警官。这些岗位后来被逐步淘汰。航空公司被收购后，酒店和快递运输公司也发生了管理上的变更，东海岸的警察岗位随之被削减。

世界船运模式的变化减少了圣约翰港的大型集装箱货轮的数量。集团公司的最后一艘货轮——阿卡迪亚公主号（Princess of Acadia），航线是从圣约翰至新斯科舍省的迪格比市。1976年，它被转让给了加拿大国家海运公司（CN Marine）。

太平洋铁路公司也拥有布伦特有限公司（Brunterm Limited）在圣约翰港50%的集装箱业务。这份资产由调查局的警员们守护。以前，从每年的9月到第二年的4月是冬运期，会余出30名警员无事可做。而现代科技和破冰船结束了这种状况。各航运公司，包括太平洋集团航运公司，开始全年使用圣劳伦斯河港口，曾让铁路警察心灰意冷的冬季勤务终于画上了句号。

1988年9月1日，太平洋铁路公司在圣约翰设置了分支机构，命名为加拿大大西洋铁路公司（Canadian Atlantic Railway，CAR）。不到10年，由于经济的发展和运输方式的变化，它也将脱离太平洋铁路公司体系。

此后，警察队伍由基思·莱维特（Keith Leavitt）局长统领。那时，警司们的工作重心在东部和大西洋沿岸地区，主要协调当地警察的活动。一位派驻温哥华的三级警司要负责大草原和太平洋沿岸地区的治安。在莱维特的领导下，太平洋公司的警察培训一直蓬勃发展，保持着与省属警察相同的水准。

大家都知道“警察巡逻”，铁路警员还是要负责大部分跑腿的工作。150多名警官要巡查太平洋集团遍布全国的财产。在工作过程中，任何情况都有可能发生，也真的发生了很多情况。警员们需要解决纠纷、驻守检查站、管理车辆交通、驱逐非法闯入者、检查货物装运，以及守卫大厦和房屋。在清闲一点的时候还要做些案头工作。每个警官发现任何意外事件时，都必须填写“情况报表”。

“我来集团公司工作已经5年了，先是在卡尔加里省圣约翰市，后来到了蒙特利尔，”当时集团的警员皮特·德·龙（Peter De Long）说：“我可以告诉你，蒙特利尔是行动开始的地方。但不管你在哪里执勤，调查局关注的问题都一样：盗窃和破坏公物。”

在那个年代，窃贼们最喜欢偷的东西是录像机和微波炉，而且擅长不断创新盗窃方法。每一年失窃的物品价值可达数万美元。不过，凭借高超的侦查技术，大部分物品最终失而复得。

与窃贼同样让调查局头痛的还有那些流窜者。1987年，几个来自加利福尼亚的流浪者被抓住时，他们正在蒙特利尔的铁路车场上游荡。根据太平洋公司警员吉恩—盖伊·赫伯特

(Jean-Guy Hebert) 的回忆，其中一个男子是从南美一路扒货车过来的。

“这些人基本上不惹麻烦，”他说：“他们只是不断向北方前进，目的是找工作。我们所能做的就是把他们转交给移民局的人去处理。”

1990年，太平洋集团获得了美国苏铁公司 (Soo Line Corporation) 100%的普通股。

早在1883年，太平洋铁路公司的几位领导者就已经协助建立了美国明尼阿波利斯市 (Minneapolis)、圣保罗市和苏圣玛丽市 (St. Paul & Sault Ste Marie) 的铁路。

这为太平洋铁路公司最终拥有苏铁公司在加美两国边境的南段铁路奠定了基础。这种关系在1999年得到进一步加强，因为苏铁公司进入了芝加哥市场。一些著名列车，诸如“登山者号” (The Mountaineer)、“苏铁—多米宁号” (The Soo-Dominion)，继续将成千上万来自“风城”芝加哥、“双子城”明尼阿波利斯和圣保罗的游客运送到加拿大落基山脉、温哥华、西海岸一线的旅游胜地。

苏铁在马尼托巴省埃默森市 (Emerson) 和萨斯喀彻温省北门村(North Portal)①的跨境连接，将太平洋集团的营运范围延伸到了美国中西部。美国7个州中由苏铁运载的人大约有3600万，比加拿大全国人口还多几百万。这种密集运输意味着产业

① 北门村位于加拿大萨斯喀彻温省与美国北达科他州边境的加拿大一侧，与美国的大门村隔国境线相望。——译注

发展、运输公司间的激烈竞争，也不可避免地产生了更多的犯罪。

1990年11月初，萨斯喀彻温省的穆斯乔市(Moose Jaw)刚刚下过第一场雪，太平洋公司的探员戈迪·沃夫（Gordie Wharf）和警员韦恩·麦克布赖德（Wayne McBride）接到报警电话，说有一个人疑似非法移民。

美国中西部的铁路警务

关于铁路警察与匪帮在芝加哥南部和西部交火的事件，官方档案中几乎没有文字记载，但是地方官员和民众仍然年年祭奠两位密尔沃基(Milwaukee)①的铁路警员杰克·弗里思（Jake Frith）和亨利·塔尔科特（Henry Talcott），他们死于1893年4月14日。他们在爱荷华州迪比克市的火车站台上试图将一节客车车厢里的流窜者调离的时候，遭到枪杀。在加拿大太平洋铁路公司、苏铁公司和美国早期铁路警察队伍的牺牲者中，只有他们留下了姓名。

1986年，当密尔沃基铁路(Milwaukee Road)②并入苏铁公司时，原有的大部分警察接受并购，投入新老板麾下——有14人留了下来，部门不像以前那么正规。那时，吉米·塔布斯

① 密尔沃基，美国威斯康星州东南部港口城市。——译注

② 密尔沃基铁路，官方名称为 Chicago, Milwaukee, St. Paul and Pacific Railroad，即芝加哥密尔沃基圣保罗与太平洋铁路，是自1847年开始在美国中西部、西北部运营的一条一级铁路，1986年1月1日并入苏铁铁路公司。虽然不再作为独立的铁路存在，但密尔沃基火车站这座历史建筑中依然有对该铁路的纪念说明，密尔沃基铁路261号蒸汽机车也仍得以保存。——译注

（Jimmy Tubbs）已入职苏铁警察队伍10年了，他在晚年这样回忆当年普遍宽松的工作环境：

1976年9月，我作为特别探员入职苏铁警察队伍。公司配发给我一枚锡制警徽，好像是从“琥珀玉米花”①盒子里拿出来的玩具似的。我在一张卡片上签了字，正式成为一名铁路警察。我没有经过任何训练，也从未上过警察学校。我从富兰克林公园(Franklin Park)②的一家“贝尔枪店”买了支柯尔特骑兵马克3世点357大威力左轮手枪，只能自学射击。我的任务是巡查和保护列车、阻止非法上车、抓捕罪犯，以及出席法庭。我的管辖范围是芝加哥市区，有时涉及威斯康星州。在进入公司两三个星期之后，偶尔我会和比尔·博德克（Bill Bodecker）、克劳德·马图拉（Claude Matula）一起工作，但多数时间是我独自工作。

1990年，当太平洋铁路公司收购苏铁公司时，所有美国铁路上的警察都身着便衣。如今，他们是北美洲警察队伍的一部分，既有穿制服的也有不穿制服的，负责加拿大6个省和美国14个州的铁路警务工作。

在美国，各州的现役警察都被州政府赋予执法权。权力范围包括执法权限和明确的管辖权限，各州互有不同。

---

① 琥珀玉米花，Cracker Jack，是一种用焦糖裹覆玉米花和花生混合成的零食，目前为百事食品公司旗下的商标。它最著名的特色是每个包装盒内都附有一个玩具。——译注

② 富兰克林公园，位于芝加哥市市郊。——译注

这个人穿越美国边境，在北门村未经检查就入了境。两名警官依据《移民法案》将其拘捕，并带到穆斯乔市警察局的牢房。

显而易见，此人右手断了4根手指，好像是由于遭遇了生产事故，可他也没打算解释。穆斯乔警察搜身检查时，发现他颈上挂着一只小袋子。问他袋子里是什么，他说：“我的手指头。”

沃夫探员满腹狐疑，决定要看个究竟。他把袋子摘下来打开，脱口喊道：“哦该死，是他的手指。”这就是铁路警察遇到的一桩怪事。

加拿大太平洋警察一直蓬勃发展，与省属警察培训保持相同的水准。正如太平洋公司警长杰克·里奇(*Jack Ridge*)向铁路公司的一名记者解释的那样：“新警员会配发手枪，在温尼伯市的皇家骑警培训中心接受严格的训练。他们还要通过一门强化课程，学习如何使用警棍（已不是简单的棍棒，而是结构复杂、功能强大的武器）；同时学习一些有关急救的课程。如果你想成为一名优秀的警官，在那时需要有身高6英尺、体重300磅的体格。”里奇巡佐说：“不过现在更强调训练和判断力。”

现在，警员们把工作时间越来越多地投入到公共关系活动上，以及宣讲滥用毒品的危害上。他们原来在蒙特利尔温莎警察局要做的集团总部的日常巡查工作，由一支新的安保分队来替代。

在周末和下班时间，安保分队逐层巡查总部大楼，守卫文件资料和贵重设备。每次巡查中，要在用以记录的计时器上共按下 52 次，一个过程要用 2 个小时。每次巡查要走相当于 2 英里的路程。

在日常工作时，安保队员要帮助迷路的人，保证所有员工和来访者身处安全的环境，不受意外伤害。他们通过 22 台摄像机所形成的复杂网络，管理着警局主要入口和两个停车场，也监控着各个次要入口。他们还要接听紧急电话，在必要时采取应对措施。

除了保护财物之外，探员杰克·罗姆斯（Jack Rombs）和道路机工长戴夫·阿米蒂奇（Dave Armitage）还制订了一项安全计划，其中包括《安全救生手册》的主要内容，这本手册在当地学校推广得很成功。在不列颠哥伦比亚省坎卢普斯（Kamloops）的一间太平洋公司的会议室里，举行了一场安全问题会谈。之后，放映了有关铁路警察的视频，与会者参观了列车车场。罗姆斯探员是“中心内部诈骗案件侦探”和“奥肯纳根区（Okanagan）诈骗案件侦探”两个警察组织的成员，这两个组织彼此共享有关犯罪的信息。

1991 年 2 月 16 日，罗姆斯和同事史蒂夫·格雷戈里斯（Steve Gregoris）探员在不列颠哥伦比亚省北本德市（North Bend）对太平洋铁路公司的车场进行监察，以应对大量闯入拖车和集装箱运输的事件。罗姆斯处于车场上方的一个有利位置，发现有 3 个年轻人从铁轨对面的灌木丛里走出来。他看到格雷戈里斯此时在无线发射台旁边处理紧急情况，而 3 个可疑的人跳进停靠在站内的一列火车的拖车上去了。

几分钟后，探员格雷戈里斯以及恰在此地的国家铁路公司特别探员 L. 麦克洛斯基（*L. McCloskey*）、不列颠哥伦比亚省波士顿巴市（*Boston Bar*）的皇家骑警支队下士 M. 汤普森（*M. Thompson*），在罗姆斯的指引下到达犯罪现场。3 人携手紧紧追赶跑上附近山坡的窃贼，很快抓获其中一个。不久，第二个窃贼在住所被抓住，第三个则到当地的皇家骑警警署投案自首。

3 名罪犯向警察供述，承认了至少对 6 起调查局尚未破获的盗窃案负责，以及 2 起国家铁路公司警察局的案子，还有大量波士顿巴市和北本德市骑警警署档案中的案子。此后，这个地区内所有针对太平洋集团和国家铁路公司的犯罪活动戛然而止。

1991 年，太平洋铁路公司以 2500 万美元收购了特拉华—哈德逊铁路公司(*Delaware & Hudson*)，简称德—哈公司，这给蒙特利尔和大纽约市区之间跨越大陆的铁路系统搭建了桥梁。德—哈公司警察署被太平洋警察局接收，一位警司被派到克利夫顿帕克（*Clifton Park*），太平洋警察局各警察支队重新部署到德—哈公司警察署所属的纽约和宾夕法尼亚州泰勒辖区，包括克利夫顿帕克、宾厄姆顿（*Binghamton*）、奥尔巴尼（*Albany*）、奥尼昂塔（*Oneonta*）、布法罗（*Buffalo*）等。

为了适应市场，德—哈公司与太平洋铁路公司、苏铁公司连接起来所形成的庞大网络，重新命名为加拿大太平洋铁路系统（*CP Rail System*）。

在莱维特（*Leavitt*）的领导下，铁路警察为与集团保持关系而采取的另一举措是联系由皇家骑警管理的加拿大警察信息中心（*Canadian on Police Information Center*，*CPIC*）。

“这个全国警务信息系统能给我们提供即时的犯罪记录，”多年后，莱维特这样说，“我们提出联系申请，也被接纳了。我们在全国已经有几个电脑终端设备，这样就可以连接信息中心，然后就开始在巡逻车上使用笔记本电脑了。”

巡逻车上还装有空调，这在当时很罕见。

但莱维特最引以为荣的成就是给制服警队的警员和警长争取到了与全加拿大多数警察相同的工资待遇。

“从 1972 年起，工会与调查局就第一份协议谈判之后，警员和巡官的工资就停留在与集团公司其他不再运作的工会成员一样的水平。”莱维特说：“遗憾的是，在此期间，地方警察的工资涨幅远远超过铁路警察，这说明我们的警察工资水平在落后。”到 1989 年，我们的高级警员每年收入大约 37500 美元，而地方警察平均年收入为 40000 美元。可是，我们能够补偿没有加入工会的警察——探员、督察、警司——涨幅与地方警察不相上下。

德拉华—哈德逊公司的警务工作

德拉华—哈德逊公司是北美最早建立且持续至今的交通运输公司，也是最早组建正式警察部门的公司之一。

1823 年，它以运河营运公司发端。6 年后，进入铁路行业。1840 年，成为第一个在纽约证券交易所上市的运输公司。

1907 年，德—哈公司将铁路线延伸到加拿大，在魁北克省德尔森（Delson）与太平洋公司铁路相连接。德—哈公司以著名的“大桥铁路（The Bridge Line）”使太平洋铁路公司不仅连接起了美国东北部地区的一级铁路，也进入了纽约市内和周边的市场。

随着美国东北部工业交通的衰落，铁路利益无法维持，太平洋集团公司于 1991 年收购了德—哈公司，至今已投资 2 亿美元进行基础设施改造。

早在 1885 年夏天，德—哈公司的一位警司就曾从纽约萨拉托加村（Saratoga）招募了一名平交道口守卫，穿蓝色制服，成为铁路上第一个警察。他叫阿瑟·O. 李（Arthur O. Lee），上岗后配发了一顶毡帽、一根警棍和一支 0.32 英寸口径的左轮手枪，受命务必在德—哈公司繁忙的萨拉托加客运站“维持秩序”。

到了夏末，李已经成为列车车场的一名便衣侦探，有时也会兼任车场管理员或是车场场长。

警司 L. F. 洛里（L. F. Loree）富有创新精神，他是李的主要选拔者，后来成为德—哈公司的总经理，最终成为总裁。洛里主张要为铁路的乘客、雇员和固定资产提供安全保障，于是为公司组建了完备的警察队伍。1908 年 2 月 1 日，德—哈公司警察局正式开始工作。警察局的工作章程所列职责包括：

保卫公司财产不受粗心、疏忽、恶意等行为和事故、火灾的侵害；保护旅行者不受扒手、窃贼和赌徒的侵害；保护交通不受盗窃和损耗或破坏的妨碍；协助人身伤害或其他诉求案件收集证据；维持公司处所与列车的秩序；帮助制止可能发生的骚乱；在涉及公司利益时维护与执行法律。

此后几年，这支警察队伍的职责扩展到保护整个德—哈公司的财产，对下属警察的职责要求也逐步增加，组织更加系统化。1921 年 12 月 31 日，有警衔的警察达到 100 多人。警察局的架构中包括一名警司，多名督察长、副巡长、警督、巡警和警卫。警司是最高警衔，负有管理权；督察长向警司汇报工作，接受他的指令，担当他的助手。

1928 年 2 月 16 日，纽约州特洛伊市的州立第六警察学校毕业了一期学员，其中，有 42 名即将成为调查局的新生力量，其他学员则成为纽约州骑兵，或西弗吉尼亚州和马里兰州的州警。

从 20 世纪 20 年代至 50 年代，每年德—哈公司警察局的警司都会带 80 名至 100 名制服警察到纽约州首府奥尔巴尼参加年度阅兵。1932 年 5 月 18 日，美军上校约翰·富兰克林（John Franklin）主持了阅兵。

“即使不是军人也看得出这是一支高效的部队，”富兰克林对集合起来的警官们说：“显然装备精良，衣着整洁，人员机智而且纪律严明，因此形成一支高效务实的队伍。祝贺贵公司能够拥有如此装备完善、士气高昂的警察队伍。”

同一年内，德—哈公司的警官共实施 900 多次抓捕行动，

95% 的案件得以判决。

直到 20 世纪 50 年代后期，德—哈公司警察局保持着 4 个手枪支队和 3 个长枪支队的规模，每队 8 名警官。从 1927 年到 1935 年，这些警队走遍全国，被誉为“东部最佳射手”，也得到了国内各个一流的小口径射击俱乐部的公认。

今天，很多太平洋公司的警官受命到前德—哈公司在美国东北部的辖区工作，他们都有在地方执法的经历，也是各州指定的警察培训学校的毕业生，其中不少人持有大学刑事司法专业的学位。每个应聘者都必须通过全面的背景审核，然后由聘用他们的州警署委派工作。

原德—哈公司总部位于奥尼昂塔，现在是太平洋公司警察局的重要分支机构。调查局的美国职员与其加拿大同行职责相同，包括诸如侦查州际运输盗窃案，制止非法擅入（经常涉及非法移民），阻止破坏行为，以及控制铁路相关事故现场。

“不用说，这当然会引起不满。我任局长的前两年，有十五六个警员辞职，其中至少有 12 个人去了地方警署。”

莱维特将解决铁路制服警察与地方警察的工资差异问题提交到太平洋集团的高级管理层，终于在 1992 年得到批准。此后 3 年里，制服警察与地方警察的工资持平了。

20 世纪 90 年代初期，加拿大警察总长协会（Canadian Association of Chiefs of Police，CACP）开始实施一项 10 年计划，内容是制作宣传教育材料，以培养小学生养成远离违禁药物的生活方式。有一个由教育工作者、健康问题专家、反毒瘾研究团体和各种政府机构组成的委员会，在其帮助下，警察总长协会选择了漫画书作为宣传信息的媒介。

由于纽约漫威漫画（*Marvel Comics*）的优良品质及其广受欢迎的漫画人物，全国的“蜘蛛侠”警员已经吸引了青春期和未到青春期的孩子们，使他们了解到违禁药物的危害。到 1991 年，加拿大多数学校都已从这项计划中获益，有 150 多万本反毒品漫画书发放到了青少年手中。

“专家们认为，恐吓式的手段不会说服孩子们不沾染毒品。”宣传材料上说：“他们完全赞同，强调积极的生活方式能够帮助孩子远离毒品。几百年来，孩子总是仰慕英雄。如今，很多英雄人物（如摇滚明星和体育名人）却一直带给孩子混乱的信息。这就是为什么警察总长协会要选用蜘蛛侠这个最受欢迎的角色来教给孩子们正确的生活方式。”

1992 年，铁路警察借助学校课堂与社区街道联防的方式，携同多伦多市警察局（*Metropolitan Toronto Police Department*，*TPD*）捣毁了一个盗窃团伙。这个团伙当时的作案目标是一辆拖车，车上载满了“乐富门”（*Rothman*）香烟，价值 200 多万美元。

那段时间，太平洋公司调查局指派探员肯·雷基（*Ken Lacky*）到公司设在多伦多的联合运输部门工作。多伦多市警察局接到线人报告，说有一辆卡车将要被劫持。于是，雷基向公司的 4 位警官求助。他们是格里·菲什（*Gerry Fish*）、格伦·泰伯（*Glen Taber*）、斯蒂夫·洛德（*Steve Lord*）、戈德·斯廷森（*Gord Stinson*），当时正在附近的一个安大略省小镇上处置一起涉毒案件。

6月25日，多伦多市警察局在一辆拖拉机上安插了一名警察。这辆拖拉机上装载着香烟，从多伦多的太平洋公司欧必科(Obico)车场驶向安大略省布兰普敦（*Brampton*）乐富门公司基地。与此同时，上述5位警官，加上公司探员里克·拉杜瑟（*Ric Ladouceurt*）和几位多伦多市局的警官，通过租来的无线电设备监听盗窃团伙的对话，开着一辆租来的、没有任何警察标记的汽车尾随其后。

警方也在监视团伙的7名成员。这7个人在4辆不同的车里跟着装有香烟的拖拉机，其中包括一辆载重5吨的卡车。

窃贼们很紧张，竟跟着拖拉机一路开到了乐富门工厂。可是当太平洋警察局的一位警官用无线电告诉卡车司机转向71号公路时，蓄意抢劫的劫匪上了当。开了几英里之后，在一个红绿灯处有个匪徒跳进拖拉机，掏出手枪对准司机，他的同伙围拢过去帮他。

几分钟内，警官乘坐的汽车从公路的4个车道上飞驰而至。

“我们戛然停车，冲向嫌疑人的车辆。”探员格里·菲什说。

我们拔出枪，朝他们喊“下车，你们被捕了”，他们真是吓坏了。

有6个人立刻投降，原来他们只有一把枪。市局警察轻而

易举地控制了拖拉机的驾驶室，缴下那个慌乱的匪徒的手枪。最后一个匪徒试图开车逃跑，加速直接撞向站在路上的市局警长。如果我们的人，格伦·泰伯没有开着那辆租来的福特“维多利亚皇冠”车从路边冲过去，在那个坏蛋撞到警长之前拦腰撞上他的车，谁知道会怎样？照我看，他救了警长的命。

这个坏蛋和他的同伙都坐了两年多的牢。

虽然曾有这样好的业绩，也有正在取得的成绩，但调查局还是处于压力之中，要不断向太平洋公司执行委员会证明自己的价值。加之每个警官都有被强行裁员的压力，因而铁路警察之中产生了一些怨愤情绪，在一些大型公众活动中支援其他执法机构时虽表现出友善，内心却很纠结。

1995年，在加拿大国庆节的庆祝活动中，太平洋集团有限公司宣布，已经与一个多世纪以来密切合作的皇家骑警进一步加强关系，成为这支红衣部队音乐马术表演的国内第一家赞助商。这个举世闻名的马术表演团体是皇家骑警的精英队伍。

肯·本森（Ken Benson）是太平洋集团的人事与行政管理副总裁；休·麦克迪尔米德（Hugh MacDiarmid），太平洋铁路公司系统的执行副总裁；基思·莱维特（Keith Leavitt），太平洋警察局局长；威廉·马尔霍兰（William Mulholland）是太平洋集团基金会和骑警基金会两个机构的负责人。这4位在卡尔加里马术比赛的前夕参加了晚会上举行的一个典礼。

“我们能共同参加典礼，骄傲而兴奋的心情无以言表。我们相信，与骑警基金会和皇家骑警之间的关系会长期共存，互惠互利，能够有助于他们在整个加拿大开展社区警务计划。”本森说：“太平洋公司和皇家骑警间的合作不仅具有历史意义，而且自然而然。”

两者合作的自然性再次显现，是在几个星期之后的卡尔加里牛仔节上，太平洋公司的铁路警察参加了音乐马术表演，同时维护着铁路安全。

同一年，为了降低成本、增加公路警力，铁路警察局现在的正式名称为加拿大太平洋公司警察局——选择把蒙特利尔分局的警力集中起来，再调派到安大略省东部和魁北克省。警察局升级了通讯设备、数据库、电话和语音数据记录仪，对从蒙特利尔派遣出去、通过电话接警的警员实施了相应政策。

1996 年 7 月，蒙特利尔通信中心开始接听报警电话，从安大略和魁北克调派警员。加拿大西部的警察分局处理大部分接听到的信息，而有些夜间自动接收的电话会传递给通信中心。

1990 年和 1991 年太平洋公司调查局接收苏铁公司和德—哈公司的警力，增加了 31 人，但由于削减预算，整体警力数量随之不断下降。1995 年的重大重组使 340 名在册警察减少了 100 人。1996 年，当太平洋集团机构重组、将总部迁往卡尔加里的时候，铁路警察又减少了 70 人。

R. 基思·莱维特局长简介

保持重要地位

太平洋集团公司第九任警察局局长基思·莱维特(Keith Leavitt)，1936年8月22日出生于魁北克省圣大巴索尔(Saint-Basile-le-Grand)。

1956年2月4日，莱维特进入太平洋集团，成为火车机车锅炉工。但几年之后，因对警察工作耳濡目染，他改行到了调查局。他先当警员，后任探员，工作地点在蒙特利尔。在新不伦瑞克省圣约翰这个不冻港，他在太平洋集团航运公司度过了3个冬天，直到1975年1月1日受命任副督察。1978年2月1日，他在蒙特利尔升任督察；1982年9月1日，在多伦多升任警司。

1985年8月1日，他担任了总警司。一年半之后，成为铁路警察局助理局长。1987年9月1日，他晋升为副局长；1988年5月1日晋升为局长。

莱维特的功绩在于确保了调查局的重要地位。他采取的措施之一，是继续开展前任局长吉姆·麦克尔所实施的优质培训项目。这个培训必不可少，不仅提高了调查局警察的工作技能，也在更大的警察群体中维持了信用。

警官的安全是局长最关切的事情之一，他知道这在很大程度上影响着士气。为了尽可能确保警官在工作岗位上的安全，他购买了防弹背心，把6连发左轮手枪更换成9毫米口径的手枪，这至今仍是加拿大警察的标配。

1996年6月1日，莱维特退休。

第十章　时代传承：警务创新

1996年，太平洋集团有限公司作出重大决定，将警察局总部迁往卡尔加里，这是加拿大历史上规模最大的总机构搬迁。

加拿大太平洋警察局（Canadian Pacific Police Service，CPPS）也将管理机构迁往卡尔加里。莱维特局长退休后，格里·穆迪（Gerry Moody）上任。

铁路执行委员会要求继续降低预算，于是再次导致大批裁员。副局长的职位和国内3个地方的警司职位都被取消。每个主要分局的督察现在要向总部的总警司直接汇报工作。

“我没有像执行委员会建议的那样取消制服警察支队，”格里·穆迪说：“因为那将是个错误。我说服了高层主管，使他们相信，引人注目、主动出击、身着制服的巡警对于犯罪分子是有力的震慑。当然，我还是要达到强迫我削减预算的严苛要求，为太平洋警察局建立一个新的架构。调查局的领导接到指令，只能将部门分出 5 个层级。这对于我们就意味着局长、警司、督察、警长和警员这 5 级。”

“1996 年，我们最初计划裁员 30%；后来几个月间，有 70 多个职位被取消，数量惊人。”

随着公司和警局的重组，不可避免地要寻找节约成本的途径，穆迪选择了将通信中心的调度功能外包的办法。但他坚定不移地维持着警务工作的高标准。

太平洋公司督察布莱恩制定了一整套标准和资格要求。通过筛选之后，最有能力的候选人被挑选出来，由警长探员戴维实施专业培训。

通常在一天之内，通信中心会接到各种不同的电话，涉及公司财产被盗、信号失灵、非法乘车或噪声投诉。

“我们接到这些电话很常见，但每个电话都是个挑战，从不枯燥乏味。”新警员鲍勃·帕伦特（Bob Parent）说。

例如，一个电话可能说有个无家可归的人带着他的小狗跳进了列车，寻找食物和住处；而另一个电话可能说有个逃犯跳上了另一列火车，企图逃离美国，潜入加拿大。

几乎没有两个相同的电话。

我认为大多数情况是非法擅入，那些人有意或无意地沿着铁轨走，或是横穿铁轨。这总是涉及安全问题，有时会发展成事故，擅入者被火车撞伤，甚至撞死。后来，我们不得不将太

平洋公司遇到的公共事务和一般诉求报告给所有地方警察部门、消防部门和急救部门。

不管是白天还是夜晚，我们还要向太平洋警察局局长报告。多数情况下，需要有两名接线员值班，所以，当其中一个人接到类似的事故电话时，另一个人就要在此后的30分钟至40分钟里处理所有的其他来电。

渐渐的，接线员适应了新的环境，也可以承担更多任务了。数据库的升级、街道地图的增加都使得他们能够处理更多加拿大地区的来电。

在北美大多数城市，犯罪统计数字保持稳定，很多情况下已经开始减少。20世纪90年代，严峻的经济状况迫使执法机关用数量更少但是质量更好的通讯设备和更复杂的科技手段去完成更多的任务，并力图让回归巡逻岗位的警官们享受到这些通讯设备和科技手段的红利。

穆迪局长强调，警察部门与总公司之间具有一样的相互作用，这是集团重组后的特征：减少繁文缛节，减少行政制约，追求跨越发展。尽管警官的数量已经由1971年的400人压缩到235人，但公司仍希望继续裁员。由于致力于犯罪预防，铁路警察拉近了与他们的委托公司员工、承运商、管理人员和民众之间的距离。

“我们非常认真地制作整体战略，”穆迪说，“作为专业组织，我们根据目前的状况和公司的战略，努力满足铁路警务和治安的需要。”

1995 年，太平洋公司警察局侦破了 4000 多起违法案件，其中 328 起是非法擅入，69 起是违法变更道岔，276 起是破坏信号灯，208 起是阻塞轨道，199 起是损坏公物，148 起是盗窃，27 起是纵火，还有最令人惊诧的是 115 起列车被枪支射击或投掷石块的事件。

威廉·格里·穆迪局长简介

艰难的裁员时期

1950 年 9 月 11 日，威廉·格里·穆迪出生在安大略省的圭尔夫市（Guelph），之后在威廉斯幽谷村（Glen Williams）长大成人。

他毕业于乔治敦高中（Georgetown High School），曾在谢尔丹学院（Sheridan College）读书。

穆迪的叔父与他同名，在安大略省警察厅（Ontario Provincial Police，OPP）开始警察职业生涯，后在省里的几个小镇担任警长。穆迪以他为榜样，决心也要从警。

穆迪曾是不列颠哥伦比亚省阿加西(Aggassiz)山地监狱的狱警，辞职后到太平洋公司位于多伦多市的调查局做了警员。他在铁路警察的警衔上一路晋升，从多伦多车站警长、探员，到主管人事的督察，1988 年 4 月 1 日成为温尼伯的地区督察。

1990 年，他任蒙特利尔高级督察；1994 年升职为亚特兰大地区的警司；1996 年 6 月 1 日任局长。

穆迪局长是加拿大警察学院的毕业生。他在皇家骑警队和安大略省警察厅完成了刑事侦查方面的训练，从布朗普敦学院（Brampton College）的省厅培训班结业。

穆迪早期职业生涯中的重要贡献是警员培训，不仅指导内部高级警官的管理，而且经常应邀给地方团体、协会以及警校做报告。

1995 年，因其为阿尔伯塔省及其民众作出的卓越业绩，穆迪获得阿尔伯塔世纪奖章。同年，他还获得了美国联邦调查局局长罗伯特·S. 米勒（Robert S. Mueller）颁发的嘉奖状，以表彰他为美国联合反恐特遣部队（U. S. National Joint Terrosist Task Force）作出的贡献。

作为铁路警察的领导人，1996 年，穆迪主管从蒙特利尔迁至卡尔加里的警察局。他为设立在海湾地区加拿大广场（Gulf Canada Square）的公司总部拟订了一套治安方案。

穆迪曾在西安大略大学毅伟商学院（Richard Ivey Business School）学习，从中获益匪浅，面对太平洋集团执行委员会接二连三的大幅度压缩预算的要求，他可以为学生和职员们做专题报告，讲授各种商业模式。

他是第一位为铁路警察制订正式经营计划的局长，而且对计划实施给予重要指导。

穆迪不仅是阿尔伯塔警方的警监之一，也是加拿大警察总长协会会员、国际警察总长协会会员，还负责国际铁路警察协会（International Association of Railway Police，IARP）。铁路警察分会的一个影响深远的目标是："识别并解决涉及保护铁路旅客、公司职员、财物、设备和运输货物安全的问题，努力减少世界运输体系中的犯罪行为。”

面对警力大幅减员的压力，为了提高下属们的工作效率，穆迪从多伦多警察服务委员会（Ontario Police Service Board，OPSB）借调了一名警官，为期一年，审计现行政策，并全面审查调查局的工作。作为交换，太平洋集团警察局派一名警官到警察服务委员会工作一年，密切观察和审计其他一些警队的工作内容和工作程序。

这种大胆的创新性工作方式引领太平洋集团警察局成为北美最大的一支铁路货运安保力量，2002 年得到执法机构认证委员会（the Commission on Accreditation for Law Enforcement Agencies，CALEA）的认证。这项成绩为穆迪在太平洋集团和整个执法界都赢得了声誉。

他是加拿大总督警察模范 20 年奖章和 30 年奖章的获得者。

2008 年 3 月 1 日，穆迪局长退休。

……

太平洋公司警察处置各种各样的违法行为，他们面临的最大问题是盗窃运输物资、盗窃公司财物、诈骗和破坏财物案件。盗窃、诈骗和其他犯罪行为造成经济损失 550 万美元，不论以什么标准衡量，这都是个巨大的数字，然而损失却在铁路警察的辛苦努力下大大降低，因为有价值 200 万元的物资被追回。

铁路警察跑遍许多城市最有可能藏匿罪犯的角落，其中很多地方可以通过却没有任何防护，难以巡查。但是，年终的统计结果仍然显示，犯罪活动基本持平，有的地方上升，有的地方则在下降。

穆迪局长虽然担心铁路警察不得不接受大裁员，但他对前景很乐观。带标志的新警车上装配有电脑终端，教育公司职员和民众注意安全、预防犯罪，这些做法将把不受欢迎的统计数字一降再降。

“可以看到这在保护财物上有积极的效果。”他说：“我收到了大量来自公司职员和警察界的良好反馈，称赞在卡尔加里、多伦多和蒙特利尔巡逻的新警车。传统的蓝、白两色标志着我们是正规警察队伍，车身上蒸汽机车的图案一目了然地强调了我们的主要职责范围。”

太平洋公司警察队伍不断提高警务工作和治安水平，还引进了加拿大和美国地区新型免费电话号码。这个警方联系号码广泛传播，刷涂在整个公司系统的警示公告和信号室上，任何需要联系铁路警察的铁路员工、政府机构工作人员或普通民众现在都能联系他们。

1985 年，世界警消运动会(World Police and Fire Games)①首次举行，举办者是南加州警察运动协会（Southern California Police Athletic Association）。

从那时起，这个赛事每两年举行一次，举办地有圣何塞、圣

① 世界警消运动会，也称世界警察及消防大赛，英文缩写 WPFG，是每两年一度的国际性运动赛事，参赛者为全球退役或退休的执法人员和消防员。——译注

地亚哥、温哥华、孟菲斯、科罗拉多斯普林斯市和澳大利亚墨尔本。卡尔加里获得了 1997 年的举办权。

太平洋集团和太平洋集团警察局是加拿大这场国际赛事的核心力量，他们主办了第一次青年比赛日（*Youth Game Day*）。4300 多名儿童和他们的父母一起来到卡尔加里奥林匹克椭圆运动场（*Calgary's Olympic Oval*）——这是 1986 年举办冬奥会时建成的赛场。铁路安全展览、列车模型展示和带有标志的警车大大吸引了警察和消防员的年轻崇拜者们。

“我们活动中的一个重要内容是让公众，尤其是孩子，提高在铁路车场和轨道上的安全意识，”穆迪局长说：“主办青年比赛日给了我们一次特殊的机会，可以将这些安全知识传递给社区的年轻人。”

然而，1997 年冬天，西部地区这种温暖而朦胧的企业公民形象被东部铁路警察奋力解决历史上最大的运营危机的清晰画面取代。两天半后，无情的冻雨将圣劳斯—哈德逊公司（*St. Lawrence & Hudson Railway*，简称 *StL&H*，下文简称圣—哈公司）裹挟进了一个小型冰川时代。这个公司分管太平洋铁路公司在北美地区的业务。电线杆和电线散落在主干道上，铁轨和转换器被冰包裹，所有的双向无线电、自动信号灯、平交道口的栏杆和警示灯全部失控。

在危急关头，太平洋集团警察局实施特别行动，派遣 6 辆巡逻车从多伦多出发，执行救援任务。

“他们在黑暗中行驶时，车外的风景渐渐变化，”太平洋铁路公司时报的一篇报道上这样描述，“安大略省的贝尔维尔（*Belleville*）东部，冰封的树木零乱不堪、四分五裂，就像遭到炮火袭击一样。电线杆倾倒在路旁，好似一列多米诺骨牌。落下的电线与满地的树枝交相缠绕。”

色彩缤纷，却一闪而过？

20世纪60年代，从北美到全世界，涂鸦“艺术家”开始在主要城市的各种建筑物上喷涂自己的大名或“标记”，如今，地下城市艺术已经成为另类文化的显著特征。

不久，涂鸦者从在楼房和其他静止的建筑物上涂写姓名，发展成制造“作品”，即他们认为的杰作。这种更复杂的涂鸦形式采用多种颜色，更复杂的字体，以及繁复的构图、填涂和背景。

同时，当作业越来越复杂，叛逆的艺术家开始寻找地铁车厢和铁路车厢两侧的流动画布，以利用这些无处不去的流动广告牌所提供的广泛曝光的机会。尤其是客车，它是画家们发掘出来的绝好载体，他们把作品喷涂在通勤车上，在城市中穿行而过。

当然，铁路系统将涂鸦画家视为闯入者和破坏者。尽管近年来成立了一些专业的清洁公司，可要清除铁路设备上的喷涂颜料，既困难又费钱。虽然面对轻罪指控并罚款1000美元，涉及货车则罚款更多，但是很多涂鸦画家中的骨干分子仍然热衷于这种隐蔽的生活方式。

到20世纪70年代末，在知名或主流报纸、杂志上读到有关涂鸦画家的文章，已经非常普遍。

90年代初，一个名为“都市帮”（Downtown Crew）的五人组合在纽约、波士顿、底特律和多伦多留下了几张彩色名片。这五个人桑蒂（Santi）、索克（Soak）、特尔斯（Terse）、埃洛克（Erock）、塞克（Sike）自称艺术家，开始在蒙特利尔西边的太平洋集团格兰车场（Glen Yard）停驻的通勤车车身上留下印迹。随之，他们的好日子为数不多了。

督察罗伯特·拉罗什（Robert LaRoche）和探员约翰尼·多诺万（Johnny Donovan）带领太平洋集团警察局的侦查队，在探员劳伦特·克罗托（Laurent Croteau）、弗朗西斯·德奎比特（Francis Desquilbet）、丹尼斯·莱加斯（Denis Legacè）、伊冯·比彻姆（Yvon Beauchamp）的协助下进行调查。一天深夜，侦查队，其中包括警员弗朗索瓦·迪比克（Francois Dubuc）、让·塞维尼（Jean Sevigny）和警长杰克·里奇（Jack Ridge），逮捕了桑蒂和特尔斯，当时他们正在画一幅精细的“作品”。

“在他们的家里，我们发现了能找到其他三个人指证他们的所有证据。”探员多诺万说。警察发现的物品中，有关于所有涂鸦破坏行为的照片和期刊资料，上面还有日期和地点。

“我听到有些人说他们其实很喜欢这些东西，”多诺万说：“但我想他们不会愿意让涂鸦出现在他们自己的财物上。如果是艺术，就应该画在画布上。一旦他们非法擅入、弄脏别人的财物，就越过了损害公私财物的界线。”

然而不幸的是，多数涂鸦作品产生的时候，旁边并没有人见证，肇事者往往将他们的“艺术”强加于人。虽然铁路警察保持警惕，可也无法每时每刻监视每节车厢。

2007年秋天，太平洋铁路公司受到明确提醒，铁路其实很脆弱。

在11月的一天晚上，保安保罗·布德罗（Paul Boudreau）受命守卫由铁路首席执行官弗雷德·格林（Fred Green）负责的几节火车车厢。开过业务会议后，他们坐在蒙特利尔吕思安—拉利耶（Lucien-L'Allier）站的侧线上，等着车上接待会的召开。12小时的值班时间是从星期六晚上7:00到星期日早上7:00，布德罗监视车厢时坐的桌椅紧靠车站的前窗。他必须定时到铁轨旁来回走一走，每小时给警察通信中心打一次电话报告情况。

整个夜晚，这位保安都按时报告。可是第二天早上快交班的时候，他巡视铁轨时大吃一惊。他座椅这边的轨道对面有两幅大型的涂鸦，绘制在“克雷盖拉希号”（Craigellachie）餐车原本朴素的车身上。

是的，的确，对付涂鸦是铁路警察眼前和今后永不休止的战斗。

……

警官们向蒙特利尔进发，去支援魁北克的25名同事。冰雪风暴造成的灾情不断升级，那些同事已经奋战多日。警官们于凌晨 2:00 到达温莎车站（Windsor Station），走进会议室，这里现在用作应急指挥部。

“指挥中心的这位警官，看上去制服挺括，其实冰暴发生一星期以来他仅仅睡了几小时。”太平洋铁路公司的新闻报道说：

督察罗伯特·拉罗什是太平洋集团警察局魁北克地区的负责人。拉罗什的冰暴突击队共有 35 名警官，随时整装待命，任务繁重而多样。

他们要冒着严寒站在无法正常运行的平交道口，在火车经过时阻止公路车辆通行。当工人铲除桥梁和高架路上的结冰时，他们要疏导交通，指挥车辆绕行。当大块的冰从温莎车站的屋顶和角楼上掉落到街道上时，他们要用警戒线将车站隔离出来。他们还要回应有关圣—哈公司线路上掉落电线、树木和树枝的情况报告，协助安全地排除障碍。

警官们为公司同仁所做的一切将会被人牢记在心。他们开车驶过危险的道路，到偏远的房屋里查看电话断线的员工是否安全。他们在艰难的路况中充分利用巡逻车的厚重，解救儿童、老人，甚至在职员工和退休员工的宠物。他们走遍五金店，给断电地区的员工购买了数百升燃料。一名员工的地下室被淹，两位警员给他租借了排水泵，又找了一名工人帮助操作。每天的工作——16 个小时的工作——充满善心。

在作出决定停止正常排班以应对紧急工作之后，拉罗什督察不顾自己家中停电 8 天，而叮嘱下属要先照看好他们家人的安全。他们迅速安排好家人，然后做好长时间离开的准备。

工作结束时，拉罗什轻松地说，他的队伍安全度过了危险时期，无一重伤。他对应急突击队的每名队员给予最高赞扬："整个艰难时期，他们日夜工作，但我从未听到一句抱怨。"他说："他们心甘情愿做任何工作。"

1998年，太平洋铁路公司在卡尔加里警察局的支持下，协助阿尔伯塔省实施了第一个为残疾人制订的综合犯罪预防计划。

"残疾人是最容易遭受犯罪侵害的弱势群体，"太平洋铁路公司总裁和首席执行官罗伯·里奇（Rob Ritchie）说，"当卡尔加里警方接近太平洋铁路公司，成为实施计划的合伙人时，我们丝毫不曾犹豫。我们希望这个计划能够帮助残疾人提高生活质量，促使社会能更多地理解他们的特殊需要。"

太平洋铁路公司捐出1万美元，用于为残疾人制作包括盲文图片和音频的犯罪预防指南。

"卡尔加里警察局与残疾人团体密切合作，推动犯罪预防指南的制作，这在阿尔伯塔省是首创。"卡尔加里警察局局长克里斯汀·西尔弗伯格（Christine Silverberg）说，"这种创新反映了我的努力，即致力于保证满足卡尔加里各种群体的需要。"

但是在卡尔加里警察局内部，当上级要求再削减预算15%时，资源也被再度压缩，又有23个警察职位被取消了。

"就在那个时候，我决定有必要将整个部门机构重组，"穆迪局长说，"我把人力资源部、劳资关系部、铁路运营部和法律服务部抽出来的人员组成一个小组来核查各项工作。最后我决定，拯救部门的唯一办法是建立一支单层架构、不穿制服的警察队伍，主要工作是主动地预防犯罪。”

新的机构形式要求警官必须是多面手，能够完成制服警察和便衣警察两者的侦查工作。探员和探员警长的警衔被取消了，原有这两种警衔的警察改为警员，工资则被冻结。

“我得到了太平洋集团管理层和劳资关系部的支持，但是仍然需要和太平洋警察协会谈判。”穆迪说，“这是个艰难时期，也是个危险的转折。我们要转而关注以社区为导向的警务工作和解决问题的途径。我努力提高培训质量，随时调整工作方案。”

1999年，太平洋集团警察局犯罪预防部再度更名为社区服务部（Community Service Unit），开发了一种问题解决模式，可以确定违法行为产生的根源，从根本上加以控制。集团警察局的所有人员都必须参与到社区服务部的各项工作中来，不论是擅入行为的预防、平交道口的安全管理，还是司机的培训。以服务对象为导向的警务工作和实际问题的解决都需要铁路客户帮助发现需要关注的地区，分担实施解决方案的责任。

“由于人力减少，而且实行新的以社区为导向的工作方式，我们只能更智慧地工作，”穆迪说，“我们组建了情报收集和分析系统，与美国和加拿大的其他情报机关建立了互信互助的密切关系。”

在2001年‘9 · 11’事件之后，随着世界形势的变化，这个做法显示出了效益。我们与互联网社区的联系使我们能够迅速获取信息、及时作出反应，并且随时向太平洋集团高级管理层报告我们的行动。

“系统里的每个成员——在斯科特·麦卡斯基尔（*Scott MacAskill*）的领导下——都成为训练有素的犯罪情报分析师，能找出数据之间的关联，通过研究发现有关信息和犯罪趋势。他们与其他机构合作侦查有组织犯罪，找回被盗物品，拦截走私药品和违禁药品，监控潜在的恐怖主义组织及其活动。”

集团警察局的每个人也都在关注着自己选区里的社区，看用什么方法满足他们的需要。“我们的人员即铁路上的人员比起 20 年前变化太大了。”警局的格里·菲什（*Gerry Fish*）警司曾在 2001 年接受采访，在谈到工作场所的暴力行为时，他这样说：

时代的差异会产生不同的观点。现在的人有不同的价值观，想从工作岗位上得到不同的东西。我们不能再像以前那样认为，到铁路工作就是终身职业。

我们在警务工作中经历过外部和内部两方面的暴力。内部的有恐吓、胁迫，甚至殴打。外部的有人朝火车投石块或弹射物，故意破坏铁路轨道和设施，威胁到铁路员工的安全，还有些家庭暴力波及工作场所。从根本上发现问题、找出预防问题的对策，才能处理这些内外暴力。

我们强调要找到解决矛盾的途径。今天面临的最大压力之一是快速的变化。有人在家里过得不好，就把情绪带到岗位上

来，不同的事情会给人不同的压力。压力对工作中的人有副作用，我们正在努力帮助大家解决。

太平洋集团工作中发生的快速变化，很多来自于董事会的一个重大决定，即把总公司拆分成5个独立的公司：加拿大太平洋铁路公司(Canadian Pacific Railway)、泛加拿大石油公司(PanCanadian Petroleum Limited)、太平洋航运公司(CP Ships)、福丁煤炭公司(Fording Coal)，以及费尔蒙特酒店与度假村集团(Fairmont Hotel & Resorts)。这种变动的目的是允许各个独立公司有权掌控各自的资产，从而释放出其潜在价值。

“太平洋铁路公司的股票现在回归到纽约和多伦多证券交易所，”保罗·贝尔（Paul Bell）说。他是铁路公司投资关系部的副主管，于2001年10月3日股票上市时，在卡尔加里加拿大太平洋铁路公司展馆前如是致词。

伊凡·麦克莱兰局长简介

“9·11”事件后的警务工作

1960年7月20日，伊凡·麦克（Ivan McClelland）莱兰出生于英国伯克郡。5年后，全家迁居北爱尔兰。在那里，他接受学校教育，并最终完成了地球物理和测绘学的学业。

1979年，麦克莱兰加入北爱尔兰皇家警察部队（Royal Ulster Constabulary，RUC）。20世纪60年代后期，北爱尔兰的恐怖主义活动开启了所谓的“北爱尔兰问题”(The Troubles)①，整个地区都需要更多的警务工作。民事执法机构与英国军队、情报机关紧密合作，平息当地骚乱，处置恐怖事件。为了打击被爱尔兰民族主义者和保英派恐怖组织不断挑起的政治恐怖活动，麦克莱兰和他能干高效的警察队伍一起应对严重犯罪、敲诈勒索和治安混乱等问题。

在皇家警察部队工作 11 年后，麦克莱兰调至伦敦大都市警察厅。这支警察队伍负责大伦敦地区的反恐工作，不包括市中心伦敦市警署所负责的金融区。麦克莱兰被派往隶属于弓街地方法庭（the Bow Street Magistrates' Court）的历史悠久的弓街警察分局。他被称为“弓街跑步者”警队中的一员。

那时的伦敦大都市警察厅与现在一样，担负着重要的国家安全职责，如保护英国皇室和女王内阁的高级官员，守卫议会和白金汉宫，领导英国的反恐行动等。

1994 年，麦克莱兰调任至希思罗机场，加入保护机场安全的反恐队。在此期间，他参与了几次大型事件的处置，包括爱尔兰共和军的迫击炮袭击、巴勒斯坦解放组织的爆炸袭击和波音 727 劫机事件。

2001 年，麦克莱兰来到加拿大，在埃德蒙顿做了 5 个星期的规章制度执行官，之后在加拿大国防部任军事调查员。

① 北爱尔兰问题，简称为北爱问题，是指 20 世纪 60 年代末至 90 年代末在北爱尔兰发生的持续不断的暴力冲突，该冲突在英国和爱尔兰政府于 1998 年 4 月 10 日签订《贝尔法斯特协议》(即《北爱和平协议》)后中止。——译注

在震惊世界的“9·11”事件之后，全球的公司安保出现爆发式需求。麦克莱兰到了 EPCOR 公用事业公司工作。这家公司以埃德蒙顿为基地，建造、拥有并运营加拿大的电力输配网络、用水与废水处理设施与基础建设。麦克莱兰先任经理，后任公司安保、IT 安全和应急方案的负责人。

2008 年，麦克莱兰受聘于太平洋铁路公司，任警察局局长。

“尽管不是所有的人都能到场，我还是想告诉大家，每一位在职员工、每一位退休员工，每一位现在是或者曾经是铁路公司一分子，我们所有令人不可思议的经历都是今日庆典的重要组成部分。”

从此，加拿大太平洋警察局的主要服务对象将是——铁路及其员工、供应商、顾客，当然还有大众。当铁路系统奋力追赶北美竞争对手的经济效益时，不得不面对降低成本的无情压力。

“2001 年下半年，我实行了更多变革，完成了更多预算的削减，”穆迪说，“我把全加拿大的督察职位大大减少，把一些支队的警长调整到管理岗位。”

“不用说，我不是个受人欢迎的局长。”

自从铁路公司总部由蒙特利尔搬迁到卡尔加里，持续不断的严酷裁员大幅度降低了警局保持犯罪预防水准的能力，抓捕率陡然下滑。

但在“9·11”事件刚刚发生后的几年里，并非一无所获。

2001 年和 2002 年，警察局与加拿大国民和加拿大铁路协会（*Railway Association of Canada*）紧密合作，为警察部门和法医制作了《加拿大铁路事件调查指南》。穆迪局长本人与国家警察局和太平洋警察社区服务部一道，到全国各地演讲，推介加拿大警察协会。

现在大多数加拿大警察，包括皇家骑警，巡逻时都在公文包里带着这本指南。

在任务更集中而人员减少的情况下，穆迪着手实施了一项计划，将太平洋警察局的工作效率提高到一人多能的水平。2002 年 7 月 27 日，太平洋铁路公司成为北美第一家由执法机构认证委员会（*Commission on Accreditation of Law Enforcement Agencies, CALEA*）认证的货运铁路公司。为了得到正式任命，铁路警察必须遵守 300 多条行为规范，涉及执法的各个方面。

然而，近年来大幅的裁员，加上出现太多的单人警队、太多的案头工作，导致抓捕罪犯的数量减少，而管理层的批评却增加了。尽管警队得到过集团的奖励，执法机构认证委员会也给予过认证，但警局的人还是把这段紧缩时期称作“黑暗年代”。

当 2008 年穆迪局长退休时，警局就在寻找能够少花钱多办事的人。近些年，资源的紧缩迫使高级铁路警官采取相应措施，使得公司的很多资产暴露在日益增加的风险中。此外，2001 年美国的“9 · 11”恐怖袭击事件改变了北美的安全理念，让人们看到了那些被剥夺公民权的宗教性和政治性小派别所引发的大型公共威胁。面对压力和困难，太平洋集团当然要选拔一位新的警察局长，既能有效评判风险，又能合理配置资源以降低风险。伊凡·麦克莱兰就是这样的人。

麦克莱兰对铁路公司的工作网络进行了风险分析，面见高管人员以评判他们对警察队伍的工作需要。他持有商业学位，可以用管理层理解的语言来讲授有关警察局未来状况的实用课程。

最重要的是，麦克莱兰局长强调，警察队伍的任务就是维护公共安全。“我们的目标是阻止坏人干坏事。”警察保护财物、抓住坏人，对满足铁路工作的流动性大有帮助。铁路有了安全保障才能高效运行。

聘用了这位新警察局局长之后，太平洋集团的高管人员再次确定了他们的信念，即目标明确、措施得当的警务工作一定会加强公共安全、提高工作的可信度，并且通过降低风险的曝光率，可以维护股东的利益。

在 2009 年加拿大“铁路安全周”期间，即 4 月 27 日至 5 月 3 日，太平洋集团警察局将公共安全理念直接带到了大街小巷。从蒙特利尔到温哥华，集团的警官们在全国的各个社区开展了 100 多场关于安全与执法的宣传活动。他们提醒机动车驾驶员、自行车骑行者以及步行者，要注意铁路设施周围，尤其是平交道口附近的安全问题。

“本周我们着重开展对民众的教育，安排警官专门执行与铁路安全相关的法律，以努力推行‘驾驶员救生手册’这样的项目。”麦克莱兰局长当时这样说：“我们迎难而上，采取更加主动的方式，将工作重点从教育转向执法。我们的目的是加强安全要求，防止民众去冒不必要的风险。”

由于强调警员要回归保护财物的工作，铁路警察的公众形象提高了。“警务通讯中心”（*Police Communication Center*）更名为“警务指挥中心”（*Police Control Centre*，*PCC*），迁往温尼伯的中心地带。那里人才市场繁荣，能减少员工的流动性。铁路员工和公众人员同样受到鼓励，一看到任何非法行为或可疑行为就立即向太平洋警察局报警。到 2010 年，警务指挥中心受理的报警电话全年达 56000 起，警察局每年介入调查的案件达 2000 起。

在美国和加拿大的很多繁忙区域，太平洋警察不断努力邀请各市、各省和各州警署的警官乘坐铁路机车穿越其辖区，这被称作“警官添乘计划”（*Officer Aboard Program*）。通过主动体验平交道口的安全性，各级执法警官能够体会到，当机动车驾驶员无视安全警告而威胁自己和列车上的人员生命的时候，列车员工面临着多么悲哀的现实。警官们用从这项计划中得到的教训去教育民众注意铁路安全问题；他们还与铁路部门一起更新警示装置，改进平交道口的分隔线，同时更加严格地执行相关法律。

铁路警察每个月对超速行驶的司机和边打手机边靠近平交道口的车辆驾驶员开出数百张罚单。而使奋力保护生命安全的警官颇受打击的是这样一个统计数字：在平交道口发生的撞车事故中，有将近50%发生在有警示装置的地方。更令人忧虑的是，很多机动车与火车相撞的事故是由于汽车或卡车猛然撞上已经开至道口的火车。

但是，2010年春天发生的一件事沉重地打击了铁路总部。太平洋集团警察局受到起诉，指控他们不管犯罪在何处发生、谁是违法者，都要进行调查。

在不列颠哥伦比亚省高登(Golden)附近发生了一起火车出轨事故，有3辆机车和26节车厢脱离铁轨。据推断，吸食大麻和玩手机严重影响了乘务人员“情境感知”的能力。

在4个月的调查过程中，警司格里·菲什（*Gerry Fish*）和警员拉里·帕森（*Larry Parson*）执行了两张针对太平洋集团的搜查令，查找所有撞车事故内部调查的相关记录；另外执行了两张针对国内通讯巨头——泰勒斯电信（*Telus*）的搜查令，收取手机和短信记录。

加拿大运输安全委员会（*Transportation Safety Board of Canada*，*TSB*）的报告“认定机车司机在事故发生之前曾吸食大麻”。委员会还发现，就在撞车之前，乘务人员曾多次使用手机。

值得注意的是，这次调查显示，集团警察局的确在业务上独立于太平洋集团，只向大不列颠王国政府担责。脱轨事件导致机车司机和列车长受到起诉，被指控危险操作铁路设备。

太平洋集团发言人艾德·格林伯格（*Ed Greenberg*）证实，涉事的司机和列车长已经被公司解聘。格林伯格着重提出铁路安全记录和配合运输安全委员会事故调查的问题。他强调，他们内部调查的结果已经促使太平洋铁路公司采用了新的、更严格的、针对个人使用电子设备的管理规定。

“这是一起由乘务人员的过失造成的严重事故，它提醒我们为什么要对员工的安全和我们所服务的人群的安全不断地给予承诺。”格林伯格说。他解释了铁路公司在招聘人员时如何进行药物测试，以及事故发生后如何进行测试。然而，他说按照加拿大法律，公司不能对员工，包括那两位列车操作者进行定期的或随机的药物测试。

“我们决不能对此掉以轻心，”格林伯格说，“必须严肃对待。安全是公司的首要任务。我们是北美地区最安全的铁路系统，最近 5 年（2005—2009）一直都是，而且在过去的 13 年中有 11 年都是。但是这次事故成为一个严重警告。”

2011 年 11 月 8 日，被解聘的机车司机进行了认罪答辩，被省法庭希尔德（Sheard）法官判处罚款 500 美元。在审判过程中，他向法庭道歉，表示希望对他的处罚能有助于他的同事以后避免发生这类事故。英王政府宣布，民众利益已经得到维护，将对列车长提起诉讼，此案正式了结。

幸运的是，虽然此案仍在法院审理，但有个好消息在等待着调查局。

太平洋铁路公司被选为 2010 年温哥华冬奥会官方指定铁路货运单位。太平洋集团警察局安排了 40 名男、女警察随时待命，将破坏列车运行的行为减少到最低程度，同时加强大温哥华地区西岸快车（West Coast Express）等与交通设施相关的铁路财产的安全保卫工作。在冬奥会开始之前和开始之后，调查局与皇家骑警治安分队、联合情报小组密切合作，显示出他们一贯的目标明确、合作紧密的工作关系。

如今，非法擅入行为仍是一个问题。太平洋集团的警察按照麦克莱兰局长的格言“每一起犯罪都起始于非法擅入”，坚信预防强于诉讼，因而在铁路各处财物上张贴了数千张“禁止非法擅入”的标志。

非法擅入者经常遭遇逮捕令。铁路警察有时会抓到手持撬盗工具的嫌疑人，有时会发现毒品。近年来，很多流窜者带着狗旅行。有些人试图从加拿大潜入美国，他们从安大略省温莎市进入铁路隧道，扒乘火车前往底特律或其他地方，躲过美国边防巡逻队的检查。盗割铜线的窃贼和涂鸦画家可谓独具特色。

太平洋警察局在美国北达科他州迈诺特市（Minot）和爱荷华州贝滕多夫市（Bettendorf）设立新的支队，作为对其他地区已有支队的补充，包括：明尼苏达州圣保罗市，宾夕法尼亚州泰勒市，伊利诺伊州本森维尔市，纽约州宾厄姆顿市、奥尔巴尼市和奥尼昂塔市，以及威斯康星州密尔沃基市和密歇根州底特律市。

太平洋警察为这个真正的国际化警察机构而骄傲，为能够在加、美两国执法而自豪。“在边境设置办公室，加强了我们同美国海关和边防巡逻队的关系”，麦克莱兰局长在迈诺特警察支队的揭幕仪式上说，由此我们能够建立更加紧密的联系，从而会减少跨境工作因交通造成的延时。

2008 年 9 月，美国水陆交通运输局（*U.S. Surface Transportation Board*）批准成立“达科他、明尼苏达与东部铁路公司”（简称达明东铁公司，*DM&E*）、“爱荷华、芝加哥与东部铁路公司”（简称爱芝东铁公司，*IC&E*）、“锡达城美国铁路控股公司”（*CARH*）。在爱荷华部署更多警力是对此形势作出的理性回应。

“随着达明东铁公司的需要，我们的管辖范围在爱荷华州显著扩大，”太平洋特别探员詹姆斯·沃恩（James Vaugham）说，“贝滕多夫市是新建警队最有可能的选择，因为这里是高危地区的中心，我们可以更迅速地应对出现的问题。”

只有两个人的贝滕多夫支队是最早被安排在达明东铁公司辖区的警队。

“太平洋警察也是最早通过爱荷华州委员会认证的警察队伍，”麦克莱兰局长说，“这就意味着，我们在爱荷华州工作的太平洋集团的警察都有爱荷华州的警官证。”

在新的支队成立之前，太平洋警察在美国做调查都要受芝加哥警方的指挥，这给监管和处理爱荷华州和密苏里州发生的案件带来不少困难。另一个支队在爱荷华州曼森市成立，负责巡查和维护该州北部地区和明尼苏达州南部地区的铁路财产安全。

不过，由于要跨越安大略省区的边境线，太平洋警察面临着严重的盗窃问题。

太平洋集团最重要的运输业务是双层集装箱运输，由公司著名的100系列列车运载。在2011年5月至6月间，有88个来自蒙特利尔或多伦多的集装箱，分别抵达加拿大西部不同的城市终点站，却个个封印被损毁、货物遗失。

铁路警察进行了初步侦查，断定所有的非法闯入行径都发生在安大略省卡迪耶市附近。在城市以南约1英里处的铁路干线沿途发现大量密封装置，那里只有船只、全地形车辆或者徒步才可以到达。

7月5日，代理警长荣·莫里森（*Ron Morrison*）和警员荣·柯尔斯特（*Ron Kirst*）、史蒂夫·帕柳索（*Steve Pagliuso*）、基思·唐纳利（*Keith Donnelly*）一起出发，穿过茂密的林地，来到列车尾部停下的地方，停车时乘务人员在卡迪耶换班。警官们发现就在铁轨旁边有一顶破旧的帐篷，听到那边有男子说话的声音。穿着制服的警官们迅速地悄悄走近帐篷。四周散落着用过的盒子和垃圾，表明那些男子已经在这里待了一段时间了。

警官们接近了帐篷，忽然听到一声惊叫。

“快跑！”帐篷外的空地上有五个人，其中一个大喊。有三名嫌疑人试图逃跑时被就地抓获；另外两个顾不得脱衣服，一头跳进旁边的湖中，成功地游到了对岸。

警官在帐篷里发现了从多列火车上偷盗的商品，有气动钉枪、冰激凌机、帐篷、独轮手推车、露营椅、篮球、盒装火柴，以及一只甲板箱和一个气动割草机。另外还发现树丛里有很多其他物品的空包装盒。还有一套螺栓切割刀躺在地面上。

由于这伙窃贼的帐篷位置偏僻，铁路警察们调用了太平洋铁路公司的一辆高轨车，帮助他们将嫌疑人和被盗物品一同运出树林。

三名落网的嫌疑人被起诉非法侵占公私财物和非法盗窃侵占铁路器材，两名逃跑的嫌疑人始终没有下落。

太平洋集团 100 系列列车的问题还远远没有结束。

几个月后，东向运输的集装箱也在卡迪耶附近被盗了。盗窃有时发生在夜晚，有时发生在白天。无论是乘务人员换班时短暂的停车时间，还是不间断地开到卡迪耶的几个小时的时间里，列车都会成为盗窃的目标。

一组太平洋警察再次出动，这次由督察威廉·劳尔（William Law）亲自率领警员荣·柯尔斯特、史蒂夫·帕柳索、荣·莫里森、保罗·菲什和克里斯蒂安·艾弗森（Kristian Iversen）去往发案地点，进行监控。

将近整整 6 天，铁路警察们长时间守候在树林里，一无所获。然而 10 月 6 日，他们忽然看到两个人爬上一辆 100 系列列车的尾部，撬开集装箱。这正是或者说几乎就是他们想要的情形。

当警官们上前准备实施抓捕时，嫌疑人发现了他们。两个家伙不顾危险，在慢速行进的列车上爬过两节车厢之间的车钩，跳下车，逃向树林。

正当警官们似乎要空手而归的时候，有一位警官突然发现不远处的树林里藏着辆汽车，疑似是窃贼的。真是天赐良机，他们还在车边发现了一个嫌疑人的出生证明。

夜幕降临，铁路警察们联系了安大略省警察厅，请求支援警犬和警犬训练员。40分钟后，省警察厅应急反应小组的3位警察来到铁轨旁，他们带来的警犬嗅出了气味。很快，两个嫌疑人在附近沼泽地的藏身之所被找到，既而被逮捕。

后来发现其中一个窃贼曾因数种违法行为服刑9个月，刚刚释放出来。另一个则可能是其他盗抢火车案件的嫌疑人，而且其父亲于十多年前涉嫌参与了类似系列盗抢案件。

无论如何两名嫌疑人被指控犯有7项非法擅入和故意闯入，1项非法占有盗取财物和4项违反缓刑条例等罪行。

该盗窃案就此终结。

尽管近年来经费大幅削减、公司大幅裁员，但在2011年警察局还是有好消息值得庆祝。7月，有10位新人加入太平洋警察局；这是自2005年以来招录的第一批警察。其中7位警员在萨斯喀彻温警察学院（*Saskachewan Police College*）接受了为期18周的课程培训，然后在太平洋铁路公司进行了6周的在职培训。2012年，又招录了15名警察。

“我们在招录之前，拥有的都是多面手，”麦克莱兰局长说，“这些新人给我们提供了资源，可以将工作职能更加专业化、多样化。以前，我们主要把警力安排到犯罪高发区，而现在可以将警力部署在我们认为会有犯罪风险的地方。”

对于铁路警察来说，未来将要有坚持不懈的训练，满足整个警局工作需要和各个警队需要的管理方式，集中控制预算，还要担负起正确的内部治理责任，以及对英王政府和服务民众不可推卸的责任。

麦克莱兰局长说道：“我们将为工作效率不高而风险较高的单人警队配备新成员；把经过严格的情报工作训练和侦查工作训练的侦探们，组建成小型核心力量。我们对保护公共安全和基础设施安全所倾注的努力，将会帮助加拿大太平洋集团确保列车畅通无阻。”